Markus Meinzer

STEUEROASE DEUTSCHLAND

Warum bei uns viele Reiche
keine Steuern zahlen

C.H.Beck

Für Stephanie

Unter www.chbeck.de/go/SteueroaseDeutschland
finden sich die **Zitatbelege** und **Quellennachweise** zu diesem Buch sowie
einige **Zusatzmaterialien.** Wenn es dort weiterführende Grafiken und Tabellen
zu einem Themenkomplex gibt, weist ein * im Fließtext darauf hin.

Unter dem Hashtag #SteueroaseDeutschland
kann auf Twitter über dieses Buch diskutiert werden.

Originalausgabe

© Verlag C.H.Beck oHG, München 2015
Satz: Druckerei C.H.Beck, Nördlingen
Druck und Bindung: Pustet, Regensburg
Umschlaggestaltung: Geviert, Grafik & Typografie, Conny Hepting,
unter Verwendung von Motiven von shutterstock
ISBN 978 3 406 66697 1

www.beck.de

Inhalt

Die Acht Ebenen der Wohltätigkeit des Rabbi Maimonides

«Auf der achten und niedrigsten Ebene des Gebens kauft ein Mensch ungern einen Mantel für einen frierenden Mann, der ihn um Hilfe gebeten hat, schenkt ihn dem Mann im Beisein von Zeugen und erwartet Dank dafür.

Auf der siebten Ebene tut der Mensch dies, ohne zu warten, bis er um Hilfe gebeten wird.

Auf der sechsten Ebene tut ein Mensch dasselbe offenherzig, ohne darauf zu warten, dass er um Hilfe gebeten wird.

Auf der fünften Ebene gibt ein Mensch einem anderen offenherzig einen Mantel, den er gekauft hat, aber er tut dies, ohne dass andere es sehen.

Auf der vierten Ebene gibt ein Mensch einem anderen ohne Zeugen offenherzig seinen eigenen Mantel und nicht einen Mantel, den er gekauft hat.

Auf der dritten Ebene gibt ein Mensch offenherzig seinen eigenen Mantel einem anderen, der nicht weiß, von wem dieses Geschenk kommt. Doch der Gebende kennt den Menschen, der ihm Dank schuldet.

Auf der zweiten Ebene gibt ein Mensch seinen Mantel offenherzig einem anderen, weiß aber selbst nicht, wer ihn bekommen hat. Aber der Mann, der ihn bekommen hat, weiß, wem er Dank schuldet.

Und schließlich gibt ein Mensch auf der ersten und reinsten Ebene des Gebens offenherzig seinen eigenen Mantel weg, ohne zu wissen, wer ihn bekommen wird, und derjenige, der den Mantel erhält, weiß nicht, vom wem er ihn bekommen hat. Dann wird das Geben zu einem natürlichen Ausdruck der Güte in uns, und wir geben so schlicht, wie eine Blume ihren Duft verströmt.»

Vorwort

Die Geberfreude, so wie in der Überlieferung des Rabbi Maimonides beschrieben, ist Teil des jüdisch-christlichen Erbes, das unser Menschen- und Weltbild bis heute prägt. Steuerzahlungen stehen in der Lehre des Maimonides nahe an der höchsten Stufe des Gebens: Man weiß als Steuerzahler nicht, wem sie zu Gute kommen, Zeugen oder Dank für die Steuerzahlung gibt es ebenfalls kaum. So entscheidet allein die innere Haltung darüber, ob der Zwangscharakter von Steuern im Vordergrund steht, oder ob sie als eine unter vielen Möglichkeiten, Nächstenliebe auszudrücken, begriffen werden.

Unsere Gesellschaft scheint in den letzten Jahrzehnten Steuern zunehmend als lästige Pflicht zu bewerten. Gerade am obersten Ende der Einkommenspyramide spüren viele offenbar nicht mehr die Verpflichtung, sich an der Finanzierung des Gemeinwesens zu beteiligen. Darin drückt sich sicher auch ein Vertrauens- und Legitimationsverlust des politischen Systems aus. Doch rein egoistische Motive dürften im Vordergrund stehen. Manche Unternehmen umgehen Steuern mit aggressiven Tricks und leiten einen kleinen Teil der freiwerdenden Gelder in publikumswirksame Vorzeigeprojekte um. Dann verdrängt eine Scheinwelt sozialer Unternehmensverantwortung aus Hochglanzbroschüren den leisen und meist unsichtbaren Steuerbeitrag. Gemeinnützige Stiftungen schießen wie Pilze aus dem Boden und eröffnen den Stiftern viele Gelegenheiten, sich bei der Wohltat medienwirksam in Szene zu setzen. Der Siegeszug des Mantras «Tue Gutes und rede darüber» steht in diametralem Gegensatz zur Botschaft der Bibel: «Wenn du also einem armen Menschen etwas gibst, häng es nicht an die große Glocke!»

Steuerflucht als Steuervermeidung oder Steuerhinterziehung ist ein globales Phänomen. Einige weltweit agierende Unternehmen haben es dabei, unterstützt von hochspezialisierten Kanzleien, zu wahrer Meisterschaft gebracht. Aber auch bei superreichen oder wohlhabenden Privatpersonen erfreuen sich entsprechende Strategien bis heute großer Beliebtheit. Zuflucht und Unterstützung finden die Gebeunwilligen in den sogenannten Steueroasen, von denen wir genau zu wissen meinen, wo sie sich befinden: unter den Palmen der Südsee, aber auch in den Schweizer Alpentälern, in die Peer Steinbrück als deutscher Finanzminister die Kavallerie einreiten lassen wollte. Doch tatsächlich verhält sich Deutschland im Kampf um das angeblich scheue, stets zur Flucht bereite Kapital nicht selten selber wie eine Steueroase.

Wie viele andere Staaten geriet die Bundesrepublik seit Mitte der 1980er Jahre in den Sog der Steueroasen-Strategien und wurde dabei selbst zu einer solchen. Der Widerstand gegen ruinöse Steuerkriege wurde ambivalenter, eine angebliche Alternativlosigkeit begann den politischen Diskurs und die Steuerpolitik zu bestimmen. Deutschland legt inzwischen nur allzu gerne die Hände in den Schoß, wo schärfere Regeln einen Kapitalabfluss zur Folge haben könnten. Eine Frucht dieser erklärten Gestaltungsohnmacht im Angesicht der Steuersenkungszwänge ist wohl auch die zunehmende Politikverdrossenheit. Wen wundert es, dass die Wähler resigniert zu Hause bleiben, wenn Politiker fast aller Couleur die Lastenverschiebung hin zu Gering- und Durchschnittsverdienern als unvermeidlich bezeichnen?

Die deutsche Gesellschaft steht an einer wichtigen historischen Wegmarke: Wagen wir es, uns vom Katzengold der Steueroase Deutschland loszusagen, oder beteiligen wir uns weiterhin an einem Unterbietungswettlauf, aus dem niemand als Gewinner hervorgehen kann? Akzeptieren wir es, dass unsere Gesellschaft sich weiter wirtschaftlich und sozial polarisiert, oder schaffen wir neue Spielräume für angemessene Umverteilungsmaßnahmen? Es mehren sich die Zeichen dafür, dass ein Wandel gelingen kann. Nicht zuletzt sind Vermögende und Unternehmer längst nicht alle geizig oder Steuervermeider. Unzählige leisten beachtliche, auch steuerliche Beiträge und verzichten darauf, die Grenzen der rechtlichen Grauzone zu vermessen. Diese seien um Verzeihung gebeten, wenn im Buch bisweilen der Eindruck entstehen könnte, als wären Unternehmer und Vermögende allesamt Halunken –

diese Auffassung teile ich keineswegs. Um Nachsicht bitte ich auch die weiblichen Leser dieses Buches. Immer wenn allgemein von Steuerzahlern, Bankern, Politikern usw. die Rede ist, sind sie selbstverständlich mit gemeint.

Schon immer prägten die Wohlhabendsten und ihr Verhalten als Teil der gesellschaftlichen Elite den Rest der Gesellschaft – ob bewusst oder unbewusst. Wenn dieses Buch jemandem dabei helfen sollte, seine Rolle als Vorbild – im Kleinen oder Großen – bewusst und neu auszufüllen, dann wäre ich umso dankbarer für das Privileg, es geschrieben haben zu dürfen.

Straßburg, den 25. März 2015

1. Steueroasen – eine Einführung

Der Sitzkomfort auf der Flugreise ließ einiges zu wünschen übrig. Für die Überquerung des Atlantiks hatte sich die US-Amerikanerin 250 000 US-Dollar in Notenbündeln in Strumpfhosen um ihren Körper gewickelt. Ihr Ziel war die Schweiz, genauer: die Credit Suisse. Ein anderer US-Kunde derselben Bank berichtete, wie er bei seinen alljährlichen Bankterminen in der Empfangshalle von einem Angestellten begrüßt wurde. Nachdem sie in den Fahrstuhl der Marke Bankenbau gestiegen waren, fuhr dieser von alleine los. Knöpfe gab es in der Kabine keine, er wurde ferngesteuert. Anschließend führte der Angestellte den Kunden in einen unscheinbaren, weiß gestrichenen Raum, wo sein persönlicher Kundenberater wartete. Die Prozedur war immer die gleiche. Der Kunde sah seine Kontoauszüge durch und besprach deren Inhalt mit dem Banker. Neue Finanzprodukte wurden erörtert und der Bargeldbedarf besprochen. Zu guter Letzt unterzeichnete der Kunde die schriftliche Order, die eben gesichteten Kontoauszüge zu vernichten. Nur im Jahr 2008 wich der Berater vom üblichen Prozedere ab und richtete einen eindringlichen Appell an den Kunden: Er solle es fortan tunlichst vermeiden, die Credit Suisse aus den USA zu kontaktieren. Ein Fax dürfe auf keinen Fall aus dem US-Telefonnetz an die Bank gesendet werden.

Schweizer Banken hatten keine Kosten und Mühen gescheut, um US-Kunden an Land zu ziehen und ihre illegalen Geschäfte zu verschleiern. Kundenberater reisten als Touristen getarnt in die USA ein und mischten sich unter die reichen Gäste bei Profi-Tennisspielen, Polo-Turnieren oder Promi-Veranstaltungen. Auf Schulungen in der Schweiz wurden die Banker für die heikle Mission vorbereitet, lernten wie sie einer Entdeckung entgehen können, indem sie ihre Laptops verschlüsseln, Codewörter verwenden und ihre Hotels mehrfach wechseln. Flexibilität war eine wichtige Tugend. Auf besonderen Kundenwunsch hin schmuggelte ein Banker sogar Diamanten in einer Zahnpastatube über den großen Teich. Diese und weitere Details kamen 2009 und 2014 ans Licht, als die USA ihre Ermittlungen gegen UBS und Credit Suisse gegen milliardenschwere Geldauflagen einstellten.

Steuerflucht ist spätestens seit 2013 in aller Munde und scheint für ständig neue Schlagzeilen zu sorgen. Nachdem 2014 vom Prozess gegen Uli Hoeneß und von Luxemburg-Leaks geprägt war, startete auch das Jahr 2015 mit neuen Enthüllungen, dieses Mal um das Vermögensverwaltungsgeschäft der britischen Megabank HSBC. Die Empörung wich zusehends der Betroffenheit, als die deutsche Gesellschaft im Spiegel ihrer Talkshows erkannte, dass keine gesellschaftliche oder politische Gruppe ohne Makel davonzukommen schien. Wer schließlich hätte gedacht, dass außer der Nationalität noch anderes Alice Schwarzer mit Uli Hoeneß verbindet?

Also versprachen Politiker Abhilfe und handelten. Zuletzt ließ Wolfgang Schäuble im Oktober 2014 verlauten: «Das Bankgeheimnis in seiner alten Form hat ausgedient.» Anlass dafür war die Unterzeichnung des Abkommens zum automatischen Informationsaustausch, bei dem sich Steuerbehörden grenzüberschreitend Bankkontendaten zusenden. Vertreter von 50 Staaten wurden dafür in Berlin erwartet. Die Welt sollte sehen: Dieses Problem nehmen wir ernst, und wir sind auf dem besten Weg es zu lösen. Was Schäuble nicht erwähnte: Die USA verweigern bisher die Teilnahme an dem Datenabgleich und die Nichtregierungsorganisation *Tax Justice Network* hat über 30 Schlupflöcher des neuen Abkommens aufgedeckt. Banken auf den Bahamas und in der Schweiz brüsten sich damit, dass es ihnen mit diesem Abkommen gelungen sei, die Welt einmal mehr an der Nase herumzuführen und passen ihre Strategie zur Schwarzgeldverwaltung entsprechend an. Zur Erinnerung: Die G20-Staaten erklärten beim Londoner Gipfel im Jahr 2009 schon einmal, dass die «Ära des Bankgeheimnisses» vorüber sei. Ein *Déjà-vu*?

Alle Welt spricht heute davon, dass die Zeiten sich geändert hätten. Steuerhinterziehung wird nicht mehr als Kavaliersdelikt behandelt, und wer bei Sinnen ist, hat, so möchte man meinen, längst mit seinen Schwarzgeldkonten Schluss gemacht. Die Mehreinnahmen und die Welle von Selbstanzeigen im Gefolge der Steuer-CDs werden jedenfalls ins Feld geführt, um zu zeigen, dass sich Steuerhinterziehung nicht mehr lohnt. Begibt man sich auf Faktensuche, dann wird allerdings schnell deutlich, wie dünn die gesicherte Datengrundlage über Ausmaß und Wirkung der CD-Ankäufe und Selbstanzeigen ist. Es gibt noch nicht einmal eine Aufschlüsselung der Selbstanzeigen in jene mit direktem Bezug zu den Daten-CDs und anderen. Eine offizielle Auskunft des Bundesfinanzministeriums spricht für das Jahr 2013 von 18032 aufgrund erfolgreicher Selbstanzeigen eingestellter Strafverfahren – andere Daten über die Selbstanzeigen lägen dort nicht vor. Die Deutsche Presseagentur dagegen meldet für dasselbe Jahr ca. 24000 Selbstanzeigen.

Über die Mehreinnahmen herrscht noch größere Verwirrung. Nirgends werden statistische Datenreihen und deren Berechnungsmethode offengelegt. So ist unklar, inwiefern die direkten Nachzahlungen aus Fällen von Daten-CDs mit den Nachzahlungen aller Selbstanzeigen pauschal in einen Topf geworfen werden, oder ob Selbstanzeigen mit Auslandsbezug von denen ohne unterschieden werden können. Während die Welt am Sonntag nach einer Umfrage bei Landesfinanzministerien auf «steuerliche Mehreinnahmen» von 4,3 Mrd. Euro zwischen dem Frühjahr 2010 und dem 30. April 2014 kommt, spricht der Finanzminister von Nordrhein-Westfalen, Norbert Walter-Borjans, im Februar 2014 von knapp 3 Mrd. Euro Steuermehreinnahmen «seit 2010», einmal mit der Einschränkung, dass es sich um Selbstanzeigen mit Auslandsbezug handele, ein anderes Mal ohne. Achim Doerfer, Autor von «Die Steuervermeider» schätzt dagegen, dass die «Summe der erlangten Nachzahlungen […] möglicherweise bei um die 10 Milliarden Euro» läge.

Wirft man einen Blick in die vorhandenen statistischen Bruchstücke, dann lassen sich kaum Anhaltspunkte für ein Ende der Steuerhinterziehung finden. So wurde nicht erfasst, in welcher Höhe Auslandsvermögen aufgrund der diversen Selbstanzeigen und Daten-CDs in die Steuerehrlichkeit zurückgekehrt sind. Eine extrem konservative Studie aus dem

Jahr 2010 spricht allein in der Schweiz von Schwarzgeldanlagen aus Deutschland in Höhe von 131 Mrd. Euro, andere gehen von dem Doppelten aus. Nimmt man die Geldverstecke in anderen Steueroasen dazu, dann wird das volle Ausmaß der Ignoranz offensichtlich: Es ist völlig unklar, ob die inzwischen deklarierten Auslandsvermögen überhaupt einen nennenswerten Anteil der ausländischen Schwarzgelder ausmachen. Mehr noch, für die Frage scheint sich kaum jemand zu interessieren.

Auch der viel beschworene Sinneswandel darf ob der Zahlen bezweifelt werden. Reue jedenfalls scheint oft nicht der ausschlaggebende Grund für die Selbstanzeigen gewesen zu sein. Sie stiegen jeweils unmittelbar nach Bekanntgabe des Erwerbs von Daten-CDs an, etwa als 2007 die Liechtensteiner LGT-Daten vom BND angekauft wurden oder als im Februar 2008 das Haus von Klaus Zumwinkel, dem Vorstandsvorsitzenden der Deutschen Post AG, durchsucht wurde. Als bekannt wurde, dass 2010 weitere Steuer-CDs angekauft wurden, schoss die Anzahl der Selbstanzeigen erneut in die Höhe. In den Folgejahren 2011 und 2012 aber brachen sie ein bzw. stagnierten (je nach Datenquelle). Erst im Jahr 2013 stiegen sie wieder deutlich an und erreichten 2014 ihren absoluten Höhepunkt.*

Der Rückgang bei den Selbstanzeigen 2010/11 ist das Ergebnis der Verhandlungen über das Steuerabkommen zwischen Deutschland und der Schweiz. Hinterzieher wie etwa Hoeneß warteten in aller Seelenruhe ab, ob ihnen die Taube auf dem Dach schön angerichtet mit Silberbesteck serviert würde, bevor sie sich mit dem Spatz in der Hand begnügten. Als im September 2012 das Steuerabkommen in einem wahren Politkrimi im Bundesrat abgelehnt wurde und in den Monaten darauf deutlich wurde, dass es keine Neuverhandlungen geben würde, schnellten die Selbstanzeigen 2013 wieder in die Höhe. Im Jahr 2014 war der maßgebliche Grund für die neuerliche Explosion der Selbstanzeigen die Torschlusspanik vor Jahreswechsel, denn die Große Koalition hatte mit Wirkung ab 1. Januar 2015 eine Verschärfung – sprich Verteuerung – des Ablasshandels beschlossen.

Besonders bei Fällen mit großen Vermögen scheint es in den einzigen Jahren mit Datengrundlage (2012 und 2013) kaum zu Selbstanzeigen gekommen zu sein. Denn ausgehend vom Strafzuschlag, den Selbstanzeiger bei einer hinterzogenen Summe von über 50 000 Euro seit 2011 bezahlen mussten, lässt sich auf die gesamte hinterzogene Steuerschuld dieser besonders schweren Fälle schließen. Teilt man den als Strafzuschlag ausgewiesenen Betrag durch die Anzahl der Fälle lässt sich die jeweils hinterzogene Summe hochrechnen, die zwischen 188 000 und 233 000 Euro pro Fall liegt. Damit wird deutlich, dass vor allem kleine und mittlere Fische ins Netz der Selbstanzeige gegangen sind. Die Zahlen sprechen also für eine breite Amnestie kleiner Steuerhinterzieher durch die Hintertür der Selbstanzeige, während die großen Fische weiterhin munter von einer Steueroase zur nächsten schwimmen.

Das Problem ist älter, hartnäckiger und tiefer verwurzelt, als die Politik uns weismachen möchte. Wie der BND 2007, so bemühten sich deutsche Fahnder schon vor der Machtergreifung Hitlers an Schweizer Kontendaten deutscher Steuerflüchtlinge zu kommen. Da die Schweiz als einziges Land Europas während der 1920er Jahre keine Kapitalkontrollen eingeführt hatte, florierte das Geschäft mit den Auslandsvermögen bald prächtig. Als dann der Börsencrash vom Schwarzen Freitag 1929 die Volkswirtschaften Europas in eine tiefe Krise stürzte, wurde das Klima für die Schweizer Banken rauer. Schon 1931 erließen deutsche Beamte eine Verordnung, um die Steuerflucht durch Liechtensteiner Stiftungen, die 1926 eingeführt wurden, einzudämmen. In diesem Kontext wurden ab Oktober 1931 deutsche Fahnder bzw. Agenten mehrfach dabei erwischt, wie sie versuchten, über Schweizer Bankangestellte an Daten deutscher Auslandskonten zu kommen.

Aber besonders die französischen Fahnder setzten den Schweizer Banken zu. Am 27. Oktober 1932 durchsuchten Ermittler die Pariser Geschäftsräume der Basler Handelsbank, damals eine der acht großen Schweizer Geldhäuser. Bald darauf wurden die Pariser Räumlichkeiten einer anderen

Großbank, der *Banque d'Escompte Suisse*, sowie einer Genfer Privatbank durchsucht. So wurden Beweise für andauernde Steuerstraftaten vermögender Franzosen in enormem Ausmaß gefunden, darunter Senatoren, Generäle, Bischöfe, Ex-Minister sowie Großindustrielle wie die Familie Peugeot.

Die Schweizer Bankenwelt schäumte, und ihre Reaktion war gut vorbereitet. Sie pochte lange vor der Verfolgung jüdischer Vermögen auf eine Verschärfung des Bankgeheimnisses, die das Schweizer Parlament im November 1934 auch verabschiedete. So wurde die Weitergabe von Bankdaten selbst an Schweizer Behörden zum Offizialdelikt, bei dem die Staatsanwaltschaft ermitteln musste. Ganz ähnlich wie damals reagieren die Schweizer Banken auch heute auf die Fortschritte bei der Finanztransparenz mit einer Verschärfung der Strafbestimmungen bei Bruch des Bankgeheimnisses. Die 1934 eingeführte Gefängnisstrafe wurde schon zum 1. Januar 2009 auf drei Jahre erhöht. Eine 2010 gestartete Gesetzesinitiative zur weiteren Verschärfung der Strafen wurde im September 2014 im Schweizer Nationalrat mit 126 zu 57 Stimmen angenommen. Demnach drohen Hinweisgebern, die sich dafür finanziell entschädigen lassen, künftig fünf statt drei Jahre Gefängnis. Auch Dritte, die entwendete Schweizer Bankdaten nutzen, haben neuerdings drei oder fünf Jahre Gefängnis zu erwarten. Wenn Daten ins Ausland angeboten werden, gilt ein Bruch des Bankgeheimnisses strafrechtlich als Wirtschaftsspionage. Damit fällt das Delikt in die Zuständigkeit der Bundesanwaltschaft und genießt den gleichen Stellenwert bei der Strafverfolgung wie Terrorismus oder Geldwäsche.

Auch auf der Ebene der Europäischen Union zeichnet sich eine Verschärfung der Geheimhaltungsbestimmungen ab. Seit Ende November 2013 berät die EU über einen Richtlinienvorschlag für den Schutz von Geschäftsgeheimnissen, der es in sich hat. Zivilgesellschaftliche Gruppen warnen eindringlich davor, dass «beinahe alles» als Geschäftsgeheimnis behandelt werden könnte. Gerade Journalisten und Hinweisgeber hinter künftigen Steuerskandalen würden großen zusätzlichen Risiken und Strafen ausgesetzt. Diese Maßnahmen dürf-

ten nicht dazu beitragen, Whistleblowern, die Straftaten großen Ausmaßes aufdecken wollen, das Leben leichter zu machen. *Déjà-vu* Nummer zwei?

Warum also reden wir im Jahr 2015 noch über die gleichen
Probleme, die schon fast ein Jahrhundert lang für öffentliche
Debatten sorgen? Man sollte meinen, dass die Politik Prob-
leme in den Griff bekommt, wenn sie denn wirklich möchte.
Doch schon bei der Frage, welche Länder Steueroasen seien,
gehen die Meinungen weit auseinander.

Welche Länder gelten als Steueroasen?

Die Weltöffentlichkeit blickte Anfang April 2009 gespannt
nach London. Noch kein Jahr war vergangen, seitdem die
westlichen Regierungen überstürzt die globale Finanzkrise
hatten eindämmen müssen. Nun tagten in London die
G20-Nationen, ein loser Verbund aus der EU und den 19 einflussreichsten Staaten der Welt. Die Öffentlichkeit erwartete
entschlossene Reformen an den Wurzeln der Krise. Die Passagen zu Steueroasen waren bis zuletzt in der Schwebe, und es
war noch nicht einmal ausgemacht, ob eine «schwarze Liste»
der OECD (ein Zusammenschluss der Regierungen der 34
reichsten Staaten der Welt) zustande kommen würde. Die
Präsidenten Frankreichs und Chinas stritten verbissen darüber, auf welchen Teil der dreigeteilten schwarz-grau-weißen
Liste Hong Kong und Macau gesetzt würden.

Unter der Vermittlung von US-Präsident Obama einigten
sich die Streithähne auf einen Kompromiss. Die beiden Son-
derverwaltungszonen Chinas wurden in eine Fußnote zu
China gesteckt, das selbst auf der weißen Liste stand. Damit
entgingen sie knapp der namentlichen Nennung auf der
grauen Liste, auf der sich zahlreiche andere Länder oder Ge-
biete tummelten. Die schwarze Liste mit ursprünglich vier
Staaten jedoch war innerhalb einer Woche leer – alle hatten
schleunigst das erforderliche Lippenbekenntnis für mehr
Steuerkooperation abgegeben. Dank der chinesischen Unter-
händler nahmen die G20 die Liste obendrein nur «zur Kennt-

nis» statt sie zu bekräftigen – in der Welt internationaler Diplomatie ein wichtiges Detail.

Dabei scheint es doch ganz einfach: Steueroasen sind die palmgesäumten Inseln und abgelegenen Alpentäler, in denen Agenten, Mafiosi und manche Wirtschaftsgröße ihre Gelder verstecken. James Bond und Co. bedienten sich der spektakulären Landschaft vor Ort und halfen dem Klischee, sich tief in die kollektive Wahrnehmung einzubrennen: Steueroasen, das sind die anderen.

Tatsächlich herrscht international kein Konsens darüber, welche Länder als Steueroasen zu bezeichnen sind. Das Wort ist inzwischen weitgehend aus der internationalen Diplomatie und Rechtsprechung verbannt worden. Niemand möchte heute mehr als Steueroase gelten. Selbst Beamte und Politiker aus Staaten wie Jersey, Singapur, Isle of Man, Bermuda oder Panama werden nicht müde abzustreiten, dass ihre Länder Steueroasen seien. Stattdessen sprechen beispielsweise OECD und G20 heute davon, inwieweit Länder den «internationalen Standard» zum Informationsaustausch anerkannt und umgesetzt haben. Der jüngste und letzte Versuch einer internationalen Organisation, die Frage zu klären, wie Steueroasen definiert und identifiziert werden können, ist in einem Bericht der OECD aus dem Jahr 1998 zu begutachten. Dort wurden grob vier Kriterien als für Steueroasen kennzeichnend ausgemacht: keine oder geringe Steuern, kein effektiver Informationsaustausch, wenig Transparenz im juristisch-administrativen Bereich sowie keine substanziellen wirtschaftlichen Aktivitäten vor Ort.

Auf dieser Grundlage wurden im Jahr 2000 in einem weiteren Bericht der OECD 35 Länder als Steueroasen identifiziert. Länder wie die Schweiz, Luxemburg, Singapur oder Hong Kong fehlten jedoch auf dieser Liste, obgleich es auch damals wenig Zweifel an deren blühendem Geschäftsmodell mit der Steuerflucht geben konnte. Aus Protest schlossen sich viele der gebrandmarkten Steueroasen zusammen und hielten der OECD medienwirksam deren Heuchelei vor. Die Schweiz, Luxemburg und Österreich waren unter den damaligen OECD-Mitgliedern und hatten aufgrund des Konsensprinzips bei den Abstimmungen ein Wörtchen mitzureden. Von einem Kartell der OECD-Staaten gegen Konkurrenten im Steueroasenmetier war die Rede.

Die Kehrtwende der Bush-Administration bremste die OECD-Initiative 2001 endgültig aus. Es gab keine Unterstützung aus Washington mehr für die harte Linie gegen den Unterbietungswettlauf. Libertäre Denkfabriken stießen bei Präsident Bush mit ihrer positiven Bewertung von Steuersenkungsspiralen auf offene Ohren. Fortan begannen die USA, ihre eigene Steueroasenpolitik auszubauen, und die Steueroasen außerhalb der OECD wurden mit an den Verhandlungstisch gebeten. Nun durften die kleinen Inselstaaten dabei mitreden, welche Länder in Zukunft als Steueroasen zu ächten wären. Im Ergebnis wurde ein schwacher internationaler Standard entwickelt, der es ausländischen Steuerbehörden zumindest in Einzelfällen erlauben sollte, Nachfragen trotz Bankgeheimnis zu stellen. Nur wer diesen Minimalstandard noch Anfang April 2009 ausdrücklich ablehnte, sollte auf die schwarze Liste gesetzt werden. Der Rest ist Geschichte.

Eine weitere Schwierigkeit gesellt sich hinzu: Was ist überhaupt unter einem «Land» oder «Staat» zu verstehen, die eine Steueroase sein können? Denn viele der karibischen Inseln sind keine vollständig souveränen Staaten oder Länder, sondern stehen in einem Abhängigkeitsverhältnis zu politischen Großmächten. Oft Überbleibsel der Kolonialgeschichte fristen viele Inseln ein Dasein im Schatten ihrer alten Kolonialherren. Die britischen Überseegebiete, zu denen etwa die Kaiman Inseln oder die Britischen Jungferninseln zählen, haben zum Beispiel keine Befugnis, außenpolitische Entscheidungen alleine zu treffen. In anderen Bereichen können sie zwar formal-juristisch eigenständig Gesetze erlassen, praktisch aber nur so lange, wie London diese – zumindest stillschweigend – billigt. Statt von Staaten oder Ländern zu sprechen, wäre es darum zutreffender den Begriff «Jurisdiktion» zu verwenden, der den Wirkungsraum einer Rechtsprechungskompetenz umschreibt.

Doch schon lange vor der oben skizzierten Episode aus dem Jahr 2009 gab es massenhaft Wissenschaftler und internationale Organisationen, die Steueroasen untersucht haben und damit verbunden Probleme angehen wollten. Angefangen mit der Liste des International Bureau of Fiscal Documentation des Jahres 1977 bis zu einem Arbeitspapier des Internationalen Währungsfonds 2007 gab es mindestens elf unterschiedliche Listen von Steueroasen, Offshore-Finanzzentren oder Geldwäsche-Zentren.

«Steueroasen» nach dem Grad der Übereinstimmung verschiedener Listen

Acht bis elf Nennungen	Zwei bis sieben Nennungen	Eine Nennung
Bahamas (11)	Andorra (7)	Ägypten (1)
Bermuda (11)	Anguilla (7)	Alderney (1)
Guernsey (11)	Bahrain (7)	Anjouan (1)
Jersey (11)	Costa Rica (7)	Belgien (1)
Kaiman Inseln (11)	Marshallinseln (7)	Botswana (1)
Malta (11)	Mauritius (7)	Campione d'Italia (1)
Panama (11)	St. Lucia (7)	Deutschland (1)
Barbados (10)	Aruba (6)	Frankreich (1)
Britische Jung-		
ferninseln (10)	Dominica (6)	Guatemala (1)
Insel Man (10)	Liberia (6)	Honduras (1)
Liechtenstein (10)	Samoa (6)	Indonesien (1)
Niederländische		
Antillen (10)	Seychellen (6)	Inguschetien (1)
Vanuatu (10)	Lebanon (5)	Island (1)
Zypern (10)	Niue (5)	Jordanien (1)
Gibraltar (9)	Macau (4)	Marianen Inseln (1)
Hong Kong (9)	Malaysia/Labuan (4)	Melilla (1)
Schweiz (9)	Montserrat (4)	Myanmar (1)
Singapur (9)	Malediven (3)	Nigeria (1)
St. Vincent und	Vereinigtes	Palau (1)
die Grenadinen (9)	Königreich (3)	
Turks- und Caicos-	Brunei	Puerto Rico (1)
inseln (9)	Darussalam (2)	
Antigua und Barbuda (8)	Israel (2)	Russland (1)
Belize (8)	Lettland (2)	San Marino (1)
Cookinseln (8)	Niederlande (2)	São Tomé und
		Príncipe (1)
Grenada (8)	Philippinen (2)	Sark (1)
Irland (8)	Portugal/Madeira (2)	Somalia (1)
Luxemburg (8)	Südafrika (2)	Sri Lanka (1)
Monaco (8)	Tonga (2)	Taipei (1)
Nauru (8)	Ungarn (2)	Triest (1)
		Türkische Republik
St. Kitts und Nevis (8)	Uruguay (2)	Nordzypern (1)
	US Jungferninseln (2)	Ukraine (1)
	USA (2)	
	Vereinigte Arabische Emirate/Dubai (2)	

Quelle: Eigene Darstellung nach Daten von: Richard Murphy: Where are the World's Secrecy Jurisdictions?, Downham Market 2009 (http://www.secrecyjurisdictions.com/PDF/SJ_Mapping.pdf; 18.07.2013).

Wie man anhand der Zusammenstellung sieht, weichen die Listen deutlich voneinander ab. Von insgesamt 91 Ländern werden lediglich sieben von allen elf Listen als Steueroasen eingestuft. An der Steueroasenqualität der Bahamas, Bermudas, der Kaiman Inseln, Guernseys, Jerseys, Maltas und Panamas gibt es keine Zweifel. Die übrigen Länder hingegen sind umstrittener.

Allen voran diplomatische Gremien wie etwa die OECD oder die Geldwäsche-Bekämpfungsorganisation FATF (Financial Action Task Force) vermeiden heute den Begriff der Steueroase. Das trifft auch zu für das eigens zur Überprüfung des steuerlichen OECD-Mindeststandards ins Leben gerufene Global Forum on Transparency and Exchange of Information for Tax Purposes (im Folgenden kurz: Global Forum). Diese sprachliche Enthaltsamkeit hindert jedoch Medien und Zivilgesellschaft nicht daran, weniger diplomatisch zu sein und die Sache beim Namen zu nennen. Die OECD, die FATF und das Global Forum wissen um das Spiel mit der Zweideutigkeit. Indem sie Ergebnisse von Länderevaluationen etwa über die Umsetzung von Mindeststandards in Form von Tabellen oder Listen veröffentlichen, können Länder subtil an den Pranger gestellt werden – auch ganz ohne das Tabuwort Steueroase. Medien wissen dann trotzdem genau, worum es geht. Das Drohpotential wirkt insofern, als es sich heute kein Land mehr erlauben kann, dem Mindeststandard nicht wenigstens durch Lippenbekenntnisse Respekt zu zollen. Was wirklich vor Ort in der Steueroase geschieht, und wie erfolgreich diese Initiativen sind, steht jedoch auf einem ganz anderen Blatt.

Das Ziel von Steueroasen

Was verbindet den Chef der britischen Großbank HSBC, Stuart Gulliver, mit dem Siemens-Schmiergeldskandal, Kokainschmugglern, Robert Mugabe, Muammar Gaddafi oder Syriens Diktator Assad? Dieselbe global agierende Anwaltsfirma mit Hauptsitz in Panama hat ihnen allen geholfen, anonyme Briefkastenfirmen für ihre diskreten Geschäfte zu gründen. Stuart Gulliver wollte seinem Konto bei der Schweizer HSBC-Privatbank so noch einen zusätzlichen Mantel der Verschwiegenheit überwerfen.

Die Firmen werden von Offshore-Dienstleister Mossack Fonseca am Fließband gegründet. Egal ob in Panama, auf den Seychellen oder den Britischen Jungferninseln – Mossack Fonseca ist ein Offshore-Anbieter mit Ablegern in 33 Ländern. Als Zwischenhändler kaufen Banken, Vermögensverwalter und Anwälte solche Blanko-Firmen auf Halde. Beißt dann einer ihrer Kunden an und erwirbt eine Briefkastenfirma, übernimmt die Bank die restlichen Formalitäten. Zur Wahrung der Anonymität werden bei Gründung durch Mossack Fonseca meist gleich Scheindirektoren miternannt, die auf dem Papier mit Vollmachten ausgestattet sind, um alle Geschäfte zu tätigen. Diese stellen eine Blanko-Vollmacht für den eigentlichen Kunden aus, in die der Zwischenhändler später nur noch den wirtschaftlich Berechtigten – den eigentlichen Eigentümer der Firma – eintragen muss. Um die 1000 US-Dollar nimmt die Mossack Fonseca bei Einzelgründungen plus ein paar Hundert für die Scheindirektoren. Für jedes Jahr der Firmenexistenz fallen nochmal Gebühren an. Weil der Konkurrenzkampf zwischen den Offshore-Anbietern härter geworden ist, kann man solche Firmen anderswo auch schon ab 500 US-Dollar bekommen.

In der Masse fällt einiges ab. Allein der Deutsche Jürgen Mossack, der die Firma 1977 in Panama gegründet hat, fungierte bis heute als Direktor von über 1300 Firmen. Leticia Montoya, die fleißigste der gut ein Dutzend Scheindirektoren in Mossacks Kanzlei, kommt auf Posten in über 10 000 aktiven oder schon wieder aufgelösten Firmen. Allein in Panama gibt es noch zahlreiche weitere solcher Anbieter. Insgesamt waren 2014 wohl um die 266 000 Aktiengesellschaften in Panama registriert, GmbHs und Privatstiftungen kommen hinzu. Die Gesamtzahl wurde im Jahr 2010 auf 400 000 geschätzt. Allein zwischen 2007 und 2009 kamen über 100 000 neue Registereinträge solcher Rechtspersonen in Panama hinzu. Auch Panamas Banken konnten trotz Finanzkrise zwischen 2007 und 2011 die verwalteten Vermögen um 80% erhöhen, 8,5 Mrd. US-Dollar kamen allein in den zwölf Monaten von Oktober 2010 bis Oktober 2011 hinzu. Panama boomt.

Alle Steueroasen leben von einer einheimischen Finanzindustrie, die grenzüberschreitendes Kapital verwaltet. Das Geld kleidet sich in tausend verschiedene Gewänder, kommt in Form von Bankeinlagen oder Versicherungspolicen, gehüllt in Rechtspersonen wie Briefkastenfirmen oder Stiftungen sowie als Anlage bei Geldmarkt- und Hedge Fonds, den Ozeanriesen im Offshore-Meer. Je mehr ausländische Unternehmen, Sparer und Investoren die Steueroase nutzen, umso besser funktioniert ihr Geschäftsmodell. In der Regel verfolgen Steueroasen deshalb das Ziel, möglichst viel Geld und Rechtspersonen aus dem Ausland anzulocken.

Wenn ausländische Anleger zum Beispiel ihre Ersparnisse bei Banken in einer Steueroase einzahlen, dann verdient die Bank daran meist in Form von «großzügigen» Kontoführungsgebühren sowie durch die Zinsmarge zwischen Einlagen und Kreditgeschäft. Auch wenn sowohl der Sparer als auch der Kreditnehmer der Steueroasen-Bank normalerweise im Ausland leben, verdient die Bank an diesem Geschäft. Dadurch können Arbeitsplätze in der Steueroase entstehen. Und obwohl die Banken auf ihre Gewinne in der Steueroase keine oder kaum Steuern bezahlen müssen, zahlen zumindest die Bankangestellten entweder Einkommenssteuer, Umsatzsteuer oder andere Steuern, etwa auf den Immobilienbesitz oder Zölle auf importierte Lebensmittel und andere Waren. Somit verdient indirekt auch die Verwaltung – der «Staat» der Steueroase – an ausländischen Geldern mit. Im Prinzip trifft dieses Kalkül für alle Steueroasen zu, auch wenn es nicht immer um Bankeinlagen geht.

Die Steueroase muss also Anreize schaffen, damit ausländische Geschäftsleute und Sparer ihre Gelder in die Steueroase bringen. Dies erreicht sie, indem etwa auf Kapitalerträge wie Zinsen oder Dividenden keine Steuern erhoben werden, oder indem sogar grundsätzlich keine Ertragssteuern erhoben werden. Die britischen Überseegebiete Bahamas, Bermuda sowie die Kaiman und Britischen Jungferninseln sind klassische «Nullsteueroasen» – es gibt dort keine Einkommenssteuer. Deshalb sind auch Bankeinlagen steuerfrei. Andere klassische Steueroasen wie Panama, die Schweiz, Jersey oder Luxemburg haben zwar formal eine Einkommenssteuer, bieten aber Ausnahmen und Sonderregeln an, so dass im Ergebnis ebenfalls eine Nullsteuer stehen kann – etwa auf Zinsen aus Bankeinlagen oder auf alle im Ausland erzielten Erträge.

Neben Sparguthaben oder Geldverwaltung werfen auch andere Geschäftszweige ähnliche Gebühren und Erträge für die Steueroase ab. Die Gründung und Verwaltung von Briefkastenfirmen etwa ist nicht nur in Panama ein florierendes Geschäft. Es hat auf den Britischen Jungferninseln gigantische Ausmaße angenommen. Im März 2013 waren dort über 482 000 Firmen registriert – bei einer Bevölkerung von gerade einmal 31 000 Menschen. Das Prinzip dahinter ist simpel und ähnelt der Masche bei den Bankguthaben: Zur Gründung des Unternehmens verlangt das (behördlich geführte) Unternehmensregister eine Gebühr. Auch in den Folgejahren wird eine Gebühr fällig. Hinzu kommen Kommissionen und Gebühren für die Anwaltskanzleien, Steuerberatungsbüros oder Unternehmensberatungen, die sich um die Erledigung des Papierkrams kümmern. Gegen weitere Gebühren können Extra-Services gebucht werden: etwa die Eröffnung eines Bankkontos, Anwälte als dienstbare Unternehmensvorstände und Strohmänner oder «gereifte» Unternehmen aus dem Regal, die auf dem Papier bereits seit vielen Jahren existieren und nur «aktiviert» werden müssen. Der Vorteil für die Briefkastenfirma: Sie zahlt keine oder sehr niedrige Ertragssteuern. Vor allem aber bleiben die wirklichen Wirtschaftsakteure verborgen. Die Verwaltung der Steueroase wiederum profitiert von den Gebühren, die an das Register gezahlt werden, sowie indirekt durch die Geschäfte und Gewinne, die Anwälte und Berater mit den ausländischen Kunden machen.

Natürlich machen diese Briefkastenfirmen keine Geschäfte in der Steueroase selbst. Oftmals dürfen sie das per Gesetz noch nicht einmal. Die Geschäftsaktivität wird nur auf dem Papier in der Steueroase verbucht. In den Jahresabschlüssen von Briefkastenfirmen findet man dann auf den ersten Blick ganz gewöhnliche Gewinne und Verluste. Die zugrundeliegenden Geschäfte aber finden anderswo statt – was und wo genau, das ist aus Sicht der Finanzindustrie und Finanzaufsicht der Steueroase zunächst einmal von nachrangigem Interesse. Hauptsache ist, dass der Rubel rollt.

Ähnliches gilt für die Bankeinlagen. Die Gelder stammen aus Geschäften, die mit der Steueroase nur auf dem Papier etwas zu tun haben: etwa Ersparnisse oder Erbschaften aus einem Industrie- oder Entwicklungsland, Gewinne aus Aktiengeschäften oder aus fingierten Beratungsverträgen, oder aus den schwarzen Kassen kleiner Unternehmen, die einen Teil des Umsatzes ohne eine Rechnung gemacht haben. Diese Gelder werden von den Steueroasen-Banken entgegengenommen, aber letztlich nicht in der Steueroase selbst angelegt, sondern nur dort verbucht. Stattdessen geben die Banken dann Kredite an Kunden in Industrienationen oder Schwellenländern aus oder investieren dort in Aktien, Anleihen oder komplexere Finanzprodukte. Wie man bei der Pleite Zyperns gut beobachten konnte: In der Steueroase selbst bleibt das Geld nicht. Die Gelder der Investoren aus dem osteuropäischen Raum und Russland hatten die zypriotischen Banken zu großen Teilen in griechischen Staatsanleihen investiert. Wenn Griechenland zahlungsunfähig wird, dann überträgt sich die Krise auf Zyperns Banken, und diese Banken reichen die Verluste an die Bankkunden der Steueroase in Russland und Osteuropa weiter.

Diese Episode verdeutlicht, warum es für Steueroasen nicht ausreicht, nur auf niedrige Steuern zu setzen. Die Reputation ist für kleine Steueroasen das A und O. Denn was nutzen dem ausländischen Investor niedrige Steuersätze, wenn er am Ende sein gesamtes Vermögen nie wiedersieht? Um Gelder anzulocken ist der Eindruck der Seriosität entscheidend und muss um jeden Preis gewahrt bleiben. Denn in der Steueroasenwelt spricht sich jeder Fehler sofort herum. Heerscharen hochbezahlter Anwälte, Bankiers und Wirtschaftsprüfer stehen bei der Konkurrenz in den Startlöchern, um sich das abwandernde Kundengeschäft einer in schlechtes Licht geratenen

Steueroase einzuverleiben. Die Zypern-Pleite stellt in diesem Sinne den Super-GAU für einen Finanzplatz dar. Die Fassade der Seriosität und Zahlungskraft muss aufrechterhalten werden – koste es, was es wolle.

Zum Erreichen dieser Ziele arbeitet die Finanz- und Beratungsindustrie oft Hand in Hand mit der örtlichen Regierung und Verwaltung. Auch weil die Regierungen kleiner Steueroasen im Vergleich zu globalen Finanzkonzernen Winzlinge sind, können Banken und Co. dort faktisch maßgeschneiderte Gesetze zu ihren Gunsten durchsetzen. Manche Beobachter sprechen von «gekaperter Staatlichkeit» durch private Interessengruppen oder gar von einer «Mafia in Nadelstreifen». Hinzu kommt, dass Medien in Steueroasen die Interessen der Finanzindustrie oft als identisch mit den Interessen der gesamten Bevölkerung darstellen. Was gut für die Banken sei, diene auch dem Otto Normalverbraucher.

Steueroasen benötigen neben einer guten Reputation und Steuerfreiheit jedoch noch eine dritte, wesentliche Zutat, um ausländische Gelder und Kunden anzulocken. Denn diese wünschen vor allem eines: Diskretion und Verschwiegenheit. Die Geheimhaltung ist vielleicht das wichtigste Kriterium einer Steueroase – noch wichtiger als die Steuerfreiheit. Denn auch wenn Banken in Steueroasen um die Gelder ausländischer Kunden kreativ werben, bleibt deren Steuerpflicht im Heimatland bestehen. Die Bankmitarbeiter oder den Gesetzgeber in der Steueroase interessiert das vordergründig nicht. Die Erfüllung der Steuergesetze obliegt nicht diesen, sondern natürlich dem ausländischen Kunden. Zumindest stillschweigend aber wissen alle Beteiligten, dass es sich bei den Anlagen oft um Schwarzgeld handelt.

Wenn nun ein potentieller Kunde mit zu vielen Fragen zur Herkunft seines Vermögens oder seiner Identität konfrontiert wird, kann es leicht passieren, dass er sich eine andere Bank oder Steueroase sucht. Für manche Kunden etwa scheiden solche Steueroasen aus, in denen Briefkastenfirmen verpflichtend im Unternehmensregister detaillierte Informationen über deren Eigentümer oder Vorstände veröffentlichen müssen. Genauso unerwünscht ist es, dass die Steueroase mit irgendeinem ausländischen Finanzamt im engen Informations-austausch steht. Denn eine solche Zusammenarbeit könnte das heimische Finanzamt dazu verleiten, unbequeme Fragen über das Bankkonto in der Steueroase oder die Briefkasten-firma zu stellen.

Streng genommen sind also niedrige Steuern an und für sich nicht das Problem an Steueroasen. Denn wenn transparent wäre, wer dort auf dem Papier Geschäfte bucht, Konten führt und Briefkastenfirmen besitzt, dann könnte das zuständige Heimatfinanzamt ganz bequem die eigenen Steuerregeln an-wenden. Die niedrigen oder Nullsteuersätze in Steueroasen könnten dann bei der Berechnung des steuerpflichtigen Ein-kommens im Heimatland schlicht ignoriert und das Ein-kommen aus der Steueroase voll versteuert werden. Um dies zu verhindern und Geheimhaltung zu gewährleisten, haben Steueroasen das Bankgeheimnis entwickelt. Deshalb ist es zum Beispiel für das deutsche Finanzamt extrem schwierig, aus Steueroasen relevante und gerichtsfeste Informationen über heimische Bürger und Unternehmen zu erhalten.

Der Kern des Problems mit Steueroasen ist also deren Verschwiegenheit. Nur weil Steueroasen perfekt ausgeklü-gelte Mechanismen zur Tarnung von Vermögen und Ge-schäften anbieten, «lohnt» es sich für Betrüger, dort auf dem Papier wirtschaftlich aktiv zu werden. Steueroasen haben das Metier der Diskretion vervollkommnet. Auf den Kaiman Inseln beispielsweise wird mit einer Gefängnisstrafe von bis zu zwei Jahren jeder bedroht, der es wagt nach vertraulichen Informationen lediglich zu fragen. Gleichzeitig schlägt jede «legale» Suchanfrage im Unternehmensregister von Kaiman mit über 30 US-Dollar zu Buche. Der Gegenwert ist da-gegen äußerst dürftig: lediglich Name, Rechtsform und Re-gisternummer des Unternehmens, Gründungsdatum und registrierte Anschrift des Briefkastens lassen sich daraus ent-nehmen.

Fassen wir zusammen: Steueroasen verfolgen das Ziel, Gel-der und Briefkastenfirmen auswärtiger Kunden durch heimi-sche Wirtschaftsakteure verwalten zu lassen und bedienen sich dabei immer der Geheimhaltung. Die Geheimhaltung ist deshalb so wichtig, weil die hofierten Gäste vor allem kommen, um Regeln und Gesetzen an ihren Wohnorten zu entgehen. Andere Facetten spielen jedoch meist auch eine Rolle – wie die geringe oder laxe Besteuerung und Regulierung in der Steueroase selbst. Weil Geheimhaltung so entscheidend ist für das Geschäftsmodell von Steueroasen, scheinen die Begriffe «Schattenfinanzplatz» oder «Verdunkelungsoase» den Kern des Problems besser zu treffen. Die Geheimhaltung lockt nicht nur Steuerflüchtlinge an, sondern ebenso Gelder aus Drogenhandel, Bestechungszahlungen, illegalem Waffen-, Tropenholz- und Diamantenhandel, Menschen-, Kinder- und Organhandel sowie verschiedensten Aspekten der Wirtschaftskriminalität. Auch Terroristen und ihre Geldgeber nutzen gerne verschwiegene Finanzplätze. Die Swiss-Leaks Enthüllungen vom Februar 2015 um die HSBC-Privatbank veranschaulichten dies eindrücklich. Und das Ausmaß der in den Steueroasen versteckten Vermögen ist immens. Eine Studie des Tax Justice Network aus dem Jahr 2012 schätzte die undeklarierten Offshore-Finanzvermögen auf weltweit 21–32 Billionen US-Dollar im Jahr 2010. Die daraus entstehenden jährlichen Einnahmeverluste für die öffentlichen Haushalte weltweit belaufen sich auf 190–280 Mrd. US-Dollar. Berücksichtigt man, dass das private Finanzvermögen weltweit auf etwa 122 Billionen Euro (2010) geschätzt wird, offenbart sich die gigantische Dimension des in den Steueroasen versteckten Reichtums.

Lohnt sich das Steueroasensystem denn wenigstens für die Steueroasen selbst oder profitieren am Ende ausschließlich die skrupellosen Steuervermeider, Kriminellen und Terroristen, die deren Dienste gerne in Anspruch nehmen? Auf den ersten Blick scheint der Aufbau einer blühenden Finanzoase für strukturschwache Länder eine gute Idee zu sein. Der Flugverkehr nimmt zu, es siedeln sich Banken und Beratungsgesellschaften an. Die Schattenseiten machen auf den zweiten Blick jedoch nicht selten einen Strich durch die Rechnung. Denn oft fliegen die heißersehnten auswärtigen Gäste ihre hochbezahlten Finanzjongleure und Freiberufler gleich mit ein. Darüber hinaus entstehen Arbeitsplätze vielleicht in der Gastronomie und bei einfachen Dienstleistungen (Frisöre, Putzkräfte) sowie vorübergehend im Immobiliensektor. Andererseits steigen durch den Zuzug hochbezahlter Experten die Lebenshaltungskosten der Durchschnittsbevölkerung vor Ort massiv an. Gerade im Immobiliensektor pendeln sich die Preise oft noch über jenen mancher Metropolen ein.

Außerdem sind die Steuern für jene Menschen, die in klassischen Steueroasen tatsächlich leben, Kinder großziehen und dort auch ihren Lebensabend verbringen wollen, oft ähnlich hoch wie in Industriestaaten. Weil die Löhne jedoch nur in der importierten Finanzenklave hoch genug sind, um die gestiegenen Lebenshaltungskosten zu decken, müssen viele einkommensschwache Menschen wegziehen oder haben letztlich einen geringeren Lebensstandard als in Ländern mit kleinerem Finanzsektor. Tatsächlich profitiert unter dem Strich oft nur ein kleiner Teil der Bevölkerung vom Prinzip Steueroase. Die Gans, die vermeintlich goldene Eier legt, entpuppt sich bald als Kuckuck, der alle anderen Wirtschaftssektoren erdrückt und die Steuerlast auf die lokale Bevölkerung abwälzt.

Politisch neigen die Regime von hartgesottenen Steueroasen zudem oft zur Repression kritischer Stimmen, um die alles überragende Reputation nicht zu gefährden. Das Gemeinwohl wird mit jenem der Finanzindustrie gleichgesetzt. Angesichts dieser bedrohlichen Auswirkungen eines übergroßen Finanzsektors sprechen manche Beobachter vom «Finanzfluch», der infolge der Steueroasenstrategie die Entwicklung eines Landes behindert.

Die Auswirkungen der Steuerflucht

Auf der Yacht wird demokratisch entschieden, wohin die nächste Reise gehen soll. Die MS The World ist ein Luxusschiff der Superklasse. Sie gehört anteilig 200 extrem vermögenden Personen, die ihrem Heimatland den Rücken gekehrt und sich für eine der 165 Wohnungen auf dem Schiff entschieden haben. Nachdem seit 2006 für einige Jahre alles ausverkauft war, stehen im März 2015 einige der Wohnungen wieder zum Verkauf. Diskretion über die Identität der Bewohner ist oberstes Gebot. Die Betreiber verraten nur, dass die meisten aus Nordamerika und Europa kommen, aus 19 Staaten insgesamt. Das Durchschnittsalter von 64 Jahren deutet auf eine gewisse Vergreisung bei den ewigen Kreuzfahrern hin.

Ein hübscher Nebeneffekt für die Bewohner ist, dass Einkommenssteuern bei geschickter Planung nicht mehr anfallen. Die unbeschränkte Steuerpflicht greift nämlich in den meisten Staaten nur für Personen, die sich dort mehr als die Hälfte des Jahres, mindestens 183 Tage, aufhalten. Ist man nirgendwo länger als ein paar Wochen am Stück, dann erhebt kein Staat einen Steueranspruch. Vor zwei Jahren wurde potentiellen Kaufinteressenten in den Werbematerialien noch nahe gelegt, sich mit einem Steuerberater über das Thema «Wohnsitz» zu unterhalten – dieser Hinweis fehlt im Februar 2015 jedenfalls in jenen Broschüren, die online zugänglich sind. Die Bewohner können jederzeit über das Internet ihre Geschäfte weiterführen, auch Videokonferenzen seien vom Schiff aus kein Problem, so die Werbebroschüre. Abwechslung ist für seefahrende Multimillionäre in Sicht: 2016 soll die Utopia vom Stapel gelassen werden, eine noch größere Yacht, die Platz für 199 Wohnungen und ein Hotel mit 175 Betten haben soll. Die geplante Preisspanne der Wohnungen liegt zwischen 3,9 und 30 Mio. US-Dollar.

Das mag ein Extrembeispiel für den steuerlichen Abschied der obersten Einkommensschichten aus der Gemeinschaft mit Normalsterblichen sein. Dennoch veranschaulicht es, wie vielfältig die Möglichkeiten Steuern zu sparen am oberen Ende der Einkommens- und Vermögensskala inzwischen geworden sind. Nach Oliver Wendell Holmes, ehemals Richter am Obersten Gerichtshof in den USA, sind Steuern bekanntlich der Preis, den wir für eine zivilisierte Gesellschaft zahlen. In Demokratien streiten und einigen sich die Bürger darüber, welche gesellschaftlichen Aufgaben gemeinschaftlich-kooperativ durch staatliche Instanzen übernommen und welche anderen Bereiche hingegen marktwirtschaftlich organisiert werden sollen. Zur Finanzierung gemeinschaftlicher Aufgaben wie etwa Infrastruktur und Verkehr (öffentlicher Nahverkehr, Schienenverkehr, Gehwege, Fahrradwege, Straßen), Bildung (Kindergärten, Schulen, Universitäten), Sicherheit (Polizei, Rechtssystem) oder Gesundheit werden Ressourcen benötigt, die in Form von Steuern von der ganzen Gesellschaft bereitgestellt werden.

Dieser gesellschaftlichen Entscheidung kann man sich höchstens dadurch halbwegs legitim entziehen, dass man als Einsiedler abseits dieser öffentlichen Dienstleistungen lebt und von Kindesbeinen an auf jeden Kontakt mit der steuerfinanzierten Außenwelt verzichtet. Ansonsten beruht das demokratische Gemeinwesen darauf, dass sich alle an Steuergesetze halten, unabhängig davon, ob wir mit einzelnen Staatsausgaben einverstanden sind oder nicht. Eine umstrittene Alternative kann in der Bereitschaft bestehen, aus Gewissensgründen in letzter Konsequenz auch ins Gefängnis zu gehen. US-Bürger Shane Claiborne riskierte 2011 Gefängnis, als er aus Gewissensgründen die Zahlung jenes Anteils seiner Steuerschuld verweigerte, der auf den US-Militärhaushalt und damit auf die Finanzierung der US-Kriege im Irak und in Afghanistan entfiel. In einem öffentlichen Brief erläuterte er die Gründe, künftig diesen Teil nicht mehr an die Steuerbehörde zu zahlen. Stattdessen kündigte er an, diese Summe einer Nichtregierungsorganisation zu spenden, die sich für Frieden und Versöhnung einsetzt. Geschieht eine solch eigenmächtige Steuerverkürzung jedoch im Verborgenen, dann ist keine Bereitschaft erkennbar, die Folgen einer solchen Gewissensentscheidung in einem Rechtsstaat auch in letzter Konsequenz zu tragen. Darum ist Steuerflucht im Kern auch ein Angriff auf die Demokratie.

Für die Masse der Durchschnitts- und Geringverdiener gibt es keine Option auf eine ewige Kreuzfahrt. Kaum jemand dürfte auf die Idee kommen, als Dauercamper um die Welt zu ziehen, und sich alle paar Tage an einem anderen Ort als Tagelöhner zu verdingen, damit die Steuerpflicht nirgends greift. Egal ob Hoeneß, Zumwinkel, SAP, Apple oder Amazon: Steuerflucht führt zwangsläufig zu höheren Steuern für all jene, die sich nicht so einfach der Steuerpflicht entziehen können. Alternativ kann der Staat die Ausgaben für öffentliche

Aufgaben wie Kitas, Schulen, Verkehrsinfrastruktur oder das Rechtssystem kürzen. In Deutschland können wir beides beobachten. Beide Alternativen gehen zu Lasten vor allem von Gering- und Durchschnittsverdienern, denn diese sind stärker auf öffentliche Dienstleistungen angewiesen und können dem Fiskus nicht so leicht entgehen. Schließlich behält der Arbeitgeber die Lohnsteuer ein.

Auch kleine und mittelständische Unternehmen werden im Wettbewerb gegenüber größeren, international aufgestellten Konkurrenten benachteiligt. Denn Steuern lassen sich umso leichter vermeiden, je internationaler eine Firma operiert. Starbucks etwa hat in den elf bilanzierten Jahren seiner Deutschland-Präsenz seit 2002 noch keinen einzigen Euro Ertragssteuer bezahlt, obwohl die Kette hier Kaffee und anderes für über 650 Mio. Euro verkauft hat. Die Gewinne werden in Steueroasen verschoben. Kleine Cafés hingegen versteuern ihre Gewinne mit dem regulären Steuersatz in Deutschland und sehen sich mit einem unfairen Wettbewerbsnachteil konfrontiert.

Während Diskussionen über die Verwendung von Steuergeldern zum politischen und medialen Alltagsgeschäft gehören, bleibt die Zusammensetzung der Steuereinnahmen weitgehend ausgeblendet. Anhand des Steuermixes lässt sich die Verschiebung der Lasten jedoch gut erkennen. Der Steuermix gibt an, welchen Anteil verschiedene Steuerarten zur Finanzierung des Gemeinwesens leisten. Man kann Steuern auf Konsum (Mehrwert- und Verbrauchssteuern), Arbeit (Lohnsteuer) sowie Kapital (Gewinn- und Vermögenssteuern) unterscheiden.

Diese drei Steuerarten haben ganz unterschiedliche Verteilungsimplikationen. Während Steuern auf Arbeit in der Regel kleine und mittlere Einkommen belasten, werden Steuern auf Kapital in aller Regel vor allem von Spitzenverdienern getragen. Konsumsteuern hingegen belasten geringe Einkommen überproportional, denn Geringverdiener können nicht sparen, sondern geben das meiste Geld direkt aus. So müssen sie also fast auf 100% ihrer Einkünfte die Mehrwertsteuer bezahlen, während für Großverdiener der gleiche Steuersatz gilt, diese aber nur einen kleinen Teil ihres Einkommens für Konsum ausgeben und so weiterhin hohe Summen mehrwertsteuerfrei beiseite legen können. Steigende Konsumsteuern vertiefen also in der Tendenz die Kluft zwischen Arm und Reich.

Anhand der Entwicklung der letzten Jahrzehnte ist klar zu erkennen, dass der Anteil der Konsumsteuern gestiegen und jener der Gewinn- und Vermögenssteuern gesunken ist, trotz steigenden Anteils der Gewinne/Vermögen am Bruttoinlandsprodukt. Der Beitrag der arbeitenden Bevölkerung sähe noch weit drastischer aus, wenn auch die Sozialabgaben berücksichtigt würden. Sie werden nur von Angestellten bezahlt. Obendrein sind sie gedeckelt und belasten Spitzenverdiener entsprechend weniger.

Entwicklung des Steuermixes in Deutschland zwischen 1977 und 2014

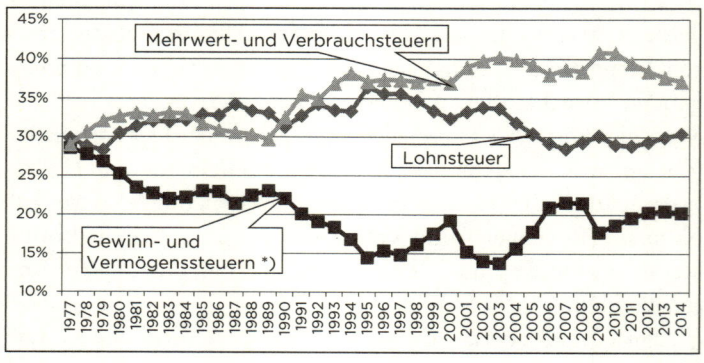

*) Körperschaftssteuer + Gewerbesteuer + veranlagte Einkommenssteuer + Kapitalertragssteuer + Zinsabschlagssteuer + Vermögenssteuer
Quelle: Verdi, per Email vom 31.3.2015. Anhand von Daten der Volkswirtschaftlichen Gesamtrechnung, des Statistischen Bundesamtes sowie Berechnungen von Verdi.

Neben der bereits erwähnten Steuerflucht hat diese Verschiebung noch eine weitere Ursache. Der Steuerkrieg oder Steuerwettbewerb ist eine Art vorauseilender Gehorsam des Gesetzgebers gegenüber Investoren und Konzernen, die Steuergesetze so anzupassen, dass weniger Steuern auf Gewinne und Vermögen fällig werden. In kleinen Steueroasen ist der Einfluss der Finanzindustrie auf den Gesetzgeber am größten. Dort können sie oft direkt die Formulierung von Gesetzen durchsetzen. Aber längst hat der Virus Standortwettbewerb um sich gegriffen. Der Effekt ist dramatisch: Zwischen 1995 und 2013 sanken etwa die Steuersätze auf Unternehmensgewinne in der Europäischen Union um 12%, und Deutschland war Vorreiter. Hinter Bulgarien und Irland verzeichnete es den drittstärksten Rückgang. Der Steuersatz fiel um 27% von 56,8% auf 29,8%.

Dabei herrscht unter Wissenschaftlern seit langem ein Glaubenskrieg etwa darüber, ob niedrigere Unternehmenssteuern das Wirtschaftswachstum ankurbeln, zusätzlich Unternehmen anlocken oder echte Investitionen fördern. Eindeutige empirische Belege für eine solche Wirkung fehlen jedenfalls. Seit der Entfesselung der Finanzmärkte im Laufe der 1980er Jahre wird jedoch die Alternativlosigkeit von Steuersenkungen bei jeder Steuerreform gebetsmühlenartig wiederholt. Margaret Thatchers Ausspruch «there is no alternative» (TINA) ist wie ein Mantra in das kollektive Bewusstsein einer ganzen Politikergeneration eingedrungen. Können aber Demokratien auf Dauer überleben, wenn deren Politiker nicht müde werden ihre Ohnmacht zu beschwören?

Inzwischen hat diese Unterbietungsdynamik dazu geführt, dass beinahe alle Staaten Züge einer Steueroase für jene tragen, die als gebietsfremde Anleger in einem Land Geld verstecken oder investieren wollen. Aber auch für heimische Geldvermögen und Unternehmensgewinne stehen die Türen und Privilegien inzwischen so weit offen, dass sogar unter Vermögenden Stimmen laut werden, die eine höhere Besteuerung großer Einkünfte und Vermögen fordern. Warren Buffet, der drittreichste Mensch der Welt, formulierte es in der New York Times 2011 im Hinblick auf seine persönliche Steuerzahlung an den US-Fiskus aus dem Jahr 2010 von knapp 7 Mio. US-Dollar so: «Das waren gerade einmal 17,4% meines steuerlichen Einkommens – dieser Steuersatz ist niedriger als bei allen anderen 20 Mitarbeitern in unserem Büro. Deren Steuersätze lagen im Durchschnitt bei 36% und schwankten zwischen 33% und 41%.»

Weil Gewinn- und Vermögenssteuern vorwiegend von den Wohlhabendsten entrichtet werden, kann man aus der Verschiebung im Steuermix in der Tendenz einen sinkenden Umverteilungs- und Ausgleichseffekt des Steuersystems ableiten. Im Ergebnis spitzt sich die soziale Ungleichheit weiter zu – in der deutschen Gesellschaft, aber auch weltweit. So stellte die OECD 2011 fest, dass die Einkommensungleichheit in Deutschland seit 1990 erheblich schneller gestiegen ist als in den meisten anderen OECD-Staaten. Zwar haben die Forscher vom Deutschen Institut für Wirtschaftsforschung (DIW) in Deutschland einen vorläufigen Scheitelpunkt bei der Einkommensungleichheit 2005 ausgemacht. Im Jahr 2011, dem letzten Jahr, für das ihnen Daten vorlagen, zeichnete sich aber wieder eine steigende Einkommenskluft ab. Die OECD simulierte den Trend der letzten Jahrzehnte bis 2060 – dann hätte Deutschland eine ähnliche Einkommensungleichheit wie heute die USA, das bei weitem ungleichste Industrieland. Laut OECD büßte Deutschland durch die gestiegene Einkommensungleichheit zwischen 1990 und 2010 sechs Prozentpunkte Wirtschaftswachstum ein.

Bei den Vermögen ist die Ungleichheit noch deutlich stärker ausgeprägt als bei den Einkommen. Das reichste Prozent der Deutschen besaß im Jahr 2012 rund ein Drittel des gesamten Privatvermögens, und der Anteil der reichsten 0,1% beläuft sich noch immer auf 15%. Hier belegt Deutschland einen traurigen Spitzenplatz. Kein anderes Land der Eurozone ist stärker polarisiert als Deutschland. Und die Vermögensunterschiede haben laut Böckler-Stiftung von 2002 bis 2012 deutlich zugenommen. Während das Vermögen des reichsten Prozents massiv gestiegen ist, haben Arbeitslose praktisch alles an Vermögen eingebüßt – Hartz IV sei Dank.

Vielleicht am schockierendsten aber ist die Entwicklung der

Vermögensungleichheit im internationalen Maßstab. Ab 2016, so rechnete Oxfam vor, wird das vermögendste 1 % der Weltbevölkerung über die Hälfte des gesamten Weltvermögens besitzen. Die reichsten 80 Menschen konnten zwischen 2009 und 2014 ihr Vermögen verdoppeln. Diese Gruppe passt bequem in einen Doppeldeckerbus und besitzt heute so viel wie die ärmste Hälfte (3,5 Mrd.) der Menschheit. Die in Steueroasen versteckten Gelder führen zudem dazu, dass alle verfügbaren Studien das Ausmaß der Ungleichheit massiv unterschätzen. Bezieht man diese mit ein, besitzen 100 000 Personen, 0,001 % der Weltbevölkerung, 30 % des gesamten Weltfinanzvermögens.

Umverteilung bzw. kein allzu großer Abstand zwischen Arm und Reich bringt Segen für alle. Auf diese Einsicht lässt sich vieles im Forschungswerk von Richard Wilkinson und Kate Pickett reduzieren. Die britischen Wissenschaftler haben systematisch untersucht, welchen Einfluss der Gesamtwohlstand sowie die Einkommensungleichheit innerhalb der reichsten Länder auf soziale und Gesundheitsprobleme haben. Sie kommen darin zu dem erstaunlichen Ergebnis, dass bei den 23 untersuchten reichen Ländern nicht der durchschnittliche Reichtum der gesamten Gesellschaft (Bruttoinlandsprodukt pro Kopf) entscheidend ist, sondern das Maß an Einkommensungleichheit. Je ungleicher eine Gesellschaft ist, desto häufiger treten Probleme auf (etwa Kriminalität, Übergewicht, Geisteskrankheiten, Teenagerschwangerschaften etc.) – unabhängig davon wie reich sie im Durchschnitt ist.

Das führt uns zu den Auswirkungen der Steuerflucht auf die Ärmsten der Welt. Für Entwicklungsländer gilt im Großen und Ganzen Ähnliches wie für Deutschland. Jedoch leiden diese ungleich schwerer an der internationalen Steuerflucht durch Eliten, weil diese einen viel größeren Anteil der Vermögen kontrollieren und außer Landes schaffen. In der Summe führen Offshore-Finanzanlagen zu einem schockierenden Paradox. Einerseits hatten 139 Entwicklungsländer im Jahr 2010 auf dem Papier Auslandsschulden von 4,08 Billionen US-Dollar. Das entspricht dem weiterverbreiteten Klischee, wonach die Entwicklungsländer «uns» wegen der großzügigen Entwicklungshilfe viel Geld schulden. Rechnet man aber die nicht deklarierten Auslandsfinanzanlagen der Wohlhabendsten sowie Währungsreserven dieser Entwicklungsländer dagegen, dann kommt man zu einem verblüffenden Ergebnis. Denn unterm Strich sind diese Entwicklungsländer Netto-Gläubiger gegenüber dem Rest der Welt, in der Größenordnung von 10,1 bis 13,1 Billionen US-Dollar. Über die Steuerflucht in Steueroasen helfen Entwicklungsländer also dabei mit, den westlichen Wohlstand zu finanzieren. Das Problem freilich ist, dass sich die Vermögen im Privatbesitz der Eliten befinden und auf Konten in Frankfurt, Miami, London und Genf liegen, während die Schulden sozialisiert sind und von der ganzen Bevölkerung geschultert werden.

Obendrein haben die schwächer aufgestellten Steuerverwaltungen in Entwicklungsländern gegen global agierende Konzerne kaum eine Chance. So bezahlen der Rohstoffgigant Glencore und der Bierbrauer SABMiller (etwa Fosters, Grolsch, Pilsner Urquell, Miller) in Entwicklungsländern kaum nennenswerte Ertragssteuern, obwohl sie dort große Gewinne erwirtschaften. Ein Tochterunternehmen von SABMiller mit Sitz in Zug/Schweiz etwa stellt den konzerneigenen Brauereien in Afrika überhöhte Rechnungen über Dienstleistungen und Patentgebühren. Einige der Dienstleistungen wurden nach den Recherchen von ActionAid mit größter Wahrscheinlichkeit nie erbracht. Mindestens bis 2010 hat SABMiller insgesamt 100 Mio. Schweizer Franken jährlich aus Afrika in Steueroasen geschafft, ca. 60 Mio. davon gingen in den Kanton Zug in der Schweiz. Der Internationale Währungsfonds schätzte die jährlichen Steuerverluste für Entwicklungsländer durch Konzernsteuervermeidung im Mai 2015 auf über 200 Mrd. US-Dollar.

So trägt Steuerflucht dazu bei, Gesellschaften in Nord und Süd zurück ins Mittelalter zu katapultieren. Konzentrierter Reichtum wird zunehmend wie anno dazumal in Dynastien vererbt. Eine plutokratische Schicht extrem Wohlhabender kappt die Wurzeln in den demokratischen Gesellschaften, indem sie sich der Teilhabefunktion von Steuern entzieht und die Steuergesetze zu ihren Gunsten umschreibt. Steuerzahlungen helfen normalerweise dabei, ein Band der Rechenschaftspflicht zwischen Regierenden und Regierten zu knüpfen. Wo Regierungen sich nicht auf eine breite Steuerbasis verlassen können, sondern von Einnahmen etwa aus der Ölförderung abhängig sind, oder am Tropf ausländischer Entwicklungshilfe hängen, da blühen Korruption und Misswirtschaft besonders schön. Ein Steuerzahler wird eher darauf achten, wie öffentliche Gelder verwendet werden und Rechenschaft von Politikern und Staatsdienern einfordern, als jemand, der sich seiner Steuerpflicht etwa durch Schwarzgeldkonten im Ausland leicht entziehen kann. Gleichzeitig über «die korrupten Politiker» zu schimpfen und ein Leben im Jetset von Pariser Modenschauen und New Yorker Shoppingtouren zu führen, mag dann zwar zum guten gesellschaftlichen Ton der Elite gehören – hilfreich ist es kaum.

Auch in Deutschland ist eine Refeudalisierung der Gesellschaft im Gange. 28 % der Multimillionäre hierzulande haben ihren Reichtum ihren Vorfahren zu verdanken. In den USA sind es gerade einmal 13 %. Der neue Geldadel kann seine Privilegien erfolgreich sichern, weil Vermögen steuerlich so verschont werden wie in wenigen anderen Industrieländern. Mit dem Vorwand, Leistungsträger zu fördern und Betriebe vor dem Konkurs zu schützen, bleiben Milliardenvermögen unangetastet.

Beliebt ist die Masche, mit der angeblichen Bedrohung von Familienbetrieben ein Schreckensszenario hunderttausender, wenn nicht gar Millionen bedrohter Arbeitsplätze aufzubauen. Horst Seehofer und Nils Schmid, Ministerpräsident Bayerns und Finanzminister Baden-Württembergs, sprachen sich aus diesen Gründen am 12. März 2015 für eine Schonung von Betrieben bei der Erbschaftssteuer aus. Seehofer forderte die «volle Steuerbefreiung für die Nachfolger familiengeprägter Unternehmen». Auch wenn keine Wirtschaftskrise oder Konkursfälle kleiner oder mittelständischer Betriebe aufgrund zu hoher Vermögens- oder Erbschaftssteuern in anderen Staaten bekannt sind – das Argument verfängt teilweise sogar vor dem Verfassungsgericht.

Dass sich hinter «familiengeführten» Unternehmen oft luk

rative Betriebe mit Millionenumsätzen in Händen vielfacher Multimillionäre verbergen, verschweigen Seehofer und Co. geflissentlich. Oft könnte die Erbschaftssteuer aus der Portokasse bezahlt werden, in Härtefällen wären auch Ratenzahlungen denkbar. Die von den beiden Politikern suggerierte Trennung zwischen Betriebs- und Privatvermögen ist dabei in der Realität unmöglich – Heere von Anwälten und Steuerberatern stehen nebst willigen Finanzgerichten bereit, um Vermögensübertragungen mit allerlei neuen Kniffen auch künftig durchzuwinken. Weil obendrein Deutschland im Unterschied zu den meisten Industrienationen von vornherein auch auf eine Vermögenssteuer verzichtet, mündet eine Ausnahme für Betriebsvermögen zwangsläufig in eine Verschonung fast aller hohen Vermögen.

Diese haben dann genug Geld übrig, um politische Parteien und Thinktanks zu finanzieren, die wiederum ihre Steuerprivilegien verteidigen. Ohne die Ausnahmen zum Betriebsvermögen wäre die Erbschaftssteuer laut Bundesfinanzministerium 2012 um 10,8 Mrd. Euro höher ausgefallen – bei insgesamt nur 4,3 Mrd. Erbschaftssteueraufkommen hätte dies mehr als eine Verdreifachung der Steuereinnahmen bedeutet. Thomas Piketty schätzt in seiner umfangreichen Langzeitstudie «Das Kapital im 21. Jahrhundert», dass derzeit jährlich ca. 10% des Nationaleinkommens in Form von Erbschaften in Deutschland übertragen werden, das entspricht 282 Mrd. Euro im Jahr 2012.

Am Ende half die zugespitzte Vermögenskonzentration weltweit dabei, die Finanzkrise auszulösen. Weltweite Finanzvermögen begannen seit 1980, das jährliche weltweite Bruttoinlandsprodukt massiv an Wert zu übersteigen. Während das Verhältnis Finanzvermögen zu Bruttoinlandsprodukt noch 1980 ca. 1:1 betrug, wuchs das Finanzvermögen im Verhältnis zum Bruttoinlandsprodukt bis 1990 auf über 1:2, verdreifachte sich auf 1:3 bis 2000, und wuchs bis 2007, dem Jahr des Ausbruchs der Krise, auf über 1:3,5 an. Besonders an der äußersten Spitze der Vermögenspyramide sind die Vermögen am schnellsten gewachsen. Wie am Schwarzen Freitag 1929 schwebte schließlich eine gigantische Finanzblase über vielen Volkswirtschaften der Welt auf der Suche nach schnellen Erträgen.

In der Folge mussten riskante Finanzgeschäfte getätigt und immer riskantere Finanzprodukte entwickelt werden. An Kunden mit wenig Kreditwürdigkeit wurde billiges Geld zu Hauf verliehen, Investoren rissen sich um die Wertpapiere. Wie ein Schneeballsystem kann das nur so lange gutgehen, wie es (ungerechtfertigtes) Vertrauen in das System gibt. Kommt die Wahrheit ans Licht, etwa seit 2007 durch die hohen Kreditausfälle im US-Immobiliensektor, dann platzt die Blase. Aus einem üblichen Konjunkturabschwung wird durch die enormen Hebelwirkungen, Querverbindungen und Finanzmassen ein zerstörerisches Erdbeben im globalen Finanzsystem. Demnach kann man die Finanzkrise als ein Symptom für ein tiefer liegendes und älteres Problem erkennen. Als eigentliche Ursache darf die wachsende wirtschaftliche Ungleichheit gelten, die riesige Finanzvermögen in den Händen weniger konzentriert.

Steueroase Deutschland

Das Steueroasensystem trägt in erheblichem Maße dazu bei, dass die soziale Ungleichheit weltweit zunimmt und sich das Kapital in den Händen weniger konzentriert. Dass man etwas dagegen tun muss, darin scheinen sich Politik und Öffentlichkeit in Deutschland erstaunlich einig zu sein. Dennoch geschieht viel zu wenig, um das Phänomen wirksam einzudämmen. Die Schuld suchen wir reflexartig bei den Anderen. Wir würden ja gerne, können uns aber international nicht durchsetzen. Die bösen Steueroasen wie die Schweiz unterminieren den guten Willen der deutschen Politik. Doch sind wir wirklich die Guten? Es hat sich in den letzten Jahren eine gewisse Selbstgerechtigkeit in der deutschen Politik, bei den deutschen Journalisten, aber auch in der Bevölkerung eingebürgert. Scheinbar können wir uns gar nicht mehr vorstellen, dass Deutschland einmal nicht auf der richtigen Seite steht. Doch der schöne Schein trügt nicht selten. Im Bereich der Steueroasenproblematik erinnert die deutsche Haltung an den sprichwörtlichen Balken im eigenen Auge, der allzu gern übersehen wird. Denn im Konkurrenzkampf um das globale Finanzkapital und um die Gunst der internationalen Konzerne hat sich Deutschland längst selbst zu einem wichtigen Teil des Systems entwickelt.

Die Bundesrepublik spielt heute im internationalen Offshore-Finanzsystem eine wichtige Rolle als Bindeglied zwischen den Finanzmärkten in Ost und West. Als größte, international stark verflochtene Wirtschaftsmacht des Euro-Währungsraumes ist sie ein Tummelplatz für allerlei internationale Akteure – ob Unternehmen oder Schurken. Den guten Ruf des Landes nutzen Mafiosi, Steuerflüchtlinge, Diktatoren, große und kleine Finanzjongleure sowie Steuerakrobaten gern, um im großen Teich diskreter Finanz- und Wirtschaftsgeschäfte abzutauchen. Dabei werden sie von der Politik inzwischen auf vielerlei zweifelhafte Arten geködert und hofiert.

Es beginnt schon damit, dass Deutschland seit Jahr und Tag die Zinserträge von Steuerausländern nicht besteuert, jedoch eine Meldung der Zinserträge in das Heimatland der Investoren unterlässt. In der Folge sind heute viele hundert Milliarden Euro aus aller Herren Länder bei inländischen Banken angelegt und nur ein geringer Anteil dürfte im Heimatland besteuert werden (Kapitel 2). Auch Kleptokraten und Diktatoren dürfen sich hierzulande besonders wohlfühlen, denn Deutschland ist regelmäßig Schlusslicht, wenn es darum geht ausländische gestohlene Vermögen einzufrieren geschweige denn zurückzugeben. Eine zahme Finanzaufsicht lässt wenig politisches Interesse daran erkennen, dem Treiben der Banken – auch wenn diese Geldwäscheregeln missachten – Einhalt zu gebieten. Die Banken am Frankfurter Standort können so weitgehend unbehelligt auch anrüchigen Geschäften nachgehen (Kapitel 3).

Dabei kommt über Geldwäsche oder Steuerhinterziehung nur auffällig selten etwas ans Licht. Die Politik scheint das Steuergeheimnis und ihre Verschwiegenheitspflichten nur allzu gerne dafür zu nutzen, einen Mantel des Schweigens über Fälle zu legen, die Wirtschaftsakteure, Vermögende oder sie selbst in ein schlechtes Licht rücken könnten. Wenn überhaupt, dann gelangen sie nur durch Indiskretionen punktuell an die Öffentlichkeit. An einer statistisch untermauerten Aus- und Bewertung der Steuerhinterziehung und Geldwäsche scheint der Politik wenig gelegen. Gefördert durch den Justiz- und Steuerföderalismus kann ein Klima organisierter Verantwortungslosigkeit prächtig gedeihen. Die Bundespolitik kann so jegliche Kenntnis etwa über Ausmaß und Ausgang von Steuerstrafverfahren leugnen, gleichzeitig aber in politischen Sonntagsreden die hohe Anzahl etwa der Selbstanzeigen als Beleg für eine funktionierende Ahndung der Steuerhinterziehung anführen.

In der deutschen Steuerstrafjustiz haben Gefängnisstrafen Seltenheitswert. Besonders bei jenen Fällen mit Auslandskonten scheint man die geräuscharme und schnelle Abwicklung über Geldauflagen oder Strafbefehle zu bevorzugen. Landesregierungen können theoretisch unerwünschte Strafverfolgungen unverfänglich stoppen, indem sie ihr Weisungsrecht gegenüber Staatsanwälten im Einzelfall nutzen. Wenn Staatsanwälte oder Steuerfahnder dagegen aufbegehren, dürfen diese besten Falls auf dem behördeninternen Abstellgleis versauern, im schlimmsten Fall werden sie mit gefälschten Gutachten als psychisch krank abgestempelt (Kapitel 6).

Auch ausländische Unternehmen können sich auf eine ihnen gewogene Steuerpolitik verlassen. Auf internationaler Ebene ficht Deutschland mit harten Bandagen für die eigene Industrie und Wirtschaft. In der Steuerdiplomatie, wo Staaten um die Regeln zur Aufteilung der Gewinne von Konzernen streiten, vertritt Deutschland traditionell eine Bevorzugung der Heimatländer von Konzernen gegenüber jenen Ländern, wo Konzerne zu Gast sind (per Verkauf oder Auslandsinvestition). Diese Regeln nutzen nun umgekehrt ausländische Konzerne – etwa aus den USA – um hierzulande einen steuerfreien Reibach zu machen und die inländische Konkurrenz zu verdrängen (Kapitel 4). Gleichzeitig behauptet die Politik dann rehäufig ihre eigene Ohnmacht angesichts unabänderlicher Globalisierungszwänge oder verweist auf den Imperativ, international abgestimmte Lösungen zu finden – natürlich nur, falls diese dem eigenen Vorteil dienen. Wenn Entwicklungsländer aufbegehren und mehr Mitsprache bei den Steuerregeln einfordern, mauert Deutschland bisher verlässlich und blockiert die Stärkung der Vereinten Nationen gegenüber der OECD (Kapitel 8).

Dem deutschen Finanzföderalismus sei Dank bekommen Unternehmen – ob inländische oder ausländische – zusätzlich Bares diskret in den Rocksaum gesteckt. Denn die Betriebsprüfung ist mancherorts längst zum Spielball standortpolitischer Steuergeschenke geworden. Vor allem südliche Bundesländer befeuern einen ruinösen Steuerkrieg gegen ihre eigenen Landsleute im Rest der Republik, indem sie schamlos an Personal sparen oder fragwürdige Absprachen über steuerliche Sonderbehandlungen hinter dem Rücken der Bundespolitik eingehen. Diese wiederum scheint nur allzu gern darauf zu verzichten, sich in unbequemen Konflikten mit den Ländern um einen einheitlichen Steuervollzug im ganzen Bundesgebiet zu bemühen. Es ist offensichtlich, dass manche Bundesländer eine äußerst laxe und selten durchgeführte Betriebsprüfung als politisch opportune Heimatpflege nutzen (Kapitel 5).

Die Missstände können auch deshalb so gut gedeihen, weil Interessenverflechtungen der Finanz- und Wirtschaftslobby mit den höchsten politischen, administrativen und judikativen Kreisen geduldet oder gar staatlich gefördert werden. So bleibt von einer unabhängigen Steuerjustiz nicht mehr viel übrig. Ganz im Geiste einer parteipolitischen Gleichschaltung haben Steuerberatungskanzleien und Wirtschaftsprüfungsgesellschaften in Deutschland heute einen weitgehend unkontrollierten Einfluss auf Wissenschaft, Parteien, Steuergesetzgebung und sogar die Steuerverwaltung mancher Bundesländer erlangt. Dabei bleibt die Grenze zwischen Lobbyismus und Korruption weitgehend unvermessen (Kapitel 7).

Längst ist Deutschland also nicht mehr nur passives Opfer der Steueroasen, sondern mischt eifrig im Steueroasensystem mit. Es wird Zeit, dieses Modell zu hinterfragen und nach Alternativen zu suchen. Denn auch Deutschland könnte sonst von dem oben beschriebenen «Finanzfluch» einer Steueroase eingeholt werden.

2. Steuerfluchtburg Deutschland

Beim Erstkundengespräch in der Deutschen Bank gibt sich Herr Baumann als Unternehmer mit Wohnsitz in der Schweiz aus. Er wolle gern in Deutschland ein Konto eröffnen, da er hier geschäftlich viel zu tun habe. Das Ganze möge aber bitte diskret ablaufen, denn das Schweizer Finanzamt soll davon nichts erfahren. Außerdem möchte er einen Fonds aus den Bermudas mit 100000 Euro nach Europa bringen – aber bitte nicht in die Schweiz, denn das Geld sei unversteuert. Die Reaktion der Bank auf dieses Bekenntnis, eine beachtliche Menge Schwarzgeld von einer karibischen Steueroase nach Deutschland bringen zu wollen: Kein Problem, wir nehmen ihr Geld gerne an. Es interessiert den Bankberater nach eigenem Bekunden überhaupt nicht, ob Herr Baumann seine Erträge versteuere oder nicht. Die Bank gelobt obendrein, dass das Schweizer Finanzamt von dem Konto nichts erfahren werde.

In Wahrheit ist Herr Baumann ein Journalist der Schweizer Handelszeitung, der im Frühjahr 2012 zu dieser versteckten Recherche nach Bayern und Baden-Württemberg fuhr. Neben der Deutschen Bank besuchte er auch andere Finanzinstitute – die Commerzbank zum Beispiel. In deren Filiale zeigte man sich gegenüber dem Schwarzgeld genauso aufgeschlossen wie zuvor bei der Deutschen Bank. Der Bankberater dort brüstete sich gar damit, dass 90% der Neukunden Schweizer seien und bot dem vermeintlichen Unternehmer an, gegen eine Gebühr von 250 Euro jährlich seine Post zurückzuhalten, damit in der Schweiz niemand von dem Konto Wind bekomme. Eine im Steuerfluchtgeschäft übliche Vorsichtsmaßnahme, mit der bisher vor allem Schweizer Banken von sich reden machten.

Herr Baumann klopfte an die Tür von acht Banken in Deutschland und bei allen, darunter auch Volksbank und Sparkasse, rannte er offene Türen ein. Die Antwort war unisono: Wir scheren uns nicht um Ihre steuerlichen Angelegenheiten, unversteuerte Gelder sind kein Problem, es sei nicht

Sache der Bank nach der Steuersituation ihrer Kunden zu fragen. Schockieren mag auch, dass gerade die staatliche BW-Bank nicht einmal eine Wohnsitzbestätigung verlangte. So hätte vermutlich jeder mit einem ausländischen Reisepass vorgeben können, im Ausland zu leben und wäre dadurch der deutschen Abgeltungssteuer entgangen.

Es ist schon länger bekannt, dass Deutschland für angrenzende Nachbarstaaten eine Steueroase ist. Alljährlich vereinbaren Schweizer und Österreicher lange im Voraus bei Banken im süddeutschen Raum Beratungstermine für den 8. Dezember, weil dann in Österreich, Liechtenstein und in katholisch geprägten Kantonen der Schweiz der Feiertag Maria Empfängnis begangen wird. So kann ein Feiertagsausflug mit einem Besuch bei einer deutschen Bank verbunden und Schwarzgeld eingezahlt werden. Ein Banker aus Lindau am Bodensee gibt an, dass etwa 15% seiner Kunden aus dem grenznahen Ausland kämen.

Auch das 5000-Seelen-Dorf Jestetten an der Grenze zur Schweiz machte mit freundlicher Schwarzgeld-Betreuung Schlagzeilen. Im Jahr 2008 wurde dort mit versteckter Kamera gefilmt, wie ein Schweizer Kunde bei der örtlichen Sparkasse 12 000 Schweizer Franken in gebrauchten Scheinen auf ein neu eröffnetes Konto einzahlt. Fragen zur Herkunft werden nicht gestellt, und es wird wieder versichert, dass die Gelder nicht an die Schweizer Behörden gemeldet würden.

Zu Recht mag man fragen, ob Banken in Deutschland mit Steuerhinterziehung verbundene Gelder überhaupt annehmen dürfen. Die Antwort lautet leider: ja! Weder das Geldwäschegesetz noch Steuergesetze hindern Banker daran, Schwarzgeldkonten zu eröffnen. Das gilt vor allem dann, wenn die Steuerhinterziehung ausländische Steuern betrifft, denn dann kann der Banker juristisch gar keine Beihilfe zur Steuerhinterziehung nach deutschem Recht leisten, da keine inländische Steuer hinterzogen wurde. Geldwäscheregeln hingegen greifen wiederum nur dann, wenn Gelder mit Straftaten, Vortaten genannt, in Verbindung gebracht werden können. Erträge aus der Vortat (etwa Drogenhandel oder Korruption) werden anschließend durch die Geldwäsche getarnt, verschleiert und umgewandelt, so dass die illegale Herkunft der Gelder nicht mehr zu erkennen ist. Allerdings gelten in Deutschland Steuerstraftaten nur in besonderen Ausnahmesituationen als Vortat zur Geldwäsche. Die gewerbsmäßige Steuerhinterziehung war zwischen 2001 und 2007 Teil dieses Vortatenkatalogs (§ 370a AO). Diese Regelung barg ein großes Risiko für das Geschäft mit der Steuerflucht nach Deutschland und drohte die Strafverfolgung von Steuerflüchtlingen mit Auslandskonto massiv auszuweiten. Denn «[b]ereits bei ‹typischen› Hinterziehungen von Zinseinkünften über mehrere Veranlagungszeiträume hinweg liegt aus Sicht der Strafverfolger der Schluss nahe, dass der Täter die für die Gewerbsmäßigkeit erforderliche Absicht hatte, sich durch wiederholte Begehung eine fortlaufende Einnahmequelle zu verschaffen», so ein Aufsatz in der Zeitschrift «Praxis Steuerstrafrecht» aus dem Jahr 2002. Seitdem die Schwarz-Gelbe Koalition 2007 diesen Paragraphen aus dem Katalog der Vortaten zur Geldwäsche gelöscht hat, gilt nur noch die bandenmäßige Steuerhinterziehung in Deutschland als Vortat zur Geldwäsche (StGB § 261, AO § 370). Damit entgeht das deutsche Regelwerk zur Geldwäschebekämpfung nur haarscharf einer Rüge aus Brüssel.

Einer der Vorteile, mit denen die Banken um Schweizer Kunden buhlen, ist die Auszahlung der Zinsen ohne Abzugssteuern in Höhe von 35%, wie sie in der Schweiz fällig würden. Dabei ist Deutschland gegenüber den potentiellen Steuerflüchtlingen sogar großzügiger als die Schweiz selbst. Denn dort fällt inzwischen die Abschlagssteuer in Höhe von 35% im Prinzip zunächst auch für Steuerausländer an. Sie wird von dem ausbezahlenden Kreditinstitut einbehalten, die Steuerpflicht bleibt im Heimatstaat aber bestehen. Es handelt sich also um eine Art Steuervorauszahlung, die bei späterer Einkommensteuererklärung des Zinsgläubigers je nach Steuerabkommen an- und gegengerechnet werden kann. Für Steuerausländer umgehen Schweizer Banken mittels sogenannter Treuhandanlagen diese Steuervorauszahlung jedoch routinemäßig gegen eine Gebühr in Höhe von einem Achtel Prozent des Zinsertrages. In Deutschland dagegen ist nicht einmal dieser Umweg nötig, denn hier werden auf die Zinserträge von Steuerausländern vor vorneherein keine Steuern erhoben. Auf Bankzinsen, Zinsen aus Bundesschatzbriefen und Unternehmensanleihen sowie den daraus erwirtschafteten Spekulationsgewinnen bezahlen nur Steuerinländer Abgeltungssteuer in Höhe von 25% plus Soli.

Nun dürfte sich die Empörung gegenüber Schweizer oder Liechtensteiner Steuerflüchtlingen in Deutschland in Grenzen halten – schließlich gelten sowohl die Schweiz als auch Liechtenstein als Steueroasen *par excellence*. Man könnte versucht sein, diese Episoden unter «Gleiches wird mit Gleichem vergolten» zu verbuchen. Wenn wir uns aber vor Augen führen, dass Deutschland im Gegensatz zur Schweiz noch nicht einmal Quellensteuern (dazu zählen die Abschlags- bzw. Abgeltungssteuer) auf die Zinsen von Anlegern erhebt, die ihren Wohnsitz außerhalb der EU haben, dann wird deutlich, dass Deutschland für Steuerflüchtlinge aus Nicht-EU-Staaten noch attraktiver sein dürfte als die Schweiz für deutsche Anleger. Herr Baumann war also kaum ein Einzelfall.

Willkommensgeschenk für Steuerausländer

Die Summen, um die es geht, sind beträchtlich. Eine Studie aus dem Jahr 2010 untersuchte anhand von sonst vertraulichen Daten der Bank für Internationalen Zahlungsausgleich, wo Steuerflucht-Gelder aus Entwicklungsländern hauptsächlich angelegt werden. Darin stellen die Autoren fest, dass entgegen landläufiger Meinungen eben nicht die typischen Steueroasen an vorderster Stelle stehen, sondern große Industriestaaten: «Banken in Industrienationen absorbieren zwischen 56 und 76 Prozent solcher Ströme, wesentlich mehr als Offshore-Finanzzentren. Das Problem der Absorption illegaler Finanzströme liegt damit vielmehr bei Europa und Nordamerika als bei Steueroasen und Schattenfinanzplätzen.» Eine ähnliche Studie kommt zu dem Schluss, dass Deutschland im Jahr 2007 weltweit das sechstgrößte Zielgebiet für ausländische Bankeinlagen von Privatpersonen und Unternehmen war.

Die Geldwäschebekämpfungsorganisation Financial Action Task Force (FATF) sprach in einem Bericht von 2010 davon, dass im Jahr 2008 über 1,3 Billionen Euro auf deutschen Finanzkonten von Gebietsfremden angelegt waren. Möchte man diese Daten aktualisieren, dann lassen sich verschiedene Statistiken der Bundesbank heranziehen. Demnach hatten ausländische Anleger im August 2013 über 2 Billionen Euro in Form von verzinslichen Wertpapieren in deutschen Finanzdepots angelegt. Seit 1984 sind die Zinsen darauf steuerfrei, davor, seit 1965, erhob Deutschland die sogenannte Coupon-Steuer. Dazu kommen die für Steuerausländer ebenfalls steuerfreien, verzinsten Anteile an inländischen Investmentfonds in Höhe von geschätzten 154 Mrd. Euro. Zudem hielten Steuerausländer Forderungen in Höhe von 887 Mrd. Euro gegenüber inländischen Banken. Diese Summe umfasst Tagesgeld und Spareinlagen ausländischer Privatanleger bei inländischen Banken sowie Kredite ausländischer Banken an inländische Banken. Lässt man die Gelder ausländischer Banken außen vor und betrachtet allein die Einlagen ausländischer Privatpersonen sowie Unternehmen bei inländischen Banken, dann beläuft sich diese Summe auf 244 Mrd. Euro. Insgesamt befinden sich im deutschen Finanzsystem also über 3 Billionen Euro an Finanzanlagen von Steuerausländern, deren Zinsen wegen des engen Geltungsbereichs der Abgeltungssteuer in Deutschland steuerfrei bleiben (ca. 2,5 Billionen Euro ohne Interbankenkredite).

Das Potenzial für Steuermissbrauch auf dem deutschen Finanzplatz ist also gigantisch. Denn während Deutschland diese Gelder nicht besteuert, sind sie doch in aller Regel am Wohnsitz der ausländischen Anleger steuerpflichtig. Ein Schweizer oder südafrikanischer Investor kann zwar mit ein wenig Geschick seine Ersparnisse im deutschen Finanzsystem so platzieren, dass er hierzulande keinerlei Steuern auf Erträge zahlt. Allerdings müsste er gegenüber der schweizer bzw. der südafrikanischen Steuerbehörde seine Zinsen und Kursgewinne aus dem deutschen Depot oder Konto melden. In der Regel jedoch wird dies unterlassen, denn die Wahrscheinlichkeit entdeckt zu werden ist äußerst gering. Nun könnte man

natürlich einwenden, dass Deutschland durch die EU-Zinssteuerrichtlinie verpflichtet ist, die von EU-Ausländern hierzulande erzielten Zinserträge an die jeweiligen Herkunftsländer zu melden, damit die Gelder dort ordnungsgemäß besteuert werden können. Doch meldete Deutschland im Jahr
2012, dem letzten Jahr, für das Daten vorliegen, gerade einmal
Zinszahlungen in Höhe von knapp 291 Mio. Euro an andere
EU-Staaten, was Finanzanlagen von nicht einmal 24 Mrd.
Euro entspräche. Kann man ernsthaft davon ausgehen, dass
dies die Realität widerspiegelt?

Es liegt auf der Hand, dass der Weg in die Sparkassen
und Volksbanken der Nachbarortschaften vor allem vom
sprichwörtlichen «kleinen Mann» gewählt wird, der mit ein
paar tausend Euro jährlich seinen Lebensstil ein wenig
luxuriöser gestalten oder wirtschaftlichen Ängsten begegnen
möchte. Größere Fische dürften sich hingegen anderer Instrumente bedienen, um das Geld auf Bankkonten nach Deutschland zu transferieren – und sie kommen aus aller Herren Länder. So zeigt die Bundesbankstatistik, dass im August 2013
ca. 92,9 Mrd. Euro aus Schwellen- und Entwicklungsländern
bei deutschen Banken angelegt waren. Das sind immerhin
10,5 % der gesamten ausländischen Gelder bei deutschen Banken. Die Dunkelziffer dürfte jedoch weitaus größer sein, denn
das Problem dieser Bankenstatistiken ist, dass sie Anlagen
geographisch nur jenen Ländern zuordnen, aus denen der
direkt gemeldete Konteninhaber kommt. Weil der Konteninhaber aber keine natürliche Person sein muss, sondern
auch eine Briefkastenfirma oder ein Treuhänder sein kann, ist
davon auszugehen, dass tatsächlich noch weitaus höhere
Summen aus Entwicklungs- und Schwellenländern stammen.
Etwa dürfte ein nicht unbedeutender Anteil der aus Luxemburg (136,6 Mrd. Euro im August 2013), Großbritannien
(223,4 Mrd. Euro), aus der Schweiz (über 51 Mrd. Euro) und
anderen klassischen Steueroasen verbuchten Gelder tatsächlich Entwicklungsländern zuzuordnen sein.*

Diese Summen beinhalten Gelder, welche ausländische
Banken den inländischen Banken geliehen haben. Solche Interbankenkredite sind zwar auf den ersten Blick nicht direkt

mit Steuermissbrauch in Verbindung zu bringen. Wenn sie aus klassischen Steueroasen stammen, dürften jedoch oftmals Steuerfluchtgelder dahinter stehen, die in diesen Banken von Privatpersonen angelegt und anschließend nach Deutschland weitergereicht werden.

Bei den verzinslichen Wertpapieren im Besitz von Steuerausländern (2094 Mrd. Euro) erlaubt die Statistik über Wertpapierinvestments der Bundesbank keine geographische Zuordnung. Wenn wir aber annehmen, dass der Anteil direkter Wertpapierinhaber aus Entwicklungsländern ähnlich groß ist wie bei den Spareinlagen, Krediten und Tagesgeld bei Banken, dann sprechen wir von weiteren 219 Mrd. Euro aus Schwellen- und Entwicklungsländern. Unter derselben Annahme gleicher geographischer Herkunft gehören zusätzlich 16 Mrd. Euro steuerfreie Anteile inländischer Investmentfonds Anlegern aus Schwellen- und Entwicklungsländern.

Zählt man die verschiedenen Anlageklassen zusammen, dann entfallen circa 328 (inkl. Interbankenkredite) bzw. 250 Mrd. (exkl. Interbankenkredite) Euro an verzinsten Finanzanlagen auf Schwellen- und Entwicklungsländer, deren Zinsen in Deutschland steuerfrei bleiben.

Lassen Sie uns in einem kurzen Exkurs überschlagen, welche Größenordnung die resultierenden Steuergeschenke für alle Steuerausländer erreichen: In Deutschland betrug der Zinssatz auf kurzfristige Bankeinlagen im Schnitt der letzten 10 Jahre 2,16 %. Der durchschnittliche Zinssatz verzinslicher Wertpapiere betrug im Mittel der letzten zehn Jahre ca. 3,25 %. Legt man diese Verzinsung den entsprechenden Anlageklassen zugrunde, dann kommt selbst bei den vergleichsweise niedrigen Zinsen der vergangenen zehn Jahre ein stolzes Sümmchen von jährlich 92,14 Mrd. Euro zusammen, auf das der deutsche Staat keine Abgeltungssteuer erhebt. Lässt man die Interbankenkredite außen vor, dann belaufen sich die ausbezahlten Zinsen noch immer auf stattliche 78 Mrd. Euro.

Auf Anleger aus Entwicklungsländern entfallen davon zwischen 7,97 und 9,66 Mrd. Euro. Würden diese Zinszahlungen den zuständigen Finanzbehörden der jeweiligen Herkunftsländer gemeldet, dann könnten Entwicklungsländer dadurch erhebliche Mehreinnahmen erzielen. Würde man alternativ auf diese gesamten Zinserträge von Steuerausländern die Abgeltungssteuer in Höhe von 26,375% erheben, dann könnte der deutsche Fiskus jährlich 20,65 Mrd. (exkl. Interbankenkredite) bzw. 24,32 Mrd. (inkl. Interbankenkredite) Euro mehr einnehmen. Mit diesen Extraeinnahmen könnte bequem eine Verdoppelung der deutschen Entwicklungshilfe gestemmt werden, die sich im Jahr 2013 auf ca. 10,67 Mrd. Euro belief. Die Förderung Deutschlands als Steueroase für Finanzanlagen kostet uns also über 20 Mrd. Euro im Jahr. Auch in anderen Staaten als der Schweiz werden die Erträge der Bankeinlagen von Steuerausländern besteuert, etwa in Australien (10%), Brasilien (15%) oder Japan (15%).

Schweigen ist Gold

Ist das Problem aber wirklich so dramatisch? Denn schließlich haben wir zwar Hinweise darauf, dass große Summen aus dem Ausland hier steuerfrei angelegt werden. Aber kann man daraus wirklich schließen, dass es sich um Schwarzgeld handelt und die Einkünfte daraus unversteuert bleiben? Tatsächlich ist es letztlich unmöglich den Anteil des Schwarzgeldes präzise zu bestimmen. Es liegt in der Natur eines strafrechtlich relevanten Dunkelfeldes, dass exakte Werte unmöglich zu beziffern sind. Daraus aber zu schließen, dass ein Problem klein und irrelevant sei, wäre wenig seriös. Vielmehr genießen Konten und Depots im deutschen Finanzsystem neben der Steuerbefreiung auch ein großes Maß an Verschwiegenheit und helfen so ausländisches Schwarzgeld nach Deutschland zu locken.

Als im Sommer 1997 die Geschäftsräume einer deutschen Bank durchsucht wurden, waren die Fahnder zunächst im Auftrag des deutschen Fiskus unterwegs: Sie suchten nach Beweismaterial dafür, dass Bankmitarbeiter es Kunden ermöglichten «systematisch Geld- und Wertpapiertransfers u. a. durch Nutzung bankinterner Konten» zu verschleiern. Dabei stießen sie aber auf eine Liste von Niederländern, die bei der

Bank Konten unterhielten. Die Fahnder hatten nun vor, die Existenz dieser Konten an die niederländischen Behörden zu melden. Diese Art von Informationsweitergabe wird Spontanauskunft genannt und ist eine von drei üblichen Spielarten des Informationsaustauschs, die in vielen der weitverbreiteten «Abkommen zur Vermeidung der Doppelbesteuerung» (im Folgenden kurz Doppelbesteuerungsabkommen oder «DBA») möglich ist. Die Steuerverwaltung ist zu keiner Spontanauskunft verpflichtet, kann aber nach eigenem Ermessen Auskünfte ins Ausland liefern. In diesem Fall zog die Bank gegen die Spontanauskunft vor Gericht. Im Prozessverlauf erklärte die Steuerverwaltung, dass sich bei einer ähnlichen, «früheren Auskunftserteilung in die Niederlande dort erhebliche Steuernachzahlungen ergeben hätten». Sprich: Niederländer hatten sich in der Vergangenheit deutscher Konten zur Steuerhinterziehung bedient. Erst im Jahr 2006 entschied das Finanzgericht Köln über den Einspruch der Bank und wies ihn zurück – die Spontanauskunft in die Niederlande sei rechtmäßig.

Die Öffentlichkeit erfährt von solchen Fällen – wenn überhaupt – nur zufällig etwas. Nur weil in diesem Fall die Bank gegen die Spontanauskunft Einspruch eingelegt hatte, deswegen vor Gericht zog und das Urteil später zufällig unter den 0,24–4,95 % der in Deutschland veröffentlichten Gerichtsurteile war, wurde überhaupt bekannt, dass sich in der Vergangenheit niederländische Staatsbürger zur Steuerhinterziehung deutscher Bankkonten bedient hatten. Es lassen sich ähnliche Fälle mit Bankkunden aus Russland, Großbritannien und den USA finden, in denen gerichtlich gegen Spontanauskünfte zu Bankkonten in Deutschland vorgegangen wurde. In den Jahren 2011 und 2012 wurden 2273 bzw. 1781 spontane Informationsauskünfte ins Ausland gesendet. Ob und wie viele dieser Auskünfte allerdings mit Bankkonten oder Wertpapierdepots in Verbindung stehen, ist unbekannt.

Neben der Spontanauskunft sind der automatische Informationsaustausch und der Informationsaustausch auf Ersuchen die beiden anderen Methoden, mit denen die Finanzbehörden die Verschwiegenheit der Banken im Prinzip durchbrechen können. Beim automatischen Informationsaustausch senden sich Behörden verschiedener Staaten gegenseitig Informationen routinemäßig zu. Dabei werden im Voraus die Art der Informationen, das Format und die Austauschwege per Gesetz oder Verordnung vereinbart. Handelt es sich um Kontendaten, dann spielen die Banken dabei zwangsläufig eine Schlüsselrolle, denn sie müssen zunächst einmal die Informationen über ausländische Bankkonten sammeln und dem inländischen Finanzamt zur Verfügung stellen. Dann erst kann die Information über die Grenze an die jeweils zuständigen Steuerbehörden übermittelt werden. Im letzten Schritt vergleicht die empfangende Steuerbehörde die übermittelten Informationen mit den Angaben in der Steuererklärung des jeweiligen Bürgers und kann so feststellen, ob Einkünfte «vergessen» wurden.

Diese Art der Informationsweitergabe ist die erfolgversprechendste Methode, um grenzüberschreitende Steuerhinterziehung bei Finanzanlagen einzudämmen. Sie ist innerstaatlich bei Löhnen und Gehältern längst Usus: Der Arbeitgeber meldet die Löhne regelmäßig direkt ans Finanzamt und behält die Steuer ein. Der Angestellte muss zwar die Summen in der Steuererklärung melden. Durch den Vergleich mit den Angaben der Arbeitgeber würden Abweichungen aber sofort auffallen. Ohne automatische Meldungen ist das Entdeckungsrisiko von «Fehlern» bei der Steuererklärung verschwindend gering, und entsprechend ufert die Steuerhinterziehung aus. In einem Urteil des Bundesverfassungsgerichts von 1991 wurde festgestellt, dass durch die damals, vor Einführung der Abgeltungssteuer, bestehende Praxis in der Besteuerung von Zinserträgen der Gleichheitsgrundsatz des Artikels 3 des Grundgesetzes verletzt wird. Die Argumentation des Bundesverfassungsgerichts stützte sich in erster Linie auf Berechnungen des Bundesrechnungshofs. Weil Geldinstitute Konten und Depots ihrer Kunden im Rahmen der Erbschaftssteuer melden müssen, konnte dieser ermitteln, dass nur 25% des Ertrags privater Geldvermögen in der Steuererklärung angegeben wurden, 75% aber verschwiegen wurden. Das Bundesverfassungsgericht schätzt auf dieser Grundlage, dass «die Erträge aus weit mehr als der Hälfte der privaten Geldvermögen (rd. 65 v.H.) nicht zur Einkommenssteuer herangezogen worden» seien.

Finnland etwa sendet alljährlich all jenen Staaten, mit denen ein Steuerabkommen vereinbart wurde und die sich bei früheren Anfragen nicht völlig unkooperativ gezeigt haben, solche Informationen zu. Im Jahr 2011 kamen 66 Länder in den Genuss von Informationen über finnische Zinserträge, Dividenden und Lizenzgebühren, die an Steuerpflichtige der jeweiligen Länder bezahlt wurden – genau jene Kapitaleinkünfte also, die für Hinterziehung am anfälligsten sind. Deutschland hingegen gibt nur sporadisch Daten weiter und ist außerdem äußerst verschwiegen, was Details seiner Informationspraktiken angeht. Fest steht lediglich, dass es mit europäischen und einigen Drittstaaten im Rahmen der EU-Zinssteuerrichtlinie Daten über Zinseinkünfte alljährlich austauscht. Diese Richtlinie ist seit 2005 in Kraft und sollte seit 2008 wegen eklatanter Schlupflöcher überarbeitet werden. Erst am 24. März 2014 gelang die Einigung über die Nachbesserung nach jahrelanger Blockade durch Österreich und Luxemburg. Inzwischen ist es sehr wahrscheinlich, dass der neue OECD-Standard zum automatischen Informationsaustausch (siehe unten) die Zinssteuerrichtlinie insgesamt ablösen wird. Die ordentliche Meldung der Zinserträge deutscher Institute an EU-Mitglieder im Rahmen der Richtlinie war jedenfalls bisher kaum eine Priorität der deutschen Regierung. Neben der Höchststrafe von gerade einmal 5000 Euro selbst bei vorsätzlicher Missachtung der Meldepflichten durch die Banken spricht für eine nachlässige Umsetzung auch, dass die deutsche Regierung auf Anfrage im März 2012 offen zugab, dass ihr «[d]er Umfang der bei deutschen Zahlstellen durchgeführten Überprüfungen […] nicht bekannt» sei. Ein Kenner der Bankenbranche gab an, dass er zwischen 2005 und 2012 von keiner einzigen Bankenprüfung gehört habe, bei der die Einhaltung der Meldepflichten zur Zinsrichtlinie überprüft worden wäre.

Zum bisherigen Austausch über die europäischen Nachbarn hinaus ist wenig Gesichertes bekannt. Zwar hat die Bundesregierung 2010 auf eine Anfrage der Linken sieben andere Staaten erwähnt, denen Deutschland automatisch Daten übersendet – allesamt sind Mitglieder der OECD, Entwicklungs- oder Schwellenländer befinden sich nicht darunter. Ob aber selbst mit dieser Handvoll reicher Staaten und jenseits der Zinsrichtlinie Informationen zu Einkommenssteuern ausgetauscht werden, geschweige denn zu Zinseinkünften oder Dividenden, das bleibt das eitel behütete Geheimnis des Bundesfinanzministeriums. Anders als Finnland unterlässt es Deutschland, seine Vertragspartner systematisch und routinemäßig zu informieren. Mit diesem scheinbar passiven Unterlassen der Zusammenarbeit stützt sich Deutschland auf einen klassischen Eckpfeiler der Verschwiegenheitsstrategien eines Schattenfinanzzentrums.

Dies gilt umso mehr, weil alle verfügbaren Studien dafür sprechen, dass eine pauschale Unschuldsvermutung im internationalen Finanzanlagebereich nicht angemessen ist. Vielmehr ist davon auszugehen, dass Steuerhinterziehung eher die Regel als die Ausnahme darstellt. Eine Studie zu in der Schweiz investierten, europäischen Geldern kommt etwa zu dem Schluss, dass nur 16% bei den zuständigen Steuerbehörden im Heimatland gemeldet werden. Eine andere Studie der US-Steuerbehörde IRS, die alle fünf Jahre die Größe der «Steuerlücke», also der Differenz zwischen den fälligen und nicht bezahlten Steuern berechnet und die als die weltweit umfassendste zu dieser Thematik gilt, macht eine interessante Beobachtung: Wenn umfangreiche Informationen über steuerpflichtige Einkommen automatisch von dritten Parteien an die Steuerbehörden gemeldet werden, ohne dass der Steuerpflichtige dies beeinflussen kann, dann werden nur 8% des Einkommens dem Finanzamt nicht gemeldet. Bei anderen Einkunftsarten hingegen, wo im Normalfall kaum oder keine Informationen über Einkommen ans Finanzamt übermittelt werden, werden 56% der Einkommen von den Steuerpflichtigen nicht in der Steuererklärung deklariert. Dieser Anteil ist allerdings kleiner als in dem bereits erwähnten Befund des Bundesrechnungshofes bzw. des Bundesverfassungsgerichts aus dem Jahr 1991, wonach die Zinserträge aus 65–75% des innerdeutschen Geldvermögens nicht in den Steuererklärungen gemeldet wurden.

Diese Ergebnisse lassen sich ohne große Abstriche auf Finanzanlagen im Ausland übertragen. Denn es gibt bislang keinen flächendeckenden automatischen Informationsaustausch und darüber hinaus sind gezielte Anfragen selbst im Einzelfall nur unter strengen Auflagen möglich. Anders als innerhalb eines Staates kann ein Durchsuchungsbeschluss zur Informationsbeschaffung auch nicht ohne weiteres ausgefertigt werden. Weil also noch weniger Informationen verfügbar sind, ist es plausibel im internationalen Kontext bei weit über 60% der Finanzanlagen von Steuerhinterziehung auszugehen.

Eine aktuelle, detaillierte Untersuchung des französischen Parlaments bestätigt diese Vermutung anhand von spektakulärem Datenmaterial der HSBC-Privatbank. Von über 2500 französischen Kunden hatten nur sechs ihre Konten ordentlich in ihrer Steuererklärung angegeben. Der Anteil der korrekt versteuerten Konten lag somit bei gerade einmal 2 Promille. In einem anderen Fall stellte die US-Justiz fest, dass gerade einmal zwei Prozent der US-Konten in Liechtenstein ordentlich in den USA deklariert wurden. Deutsche Ermittlungskreise bestätigen, dass in der Mehrzahl der Steuerfälle, die sich auf angekauften Datenträgern aus der Schweiz, Luxemburg oder Liechtenstein befanden, Gelder nicht ordentlich versteuert wurden. Der Anteil deklarierter Vermögen schwanke demnach je nach Finanzinstitut, wobei Datenträger kleinerer Privatbanken durchaus eine Hinterziehungsquote nahe 100% erreichen.

Somit darf die Steuerhinterziehung im grenzüberschreitenden Finanzanlagegeschäft heute als die Regel, nicht als die Ausnahme gelten. Weil durch die Globalisierung bisher wirtschaftliche Grenzen niedergerissen wurden, ohne dass im gleichen Ausmaß bürokratische Grenzen durch bessere Zusammenarbeit und automatisierten Informationsfluss geschliffen worden wären, sind internationale Steuerhinterzieher im Vorteil. Wie die Studie der US-Steuerbehörde über die Steuerlücke gezeigt hat, spielt es offenkundig nur eine untergeordnete Rolle, ob man ganz gezielt internationales Schwarzgeld durch ein striktes Bankgeheimnis oder ähnliche rechtliche Kniffe anlockt, oder aber schlicht durch Unterlassen der

Informationsweitergabe. Vor diesem Hintergrund erscheint es doppelzüngig, unter Verweis auf die Unschuldsvermutung Kapitalerträge von routinemäßigen Meldungen auszunehmen, während Lohnempfänger offenbar ohne diese Unschuldsvermutung auskommen müssen.

Auch wenn der automatische Informationsaustausch nach neuem OECD-Standard ab 2017 in Deutschland eingeführt werden soll, wird das Geschäft mit dem Steuerfluchtgeld keineswegs Geschichte sein. Denn die OECD-Steueroasen haben es verstanden sicherzustellen, dass nur handverlesene Länder in den Genuss eines Datenabgleichs kommen. Deutschland wird weiterhin jedes einzelne Land gesondert in den erlauchten Kreis der Datenempfänger aufnehmen müssen, auch wenn beide Staaten die Rahmenvereinbarung unterzeichnet haben sollten. Eine Pflicht, den Ausschluss einzelner Länder ausdrücklich zu begründen, war Mitte 2015 nicht vorgesehen. Außerdem werden viele Entwicklungsländer zunächst von vornherein außen vor gelassen, denn die OECD pocht darauf, dass nur Staaten Daten erhalten, die im Gegenzug auch Daten liefern. Auch wenn es weltfremd ist, so zu tun als hätten Schweizer oder Deutsche nennenswert Geld zum Beispiel in Nigeria versteckt: Die OECD-Regeln erlauben keine Dateneinbahnstraßen, wie sie für Entwicklungsländer für eine Übergangszeit sinnvoll wären. Faktisch werden sich viele Länder deshalb auf lange Zeit erst gar nicht um Daten bemühen. Angesichts der enormen Ressourcenknappheit in deren Steuerverwaltungen ist es zu aufwändig, ein System einzuführen, das diesen Ländern in bester Kolonialmanier vorgesetzt wurde, ohne dass ihnen Mitsprache bei dessen Gestaltung eingeräumt worden wäre. Die Schweiz hat schon verkündet, dass sie diese Regeln – die zu gutem Teil Ergebnis schweizerischer Finanzdiplomatie bei der OECD in Paris sind – zur Verteidigung ihres Finanzplatzes nutzen wird. Auch wenn Deutschland traditionell weniger aggressiv und offen seine Banken umgarnt, dürfte die deutsche Umsetzung in der Substanz ähnlich schleppend und zögerlich aussehen wie in der Schweiz. Immerhin verpflichtet der Kabinettsentwurf des Umsetzungsgesetzes vom 15. Juli 2015 hiesige Banken, alle Auslandskonten den Herkunftsländern in einem Aufwasch zuzuordnen und so die Voraussetzung für einen reinen Tisch zu schaffen. Welche Länder aber tatsächlich Informationen aus Deutschland erhalten werden, bleibt weiterhin weitgehend der Willkür der Bundesregierung überlassen. Zu bemängeln ist außerdem, dass wie schon bei der Zinsrichtlinie selbst vorsätzliche Verstöße gegen die Meldepflicht nur als Ordnungswidrigkeit mit höchstens 5000 Euro Strafe geahndet werden und die Verwendung der Daten etwa zur Verfolgung von Korruptionsdelikten von vornherein ausgeschlossen sein soll.

Die dritte und letzte Variante, die steuerliche Intransparenz ausländischer Finanzanlagen zu begrenzen, ist der Informationsaustausch auf Ersuchen. Dabei kann eine ausländische Steuerbehörde eine gezielte Anfrage mit der Bitte um Auskunft an das Bundeszentralamt für Steuern richten. Damit dem Auskunftsersuchen in Deutschland Folge geleistet wird, muss dieses Ersuchen aber einem Katalog an Formalia genügen. Es sollte einen Einzelfall betreffen und vor allem muss die ausländische Behörde ausführlich und konkret erläutern, weshalb die angefragten Informationen «voraussichtlich erheblich» sein werden. Sie wird offenbaren müssen, ob das Ersuchen etwa durch «gestohlene» Daten ins Rollen gekommen ist. Sollte dem so sein und sich die Anfrage etwa an die Schweiz richten, dann schmettert zumindest diese von vorneherein die Ersuchen als unzulässig ab. Umgekehrt sollte eine Anfrage von außerhalb der EU an Deutschland nur aus einem Land kommen, mit dem Deutschland ein besonderes Steuerabkommen abgeschlossen hat. Im Prinzip kann Deutschland seit 1976 zwar auch ohne ein Abkommen steuerliche Informationen austauschen. Dies dürfte aber in der Praxis kaum eine Rolle spielen.

Im Januar 2014 hatte Deutschland laut Analyse der OECD insgesamt mit 128 Staaten Steuerverträge, in denen der Informationsaustausch vorkommen könnte. Zwei Typen von Verträgen kommen infrage, Doppelbesteuerungsabkommen (DBA) und Abkommen über Informationsaustausch (TIEA). Alle der 16 analysierten, rechtskräftigen Informationsaustauschabkommen wurden mit Nicht-EU-Steueroasen abgeschlossen, wie etwa den Kaiman Inseln, Bermuda und Gibraltar. Von den 53 rechtskräftigen Doppelbesteuerungsabkommen, die von der OECD analysiert wurden, hatten elf keine taugliche Klausel für den Informationsaustausch auf Ersuchen. Keiner der elf betroffenen Staaten ist EU-Mitglied, und nur zwei sind OECD-Staaten. Das Problem bei Doppelbesteuerungsabkommen ist, dass sie einen viel größeren Anwendungsbereich haben als nur den Informationsaustausch. Sie dienen letztlich der Aufteilung der Besteuerungsansprüche zweier Staaten bei grenzüberschreitenden Wirtschaftsprozessen. Sie sollen etwa die Frage klären, wer das Recht hat, die Gewinne einer inländischen Tochter eines ausländischen Konzerns zu besteuern oder wo Sportler oder Containerschiffe besteuert werden sollen.

Eine Studie zu allen rechtskräftigen Doppelbesteuerungsabkommen zeigte 2013, dass die Bundesregierung bei den Verhandlungen massive Steuersenkungen in den Entwicklungsländern durchsetzt. Wer also verbesserten Informationsaustausch von Deutschland möchte, läuft Gefahr in den Verhandlungen über den Tisch gezogen zu werden. Ganz offen hat die Bundesregierung formuliert, die Quellensteuern bei diesen Verhandlungen grundsätzlich so weit wie möglich herunterhandeln zu wollen. Diese Senkung der Quellensteuern führt zu einem direkten Einnahmeausfall in Entwicklungsländern. Dass man im Gegenzug in viele der um Steuereinnahmen geprellten Länder Almosen in Form der Entwicklungshilfe sendet, ist aus Sicht des Finanzministeriums kein Widerspruch: Schließlich ist die Entwicklungspolitik ein anderes Ressort und Kohärenz ein Fremdwort. Deutsche Investoren profitieren, die Allgemeinheit zahlt die Zeche.

Alternativ hätte Deutschland einem multilateralen Informationsaustausch auch jenseits der EU in Gestalt der Steuerkonvention des Europäischen Rates und der OECD schon seit 1988 beitreten können. Diese Konvention erlaubte den teilnehmenden Staaten eine weitreichende Zusammenarbeit in Steuerfragen inklusive Informationsaustausch. Sie wurde aber von Deutschland erst 2008 unterzeichnet und ist bis Redaktionsschluss dieses Buches nicht ratifiziert worden. Selbst wenn sie nach Plan endlich zum 1. Dezember 2015 hierzulande in Kraft treten sollte, dann ist dennoch jeder Nicht-EU-Staat, der von Deutschland Informationen für Besteuerungszeiträume vor 2016 erhalten möchte, auf ein gesondertes Abkommen angewiesen – mit allen Risiken und Nebenwirkungen. Und auch für zukünftige Daten sind diese Länder davon abhängig, wen die Bundesrepublik in die Liste seiner Kooperationspartner aufnimmt. Die Entscheidung darüber ist ganz dem Belieben Berlins überlassen.

Doch selbst wenn ein anderer Staat sich den Zugang zu Informationen erstreitet, wie verlässlich sind diese eigentlich? Die Höchststrafe für falsche oder unvollständige Aufzeichnungen zu Bankkunden beträgt nach dem Geldwäschegesetz nur 100000 Euro, selbst wenn Kundenbetreuer vorsätzlich handeln (§ 17 GWG). Die wahren Konteneigentümer korrekt zu identifizieren, ist aber entscheidend für die Wirksamkeit der gesamten Geldwäscheprävention und des Informationsaustauschs: Wo keine Informationen gesammelt werden, da gibt es schlichtweg nichts auszutauschen, egal wie schön die Vereinbarungen auf dem Papier aussehen. Wenn ein Regelverstoß nicht empfindliche Strafen zur Folge hat, dann könnten Banken eine einfache Rechnung aufmachen: Wie viel mehr als die Höchststrafe ist ein Kunde bereit, mir dafür zu bezahlen, dass ich seinen Namen fehlerhaft schreibe, vergesse, seinen Personalausweis zu kopieren, oder andere Pflichten vernachlässige? Dieser «Service» würde sicherlich nicht leichtfertig einem größeren Kundenkreis angeboten – zu groß ist dann das Risiko, dass diese Masche auffliegt und zu größeren Verfahren führt. Aber bei handverlesenen Kunden mag eine solche Abwägung umso attraktiver und rentabler sein, je lascher die Höchststrafen für Falschangaben und Versäumnisse ausfallen.

Das Finanzministerium bestätigt in einer Antwort auf eine parlamentarische Anfrage, dass die deutsche Bankenaufsicht (Bundesanstalt für Finanzdienstleistungsaufsicht, Bafin) seit Einführung der Kontendatei 2003 alljährlich Mängel im dreistelligen Bereich aufdeckt und beanstandet. Bisher sind allerdings insgesamt nur zwei Bußgelder verhängt worden, 2010 zum ersten Mal überhaupt. Die geringe Anzahl von Sanktionen erklärt das Finanzministerium mit einer kuriosen Argumentation. Weil die Institute bei aufgedeckten Fehlern zur Korrektur aufgefordert würden, und diese «in aller Regel kooperieren», seien «Sanktionen [...] deshalb nur in wenigen Einzelfällen erforderlich». Offenbar scheint hier die Ansicht vorzuherrschen, dass bei nachträglicher Kooperationswilligkeit Gesetzesverstöße kein Bußgeld nach sich ziehen sollten. Diese Rechtsanwendungspraxis dürfte bei anderen Branchen der Exekutive und Judikative auf Ungläubigkeit stoßen: Autodiebe, die ihrer Strafe dadurch entgehen, dass sie das Diebesgut dem Eigentümer zurückgeben, nachdem sie erwischt wurden?

So sehen denn auch die meisten Studien zur Geldwäscheprävention die Identifikation der wirtschaftlich Berechtigten von Konten in Deutschland als mangelhaft und problematisch an. In einer Deloitte-Studie etwa gab eine deutsche Behörde 2011 zu Protokoll, dass sie mit den Schritten der Finanzinstitute zur Identifizierung der wahren Konteneigentümer nicht zufrieden sei. Die FATF bescheinigte Deutschland im Jahr 2010, dass die Vorschriften zur Überprüfung der wirtschaftlichen Eigentümer von Bankkonten nicht genügen und dass die Höchststrafen bei Verstößen unangemessen niedrig sind. Daran hat sich bis heute nichts Wesentliches geändert. So stellte die Beratungsfirma BearingPoint in ihrer Studie über die Geldwäschebekämpfung bei deutschen Banken 2013 fest: «Die Identifikation des wirtschaftlich Berechtigten bleibt einer der herausforderndsten Bereiche insbesondere im Bereich der Sorgfaltspflichten bei grenzüberschreitenden Aktivitäten des Kunden.»

Die Bafin tut wenig, um die Missstände zu beheben. Im ganzen Jahr 2012 ließ sie von Wirtschaftsprüfungsgesellschaften 30 Sonderprüfungen bei Finanzinstituten zum Thema Geldwäsche-Prävention durchführen – allerdings ohne jegliche Information über die Ergebnisse zu veröffentlichen. Auf Nachfrage gab die Bafin an, dass es 2013 87 und 2014 29 Sonderprüfungen im Geldwäschebereich gegeben habe. In ihren Jahresberichten werden diese jedoch nicht erwähnt. Es dürfte

eine große Dunkelziffer diskreter aufsichtsrechtlicher Maßnahmen bei Geldwäscheverstößen geben. So gab ein deutscher
Verwaltungsmitarbeiter im Jahr 2010 zu Protokoll, dass durch
die Bafin jährlich ca. 60 Geschäftsleiter bei Kreditinstituten
«so gegangen werden, dass man gegenüber dem Aufsichtsrat
ein Abberufungsverlangen ankündigt, und die werden dann
aus der Linie gezogen und treten zurück». Wie viele dieser
Fälle einen direkten Geldwäschebezug haben, ist aber offen.
Die Auskunftsscheu der deutschen Verwaltung zeigt sich auch
hier aufs Neue: Die Bafin schweigt in ihren Berichten darüber,
wie oft sie wegen Versäumnissen bei der Kundenidentifika-
tion Bußgelder oder andere Sanktionen verhängt hat, oder wie
viele Abberufungsverfahren mit Geldwäsche zu tun haben
und welche Banken betroffen sind.

Neben schlampiger Umsetzung der rechtlichen Vorgaben
zum Kontenabrufverfahren bzw. zur Identifikation der wirtschaftlich Berechtigten von Bankkonten gibt es noch eine
weitere, ganz legale Art, Bankkonten in Deutschland zu führen und dem Kontenabrufverfahren dennoch zu entgehen.
Das Zauberwort heißt «Eigentümerlose Vermögen» und besitzt einen entsprechenden Paragraphen im Geldwäschegesetz
(§ 1 Absatz 6 Nummer 2c). Darin wird geregelt, dass Konten
in Deutschland eröffnet werden können, auch wenn statt
eines eindeutig wirtschaftlich Begünstigten nur eine «Begünstigtengruppe» identifiziert werden kann. Darunter fallen etwa
Liechtensteiner Ermessensstiftungen oder angelsächsische
Trusts («discretionary trusts»), aber auch deutsche Familien-
stiftungen oder Treuhandstiftungen können so gestaltet werden. Derlei Konstruktionen werden regelmäßig für die Verschleierung großer Vermögen verwendet, gehäuft kommen sie
bei Vermögen über 5 Mio. Euro zum Einsatz.

Das Ziel dieser Rechtsvereinbarungen ist es, dem Anschein
nach die Kontrolle über die Vermögen abzugeben, während
über geheime Zusatzvereinbarungen zum Gründungsdoku-
ment der Stiftung oder des Trusts nach wie vor faktisch über
das Vermögen bestimmt wird. Eine zwingend erforderliche
«Begünstigtengruppe» kann etwa alle Nachfahren einer Un-
ternehmerfamilie oder aber auch alle brasilianischen Studie-

renden der Jurisprudenz in Deutschland umfassen. Wer genau dann tatsächlich begünstigt werden soll, wird angeblich erst in der Zukunft und nach freiem «Ermessen» der Treuhänder bzw. Stiftungsräte entschieden. Diese können befreundete Anwälte oder Verwandte sein, die im Auftrag der Treugeber oder Stifter das Geld verwalten.

Bis die Entscheidung über künftige Begünstigte offiziell getroffen wird, liegt das Vermögen auf dem Bankkonto, ohne dass es einem Eigentümer eindeutig steuerlich zugeordnet werden kann. In meist geheimen Zusatzvereinbarungen jedoch wird geregelt, wer aus der Stiftung oder dem Trust Gelder erhält, entweder per Zuwendung (Auskehrung) oder verschleiert etwa in Form von (nie zurückgezahlten) Krediten oder Schein-Anstellungen. Der 2010 verstorbene Erbe der Henninger-Brauerei hat sich angeblich genau eines solchen Kniffs bedient und zur Vermögensverwaltung und Steuerhinterziehung eine Liechtensteiner Stiftung namens Nature and Wildlife Foundation» genutzt, die ihm dann per Darlehen das Geld wieder «sauber» ausgehändigt haben soll.

Über 20 000 registrierte, rechtsfähige Stiftungen gibt es mittlerweile in Deutschland, die insgesamt ca. 70 Mrd. Euro verwalten. Daneben gibt es die Treuhandstiftungen, über deren Verbreitung keine belastbaren Zahlen vorliegen, da sie nirgends registriert werden müssen. Der Bundesverband deutscher Stiftungen schätzt ihre Anzahl auf mindestens so hoch wie jene der registrierten Stiftungen. Weil Stiftungsrecht Sache der Bundesländer ist, herrscht ein Wildwuchs an Regeln, Regellosigkeit und Schlupflöchern. Damit stellt sich Deutschland auf eine Stufe mit klassischen Verdunkelungsoasen wie zum Beispiel die Kanalinsel Guernsey, wo immerhin alle Stiftungen in einem einzigen Register einsehbar sind – auch wenn die enthaltenen Informationen äußerst dürftig bleiben.

Insgesamt ist Deutschland bei den Themen Informationsaustausch auf Ersuchen und automatischer Informationsaustausch wenig auskunftsfreudig. Im Unterschied zu anderen Staaten veröffentlicht die Bundesrepublik keine nach Jahren, Ländern oder gar Steuertypen aufgeschlüsselten Angaben über die Nutzung der Amtshilfe oder des automatischen Informationsaustauschs. Neben kaum aussagekräftigen Zahlen, die im Rahmen einer kleinen Anfrage 2013 veröffentlicht wurden, macht Deutschland im internationalen Prüfbericht des *Global Forum* nur eine für drei Jahre pauschalierte Statistik der Amtshilfeersuchen öffentlich. Zwischen 1200 und 2000 Anfragen hat Deutschland in den Jahren 2009–2011 demnach von ausländischen Behörden erhalten, 5008 insgesamt. Eine Auskunft verweigert hat es in mindestens 227 dieser Fälle, darunter in 57% der Fälle mit der Begründung, dass die Steuerart nicht vom Abkommen gedeckt sei. In 30% der Fälle wurden vom ersuchenden Staat noch zusätzliche Informationen verlangt, weil nach Ansicht der deutschen Behörden noch nicht genug Indizien dafür geliefert wurden, dass die Information «voraussichtlich erheblich» sei. Darüber hinaus besticht Deutschland durch eine außergewöhnliche Verspätung bei der Beantwortung der ausländischen Anfragen. Nur 12% der eingehenden Ersuchen werden innerhalb der eigentlich vorgeschriebenen 90 Tage bearbeitet. Dabei wäre es verkehrt, dieses Versäumnis den Finanzämtern und ihren Beamten in die Schuhe zu schieben. So lange die Politik dies nicht als Priorität behandelt und entsprechende Routinen einführt, ist es für die föderale Finanzverwaltung fast ein Ding der Unmöglichkeit, Anfragen rechtzeitig zu beantworten.

Diese Statistiken zeigen, dass Deutschland ganz im Geiste einer Steueroase schludert und so wenig Informationen wie möglich nach außen dringen lässt. Andere Staaten sind dagegen deutlich großzügiger mit Angaben über den Informationsaustausch auf Ersuchen. Frankreichs ehemalige Haushaltsministerin Valérie Pécresse etwa beklagte 2011 die mangelnde Qualität vieler an Frankreich gelieferter Informationen und erklärte: «Einige Staaten scheinen zu meinen, dass die Kooperation darin bestünde, eine den französischen Behörden bereits bekannte Information zu bestätigen, anstatt neue Informationen zu liefern.» Zwei Jahre später veröffentlichte Frankreich eine detaillierte Statistik über die Anzahl der Auskunftsersuchen, die an einzelne ausländische Staaten übersendet wurden. Daraus war zu entnehmen, dass im Jahresdurchschnitt 600 Anfragen aus dem Ausland eintreffen, die direkte Steuern betreffen (also Einkommenssteuern). Über 40% der Ersuchen werden in den ersten 90 Tagen beantwortet. Norwegen beantwortet gar 75% der Ersuchen in den ersten 90 Tagen. Diese Bilanz belegt, wie es Frankreich und Norwegen zu einer Priorität machen, mit ausländischen Partnern vernünftig umzugehen. Auch Belgien, Lettland, die Niederlande, Spanien und selbst Großbritannien, Mauritius und Zypern sind großzügiger mit Details zu Anfragen aus dem Ausland als Deutschland, wenngleich im letzteren Fall die Antwortquote deutlich schlechter ausfällt – nur 194 von 271 Ersuchen aus dem Ausland wurden 2011 beantwortet.

Ob Deutschland jemals die Vorreiterrolle bei der Bekämpfung der Steuerflucht wirklich übernehmen wird, die von der Bundesregierung politisch behauptet wird, steht in den Sternen. Gegenwärtig ist die Bundesrepublik für die meisten Staaten der Welt genauso eine Steueroase, wie es die Schweiz für Deutschland ist. Genau wie die Schweiz deutsches Geld anlockt, so lockt Deutschland Gelder aus Nicht-EU-Staaten an, etwa aus Russland, der Türkei, Turkmenistan, den USA oder Libyen. Weil es (bisher) keine CDs über Konten in Deutschland gibt, ist die Entdeckungswahrscheinlichkeit hier sogar noch geringer als in der Schweiz. Außerdem besteuert Deutschland im Gegensatz zur Schweiz die Zinserträge von Steuerausländern nicht. Damit ist das deutsche Steueroasen-Modell sogar noch eine Stufe günstiger und einfacher.

3. Geldwäsche made in Germany

Die zweitteuerste Privatjacht der Welt könnte sich sehen lassen: 118,5 Meter lang, mit Restaurant, Bar, Kino, Schwimmbad und einem kompletten Sicherheitssystem, inklusive Bewegungsmeldern, Lichtschranken und Türöffnern, die per Fingerabdruck gesteuert werden. Die Planungsstudie für das Schiff wurde im Dezember 2009 fertiggestellt. Lediglich die Jacht des russischen Oligarchen Abramowitsch wäre noch teurer gewesen. Teodorin Obiang, der Sohn des notorischen Diktators Teodoro Obiang von Äquatorial-Guinea in Zentralafrika, war der glückliche Auftraggeber der Planungsstudie für diese Superjacht, deren geschätzte Kosten bei Fertigstellung 380 Mio. US-Dollar betragen hätten. Das ist beinahe dreimal so viel, wie das Land jährlich für Gesundheit und Bildung ausgibt. Dort sterben 35% der Bevölkerung vor dem Erreichen des 40. Lebensjahres, und 58% haben keinen Zugang zu sauberem Trinkwasser.

Der Partner für den Bau des Prestigeobjekts war Kusch-Yachts, eine deutsche Werft nahe Itzehoe. Sie fertigte die Planungsstudie an, und ein Vertreter soll Teodorin in einem Schweizer Hotel getroffen haben. Dass der Präsidentensohn mit einem monatlichen Gehalt von 6799 US-Dollar eine solche Jacht nur mit Geldern aus fragwürdigen Quellen bezahlen kann, spielte für die Werft damals offenbar keine Rolle. Dabei waren laut Geldwäschegesetz bereits «Personen, die gewerblich mit Gütern handeln» zur Prüfung ihrer Kunden und Meldung des Geldwäscheverdachts verpflichtet. Die Einhaltung des Gesetzes jedoch stand damals wie heute auf einem anderen Blatt. Die Familie Obiang jedenfalls muss es sich irgendwann nach Fertigstellung der Planungsstudie anders überlegt haben, denn die Regierung Äquatorial-Guineas teilte auf Nachfrage mit, dass von der Beschaffung der Jacht nun doch Abstand genommen würde. Unklar aber ist bis heute, welche Bank die Bezahlung der Planungsstudie abwickelte und welche Prüfungen vorgenommen wurden, um Geldwäsche bei den hohen Geldtransfers auszuschließen. Hellhörig hätte eine Bank bei Zahlungen einer politisch exponierten Person in jedem Fall werden müssen.

Diktatorengelder: Willkommen!

Es ist kein Geheimnis, dass Banken und Finanzinstitutionen wie der Internationale Währungsfonds besonders zu Zeiten des Kalten Krieges mit Unrechtsregimen hemmungslos Geschäfte gemacht haben. Zaires Diktator Mobutu etwa hielt sich mit Geldern der internationalen Gemeinschaft über 30 Jahre im Amt. Er ließ in seinem Heimatdorf einen Palast und einen Flughafen bauen, auf dem eine Concorde starten und landen konnte, dazu ein Stromkraftwerk, um beide mit Energie zu versorgen. Für Gäste wurden eigens aus Paris 400 US-Dollar teure Weinflaschen eingeflogen. Mobutu soll in seiner Amtszeit ein Vermögen von über 5 Mrd. US-Dollar angehäuft haben – das meiste natürlich auf Konten im Ausland, auch bei der Deutschen Bank. Eine bemerkenswerte Leistung als Präsident eines Landes, in dem die normale Bevölkerung sich zu seiner Zeit mit etwa 60 Cent am Tag durchschlagen musste. Als der IWF und die Weltbank auf Druck der US-Regierung Mobutus Zaire im Jahr 1989 nochmals über 250 Mio. US-Dollar liehen, hatte das Land schon über 9 Mrd. US-Dollar Auslandsschulden angehäuft. Laut Erwin Blumenthal von der Bundesbank bestand «nicht die geringste – ich wiederhole: nicht die geringste – Chance, dass die zahlreichen Gläubiger Zaires ihre Gelder zurückerhalten».

Doch Mobutu bekam nicht nur vom IWF Milliardenkredite. Es waren in erster Linie westliche Banken, die in den 1970er Jahren die Finanzierung autokratischer Staatschefs als Geschäftsmodell entdeckt hatten. Denn durch die Ölpreiskrise waren gigantische Summen aus dem Mittleren Osten bei Westbanken angelegt, die irgendwo investiert werden wollten. Da waren Entwicklungsländer genau richtig. Egal ob in Lateinamerika, Afrika oder Asien, die Regime von gerade aus dem Kolonialismus entlassenen Staaten wurden von westlichen Banken regelrecht hofiert. Die niedrigen Zinsen machten es den Diktatoren leicht, frische Kredite für die Aufrechterhaltung der Diktaturen, überdimensionierte Prestigeprojekte und einen luxuriösen Lebensstil zu besorgen. Ob Argentinien, Brasilien, die Philippinen, Nigeria, es gibt wenige Diktaturen, denen deutsche Banken in den 1970er Jahren kein Geld liehen. Als die Kreditkosten aber Anfang der 1980er Jahre unter Reagan, Thatcher und Kohl explodierten und die Zinsen auf teils über 16% hochschnellten, ließ die Zahlungsunfähigkeit der meisten Entwicklungsländer nicht lange auf sich warten. Denn die Kredite waren in aller Regel nur mit dreimonatiger Zinsbindung vergeben worden, so dass die steigenden Zinsen in den USA, Großbritannien und Deutschland innerhalb kurzer Zeit direkt an die Entwicklungsländer weitergegeben wurden.

Als 1986 die meisten Entwicklungsländer bereits einige Jahre lang zahlungsunfähig waren und sich alljährlich bei Umschuldungskonferenzen gegen schmerzhafte Auflagen neue Übergangskredite besorgen mussten, hatten deutsche Banken Kredite im Wert von über 67 Mrd. DM an Entwicklungsländer in ihren Büchern stehen. Während die Schuldenkrise in der Dritten Welt zu einer Unterernährungskrise mit unvorstellbarem menschlichen Leid führte, sorgten die aufwändigen, aber äußerst lukrativen Umschuldungsgeschäfte für Rekordgewinne auch bei deutschen Banken. Der Spiegel schrieb 1986: «Noch nie zuvor in ihrer über 110-jährigen Geschichte konnten die Frankfurter Großbanken so viel Gewinn verbuchen wie im vergangenen Jahr.»

Auch heute noch finanzieren deutsche Banken schmutzige Geschäfte und verdienen gut daran. Sie verwalten Gelder der brutalsten Diktatoren dieser Welt gegen gute Gebühr – und werden von den deutschen Behörden noch immer mit Samthandschuhen angefasst. Als im arabischen Frühling 2011 Muammar Gaddafi endgültig zum *enfant terrible* der westlichen Staatengemeinschaft erklärt wurde, begann die Suche nach seinen im Ausland versteckten Schätzen. Über 150 Mrd. US-Dollar des Gaddafi-Regimes wurden infolgedessen im Ausland eingefroren – das entspricht etwa dem zweifachen Bruttoinlandsprodukt Libyens. Auch in Deutschland wurde man fündig: sage und schreibe 9 Mrd. US-Dollar waren im deutschen Finanzsystem angelegt. Während allerdings die Schweiz bereits am 24. Februar das Vermögen Gaddafis hatte einfrieren lassen, reagierte die Bundesrepublik erst, nachdem der UN-Sicherheitsrat am 26. Februar entsprechende Maßnahmen beschlossen und der Europäische Rat diese Resolution zwei Tage später aufgegriffen hatte.

Auch das Milliardenvermögen des gestürzten tunesischen Machthabers Ben-Ali und seiner Entourage war zum Teil in Deutschland angelegt. Erst als drei Wochen nach dem Sturz des Präsidenten ein entsprechender EU-Erlass in Kraft trat, froren auch die deutschen Behörden mehrere Konten ein und beschlagnahmten eine Frankfurter Immobilie. Andere Staaten hatten zu diesem Zeitpunkt schon längst gehandelt und Konten, Häuser oder Privatflugzeuge des geschassten tunesischen Machthabers beschlagnahmt. Durch die Hinhaltetaktik der deutschen Regierung entsteht ein grundsätzliches Problem: Diktatoren und ihre Finanzberater haben so genug Zeit, einen anderen, sichereren Fluchthafen zu suchen und große Teile des Vermögens dorthin zu transferieren. Ob und in welchem Umfang mittlerweile Gelder an die Nachfolgeregierung Tunesiens zurücküberwiesen wurden, ist ein weiteres, gut gehütetes Geheimnis der deutschen Regierung. Im August 2013 jedenfalls belief sich laut Bundesbank die Summe der Gelder eindeutig tunesischer Herkunft bei deutschen Finanzinstituten auf 344 Mio. Euro.

Deutsche Banken führten wohl auch jahrelang Konten für den Klan des ehemaligen Herrschers über Ägypten, Hosni Mubarak. Mubaraks Familie soll viele Milliarden US-Dollar an illegal erworbenem Geld ins Ausland geschafft haben. Die Schätzungen reichen bis zu 70 Mrd. US-Dollar. Wie viel davon in Deutschland landete, ist bislang unbekannt. Sicher ist nur, dass Mubaraks Sohn Gamal Konten bei Banken in Deutschland führte. Auch in diesem Fall reagierte die Schweiz deutlich schneller und wieder versteckte sich Deutschland hinter einem EU-Beschluss. Noch am Tag der Verkündigung des Rücktritts von Mubarak am 11. Februar 2011 fror die Schweiz dessen Konten ein. Luxemburgs Staatschef Juncker forderte bereits am 14. Februar, dass die EU es der Schweiz gleichtun solle, traf damit aber auf kein Gehör. Die EU und mit ihr Deutschland benötigte noch einen ganzen Monat, bis sie am 21. März die Konten Mubaraks einfrieren ließ. Wie schon im Falle Tunesiens ist unklar, ob Gelder an Ägypten zurücküberwiesen wurden. Laut Bundesbank waren im August 2013 über 2 Mrd. Euro eindeutig ägyptischer Herkunft bei deutschen Instituten angelegt.

Ein anderes Beispiel ist Paul Biya. Der seit über 30 Jahren amtierende Präsident Kameruns regiert das Land bis heute autokratisch, in den Augen vieler bereits jenseits der Schwelle zur Diktatur. Auch er besaß zumindest 1997 ein Schloss in Baden-Baden, und man darf davon ausgehen, dass ein Konto zum Bewirtschaften des Schlosses üppig gefüllt war. Die Geheimhaltung des Grundbuches in Deutschland erschwert es zu prüfen, ob dieses Schloss noch immer in seinem Besitz ist. Nur nach gesonderter Prüfung durch das Grundbuchamt kann der Presse bei berechtigtem Interesse Einblick gewährt werden (§ 12 GBO). Auch Nigerias ehemaliger Diktator Sani Abacha soll über 5 Mrd. US-Dollar ins Ausland gebracht haben. Als er 1998 unter dubiosen Umständen starb und sein Amtsnachfolger Olusegun Obasanjo die Rückholung der gestohlenen Staatsschätze in Angriff nahm, froren Großbritannien und die Schweiz Abachas Vermögen ein. Darunter waren offenbar Konten der Londoner Niederlassungen von Commerzbank und Deutscher Bank. Auch Luxemburg handelte und fror unter anderem 1,31 Mrd. DM bei der Luxemburg-Niederlassung der Hamburger Bank M. M. Warburg ein. In einem Bericht des nigerianischen Generalstaatsanwaltes Bola Ige über die versteckten Gelder des Abacha-Regimes äußerte Ige den Verdacht, dass Abachas Gelder auch im deutschen Finanzsystem bei inländischen Banken angelegt waren. Kurz nachdem der Bericht bei den Vereinten Nationen eingereicht wurde, erschossen unbekannte Täter Ige in seinem Haus. Es bleibt offen, ob zwischen dem Mord und dem Bericht ein Zusammenhang bestand. Auf Nachfrage erläuterte die Bundesbank, dass hierzulande bis heute nie Kontensperrungen gegen den Abacha-Clan umgesetzt wurden.

Auch im Hinblick auf die Finanzaufsicht ist der Kontrast zwischen den Reaktionen in der Schweiz und in Deutschland beachtlich. Während die Schweizer Seite besondere Prüfungen bei den entsprechenden Banken durchführte, um die Einhaltung der Geldwäschebestimmungen im Zusammenhang mit den Konten von Abacha zu sichern, sind von der deutschen Bafin keinerlei Anstrengungen in diese Richtung bekannt. Die Schweizer Finanzaufsicht veröffentlichte das Ergebnis ihrer Prüfung, bei der nur fünf Banken keine Mängel nachgewiesen wurden. Bei vier Bankengruppen waren die festgestellten Mängel so gravierend, dass diese formal verwarnt, Vorstandsmitglieder entlassen oder deren gesamte Kundenbasis von externen Prüfern durchgegangen wurde. Selbst die britische Finanzaufsicht begann eine Prüfung und veröffentlichte immerhin die Namen der Banken, die für Abacha Konten unterhielten. In Deutschland hingegen sucht man selbst solche kleinen Schritte in Richtung Transparenz vergeblich.

Aber nicht nur afrikanische Diktatoren schätzen deutsche Finanzinstitute. Ein Untersuchungsbericht des US-Senats wirft Licht in das verschlungene Finanzimperium des chilenischen Diktators Augusto Pinochet, der bis 1990 seine Bevölkerung terrorisierte. In dem Bericht werden die US-Konten des Diktators akribisch aufgelistet und alle Transfers kritisch unter die Lupe genommen. Das erklärte Ziel dabei war – ganz ähnlich wie im Falle Abachas in der Schweiz – festzustellen, ob die Banken ihren Pflichten zur Geldwäscheprävention nachgekommen sind. Im Verlauf der Untersuchung wurden Straf- und Zivilverfahren gegen verschiedene Banken eröffnet, die Riggs Bank musste wegen einer unterlassenen Geldwäscheverdachtsmeldung 16 Mio. US-Dollar Strafe zahlen.

Andere zutage geförderte Details zeugen von einer haarsträubend laschen, grotesken Praxis in der Handhabung der Geldwäschegesetze. Die Riggs Bank setzte etwa ihre Verpflichtung, den wahren Konteneigentümer zu identifizieren, 1998 um, indem sie im Kundenprofil einer Firma Pinochets lapidar erklärte, dass der Name des wahren Eigentümers «im Tresor verschlossen» sei. Ferner habe der Kunde derzeit ein geschätztes Einkommen von 150 000–200 000 US-Dollar, und er verfüge über ein Privatvermögen von 50 bis 100 Mio. US-Dollar. Der wahre Eigentümer sei «ein inzwischen Rente beziehender Freiberufler, der in seiner Karriere viel Erfolg hatte und während seiner Lebenszeit Vermögen für einen geordneten Ruhestand gebildet hat». In den anschließenden Prozessen in Chile wurde Pinochet und engen Familienangehörigen Steuerbetrug im Umfang von 27 Mio. US-Dollar zur Last gelegt. Ein Großteil dieser Summe hing zusammen mit illegalen Waffengeschäften während seiner Zeit als Oberbefehlshaber der chilenischen Streitkräfte von 1990 bis 1998, nachdem er bereits als Präsident abgedankt hatte. Ungefähr 9 Mio. US-Dollar an Schmiergeldzahlungen landeten dabei auf Pinochets Konten, als er über die Niederländischen Antillen den Kauf von 202 Leopard-Panzern aus niederländischen Beständen abwickelte.

Der Bericht förderte auch zutage, dass im Jahr 2002 von einem deutschen Konto 250 000 US-Dollar an Pinochet überwiesen wurden. Das deutsche Konto lautete auf den Namen von Ivoryseas Marine Co Ltd., eine dem deutschen Unternehmensregister unbekannte Firma. Der US-Senatsbericht schließt damit, dass es weiterhin offene Fragen bezüglich dieser Transfers gibt: Wer verbirgt sich hinter dieser Firma, woher stammen die Gelder, und weshalb wurden diese erheblichen Summen an Pinochet bezahlt? Der vielleicht schwerwiegendste Vorwurf an die deutsche Politik im Zusammenhang mit Diktatorengeldern lässt sich hier gut erhärten: Während etwa die USA und bis zu einem gewissen Grad auch die Schweiz detaillierte Untersuchungsberichte zu den komplexen Finanzströmen und Verschleierungsmethoden veröffentlichen, schweigen die deutsche Behörden samt der politischen Ebene eisern. Es gibt keinen einzigen öffentlich zugänglichen Untersuchungsbericht über Diktatorengelder in Deutschland. Es sieht so aus, als wolle man hierzulande bewusst nicht genauer hinsehen.

Bisher scheint es jedenfalls gängige und von der Bafin abgesegnete Praxis zu sein, frühestens dann bei Konten oder Transaktionen von Politikern – sogenannten Politisch Exponierten Personen (PEPs) – einem Geldwäscheverdacht nachzugehen, wenn diese bereits auf internationalen Sanktionslisten stehen. Dabei ist die Rechtslage eindeutig: Die Geschäftsbeziehungen zu PEPs unterliegen in Deutschland seit dem 21. August 2008 besonderen Sorgfaltspflichten. So muss die Bank prüfen, ob es sich beim Kunden um eine Person handelt, «die ein wichtiges öffentliches Amt ausübt oder ausgeübt hat, oder um ein unmittelbares Familienmitglied dieser Person oder eine ihr bekanntermaßen nahestehende Person» (GWG § 6). Wenn die Prüfung positiv ausfällt, muss ein Vorgesetzter des Kundenmanagers der Geschäftsbeziehung zustimmen, und «es sind angemessene Maßnahmen zu ergreifen, mit denen die Herkunft der Vermögenswerte bestimmt werden kann […] und […] die Geschäftsbeziehung ist einer verstärkten kontinuierlichen Überwachung zu unterziehen». Sollten also etwa die Angaben über die Herkunft der Vermögen «zweifelhaft oder ungewöhnlich» sein, so müssten die Banken diese näher untersuchen und ggf. eine Geldwäscheverdachtsmeldung abgeben. Das Ergebnis dieser Untersuchung muss intern dokumentiert werden.

Es ist verwunderlich, dass millionenschwere Konten von Staatschefs, die in der Regel ein im Vergleich dazu bescheidenes Gehalt beziehen, offenbar keinen Anstoß erregen und noch weniger handfeste Nachforschungen auslösen. Wie sollte denn ein Staatschef auf legale Weise Millionen- oder gar Milliardenvermögen anhäufen können? Zwei mögliche Erklärungen drängen sich auf: Entweder schauen Banken und Aufsicht weg oder aber die Verdachtsmeldungen über möglicherweise illegal erworbenes Vermögen versanden bei BKA und Staatsanwaltschaften ohne weitere Konsequenzen.

Laut einer Studie von BearingPoint überprüften im Jahr 2012 noch immer 35 % der Banken nicht die Herkunft der Vermögen. Dennoch konnte die Bafin bei keiner der spärlichen Prüfungen zu Diktatorengeldern Anhaltspunkte für Regelverstöße bei den Banken feststellen. Neben den Sonderprüfungen vor Ort, die häufig an private Prüfgesellschaften ausgelagert werden, besitzt die Bafin noch ein stumpferes Schwert, sogenannte Jahresabschlussprüfungen. Dabei sehen sich Bafin-Beamte am Schreibtisch die Prüfberichte an, die von den Wirtschaftsprüfungsgesellschaften bei der regulären Testierung der Jahresabschlüsse von Banken angefertigt werden müssen. Die Bafin kann den Prüfungsgesellschaften alljährlich in engem Rahmen Schwerpunke vorgeben. In ihrem Jahresbericht 2013 schrieb die Bafin über diese Prüfungen: «Ein Prüfungsschwerpunkt im Jahresabschluss von 30 international tätigen Banken war der Umgang mit ausländischen politisch exponierten Personen (PEPs), insbesondere solchen aus diktatorisch geführten Staaten. Bei PEPs müssen die Institute verstärkte Sorgfaltspflichten beachten. Die Wirtschaftsprüfer stellten einige geringfügige Mängel fest, welche die Bafin mit den Banken besprochen hat und die diese behoben haben. Insgesamt hielten die Institute geeignete Organisationssysteme vor und nahmen ihre verstärkten Sorgfaltspflichten wahr.»

Obwohl also durch den Arabischen Frühling aufgedeckt wurde, dass neben Gaddafi offenbar auch die Klans anderer despotischer Staatschefs bei deutschen Banken und in deutschen Immobilien Gelder angelegt hatten, ist laut deutscher Finanzaufsicht bei den Banken alles in bester Ordnung. Große Teile der Gelder dürften schon seit Jahrzehnten auf deutschen Konten gelegen haben. Spätestens als die Regelung zu den PEPs 2008 in Deutschland in Kraft trat, hätte man mit einer Welle an Verdachtsmeldungen rechnen müssen. In den Statistiken des BKA aber kann man einen solchen Anstieg nicht erkennen. Gleichzeitig wurden von der Bafin aber nur «geringfügige Mängel» bei den Banken festgestellt.

Haben die Wirtschaftsprüfungsgesellschaften wirklich gründlich bei den Banken geprüft, ob die Herkunft des Vermögens bei Kontenführung und -eröffnung angemessen hinterfragt wurde? Besonders im Hinblick auf das Missverhältnis der regulären Gehälter vieler PEPs und den angelegten Vermögenswerten ist das fraglich. Ein Insider berichtet, dass es inzwischen bei deutschen Banken gängige Praxis sei, bei frischen Geldern oder Konten von PEPs eine Geldwäscheverdachtsmeldung abzugeben, aber nach kurzem, meist vergeblichem Warten auf Antwort des BKA das Geld dennoch anzunehmen. Die Herkunft der Gelder wird von Neukunden dann häufig mit Erlösen aus Immobilienverkäufen erklärt, deren Wert seit dem Kauf massiv gestiegen sei. Manchmal verlangen die Banken dann noch den Kaufvertrag, häufig aber auch nicht. Bei einer maximalen Höchststrafe von 100 000 Euro nach deutschem Recht für Versäumnisse bei der Verpflichtung, «zweifelhafte oder ungewöhnliche» Sachverhalte zu prüfen und ggf. zu melden, verwundert es nicht, dass hier geschludert wird. Ganze zwei verhängte Bußgelder mit nachweisbarem Geldwäschebezug in den vergangenen sechs Jahren sprechen außerdem dafür, dass die Bafin nicht genau hinsieht bzw. hinsehen lässt. Durch den «Zufall» des Arabischen Frühlings tritt zutage, dass die Vorschriften zu Diktatorengeldern und PEPs in Deutschland bislang wohl eher theoretische Bedeutung haben.

Eine Ursache dafür sind wohl auch die lückenhaften gesetzlichen Bestimmungen zur Geldwäschebekämpfung. Damit Geldwäscheregeln greifen können, müssen Gelder mit Straftaten, Vortaten genannt, in Verbindung gebracht werden können. Diese Vortaten werden im § 261 des Strafgesetzbuches aufgezählt. Bei ausländischen Diktatoren kommen Untreue, Erpressung oder Vorteilsannahme infrage, mitunter auch Bestechlichkeit oder Bestechung. Aber nur die letzten beiden werden im deutschen Geldwäschegesetz überhaupt als Vortaten aufgenommen. Die Vorteilsannahme fehlt ganz, Erpressung und Untreue sind nur dann als Vortat für die Geldwäsche von Interesse, wenn sie gewerbsmäßig oder bandenmäßig begangen wurden. Diese Engführung der Delikte, die beim politischen Amtsmissbrauch infrage kommen, trägt sicherlich dazu bei, dass Banken, deren Aufsichtsbehörden und Strafverfolgungsbehörden zögern, wenn sie mit ungewöhnlichem Reichtum von Politikern in Berührung kommen.

Die Bilanz Deutschlands bei der Umsetzung der entsprechenden Geldwäschebekämpfungsvorgaben ist nach wie vor ernüchternd. Ein OECD-Bericht aus dem Jahr 2013 bestätigt die deutsche Säumigkeit im Vergleich zu anderen westlichen Staaten. Anders als Belgien, Kanada, die Niederlande, Portugal, USA, Luxemburg, Vereinigtes Königreich, Schweiz, Frankreich oder Australien meldete Deutschland für den

Zeitraum 2006 bis Juni 2012 keinen einzigen Cent wegen Korruption eingefrorener Gelder ausländischer Personen. Bei acht der für die Abschreckung ausländischer Diktatoren entscheidenden Empfehlungen der FATF (zu grundlegenden Kundenidentifikations- und Dokumentationspflichten) erfüllt Deutschland bei keiner einzigen die Anforderungen vollständig. Drei der Empfehlungen werden überwiegend, vier teilweise und eine überhaupt nicht eingehalten. Damit befindet sich Deutschland im unteren Drittel aller OECD-Staaten – und das, obgleich nur der rechtliche Rahmen überprüft wird. Der OECD-Generalsekretär spricht im Vorwort des Berichts – wohl äußerst diplomatisch und beschönigend – davon, dass die OECD-Länder riskieren, zu sicheren Häfen illegaler Vermögen zu werden, weil deren Eigentümer nicht transparent gemacht werden – die Achillesverse der Geldwäschebekämpfung: «27 der 34 OECD Länder schneiden unterhalb der Erwartungen zu den wirtschaftlich Berechtigten von Unternehmen und Trusts ab.»

Dieser Bericht wurde nach einigen Jahren zäher interner Verhandlungen von der OECD veröffentlicht. Die OECD ist ein Club der 34 reichsten Nationen und vertritt normalerweise knallhart die Interessen seiner Mitglieder. Die Maximierung des eigenen machtpolitischen Anspruches wird dabei fest im Blick behalten. Daher ist Selbstkritik traditionell nicht das Metier der OECD. Eine umso deutlichere Sprache sprechen daher die eindeutigen Befunde des Generalsekretärs.

Das schwache Abschneiden Deutschlands lässt sich anhand des 2006 verstorbenen turkmenischen Diktators Nijasov exemplarisch veranschaulichen. Mit gigantischen Rohstoffvorkommen gesegnet, kommt vom Reichtum Turkmenistans nur sehr wenig bei der Bevölkerung an. 58 % der Einwohner lebten 2007 in Armut. Im gleichen Jahr spülte der Gasexport 5 Mrd. US-Dollar auf die Sonderkonten Turkmenistans, während die Wirtschaftsleistung des ganzen Landes bei gerade einmal 10,5 Mrd. US-Dollar lag. Aus diesen Gaseinnahmen tauchte jedoch kein Cent im öffentlichen Haushalt der Regierung auf. Die Deutsche Bank spielte bei der Verwaltung der hohen Deviseneinnahmen aus dem Gashandel eine zentrale

Rolle. Spätestens seit 1995 unterhielt die turkmenische Zentralbank Konten bei der Deutschen Bank in Frankfurt. Doch tatsächlich verfügte nicht diese öffentliche Institution über die Verwendung der Gelder, auch wenn die Banken immer wieder so argumentieren, um Geschäftsbeziehungen mit Diktatoren zu rechtfertigen. Der frühere Chef der turkmenischen Zentralbank, Khudaiberdy Orasov, berichtet, dass diese Gelder unter der direkten Kontrolle von Nijasov standen und er sie als sein «persönliches Taschengeld» betrachtete. Die Konten bei der Deutschen Bank waren, obgleich sie auf den Namen der Zentralbank geführt wurden, aus Sicht der Bevölkerung Turkmenistans schwarze Löcher, eine Blankovorlage für Korruption und Vetternwirtschaft. Ohne Rechenschaftspflicht oder parlamentarische Kontrolle gab und gibt es bis heute keinerlei Möglichkeit, die Verwendung oder allein das Volumen der Gelder zu überprüfen. Mindestens 2–3 Mrd. US-Dollar sollen bei der Deutschen Bank in Frankfurt auf diesen Konten geführt worden sein – tatsächlich dürften diese Summen nur die Spitze des Eisbergs darstellen.

Bereits im Jahr 2004 weigerte sich die Europäische Bank für Wiederaufbau und Entwicklung, Projekte mit der öffentlichen Hand des Landes zu finanzieren. Auf Nachfragen der Anti-Korruptionsorganisation Global Witness von 2005 und 2006 über verschiedene Aspekte der Konten antwortete die Deutsche Bank ausweichend und wenig ergiebig. Als Nijasov 2006 verstarb, rief Global Witness die Deutsche Bank dazu auf, sicherzustellen, dass während der Übergangsphase keine Gelder transferiert werden könnten und fragte, ob die Bank auch private Konten des Clans Nijasov halten würde. Auch hier verweigerte die Deutsche Bank zunächst jegliche Auskunft. Dann überprüfte die Bafin Anfang 2007 «stichprobenartig» einige der betreffenden Konten, führte aber keine Sonderprüfung über die Situation insgesamt durch. Die Deutsche Bank versicherte der Bafin wenig überraschend, dass sie sich an alle rechtlichen Auflagen gehalten habe. Schließlich bestätigte die Deutsche Bank gegenüber Global Witness die Existenz des Kontos der Zentralbank Turkmenistans, bestritt aber, dass sie Konten für Nijasov persönlich führen würde. Eine

Antwort auf die Frage nach Konten enger Familienangehöriger blieb sie bis heute schuldig. Bisher gibt es keine Anzeichen dafür, dass sich an der Situation unter dem nachfolgenden turkmenischen Präsidenten Gurbanguly Berdymukhammedov etwas geändert hätte.

Es gibt weitere Beispiele, wo Banken um die schwammige Grenze zwischen staatlichen und privaten Geldern gewusst haben müssten und dennoch Gelder gerne verwalteten. So bevorzugte Gaddafi offenbar ab 2008 deutsche gegenüber schweizer Konten. Damals wagte es die Schweizer Justiz, Gaddafis Sohn Hannibal wegen tätlicher Angriffe auf zwei Hausangestellte festzunehmen. Daraufhin zog Gaddafi Senior ungefähr 5 Mrd. US-Dollar aus der Schweiz ab und investierte sie in anderen europäischen Staaten. Als 2011 die internationalen Sanktionen gegen Libyen zum Einfrieren der Gelder führten, befanden sich in der Schweiz gerade einmal 360 Mio. Schweizer Franken. Dagegen lagen auf dem Gaddafi-Konto bei der Deutschen Bundesbank allein 1,96 Mrd. Euro. Dies unterstreicht wie attraktiv die deutsche Zögerlichkeit in den Augen ausländischer Despoten ist.

Auch Iraks Diktator Saddam Hussein hatte Bankkonten in Deutschland. Das bot sich an, denn wie 1990 bekannt wurde, handelten mehr als 60 deutsche Firmen munter mit Husseins Regime. Darunter befanden sich Siemens, Thyssen, MAN, MBB, Karl Kolb und Carl Zeiss. Deutsche Unternehmen lieferten «unkonventionelle» Technologien, die für ein Nuklearprogramm, für Raketen, biologische Kampfmittelerzeugung und chemische Produktionsanlagen eingesetzt werden konnten. Die offensichtlich schmutzigsten Geschäfte wurden von einem Netz an Firmen getätigt, die von ehemaligen MBB-Angestellten geleitet wurden. MBB selbst wickelte die Geschäfte mit dem Irak über Drittstaaten oder Tochterfirmen ab. Dass Saddam Hussein bei diesen verlässlichen Geschäftspartnern auch Konten in Deutschland führen wollte, ist verständlich.

Neben diesen nachgewiesenen Fällen dürfte es eine bedeutende Dunkelziffer bisher nicht aufgeflogener PEPs geben. Gelder etwa von Slobodan Miloševic (Ex-Jugoslawien), Charles Taylor (Liberia), Jean-Bédel Bokassa (Zentralafrika),

Omar Bongo (Gabun) oder Hadschi Mohamed Suharto (Indonesien) dürften ebenfalls auf dem Bankenplatz Deutschland angelegt gewesen sein. Äußerst unwahrscheinlich ist, dass die bisher geschilderten Fälle nur zufällige Fehltritte einzelner Banken sind. Vielmehr ist davon auszugehen, dass weitere Fälle wegen der Zögerlichkeit und Verschwiegenheit der deutschen Behörden und Politik nicht öffentlich werden. Deutschland wartet beim Problem der Diktatorengelder ab und wird erst dann aktiv, wenn es rechtlich unausweichlich erscheint. Anders als die USA oder Großbritannien hat man es noch nicht einmal geschafft, eine für das Aufspüren und die Rückgabe dieser Gelder besonders ausgestattete Behörde einzurichten, geschweige denn wie die Schweiz die Rückgabe gestohlener Gelder gesetzlich klar zu verankern. Von einem Land, dessen internationaler Finanzsektor so groß wie der deutsche ist, darf man wahrlich mehr erwarten. Diktatoren dürften in Zukunft häufiger Deutschland als den Finanzplatz ihrer Wahl buchen, weil sich herumsprechen dürfte, dass hier niemand allzu genau hinsieht, an der Rückführung gestohlener Vermögen wenig Interesse besteht und obendrein für den Fall der Fälle genügend Zeit bleibt, die Gelder außer Landes zu schaffen.

Lasst den Rubel rollen: Das Geheimnis der Korrespondenzkonten

Statt sich selbst die Hände schmutzig zu machen und anrüchige Gelder direkt anzunehmen und zu verwalten, können Banken auch anderweitig vom Geschäft mit dubiosen Geldern profitieren. So können sie zum Beispiel Korrespondenzkonten unterhalten. Kleinere Banken nutzen diese Konten dazu, um eigenen Kunden auch in jenen Ländern und Währungsräumen Dienstleistungen anzubieten, in denen sie keine Niederlassung haben. Diese sinnvolle Einrichtung kann jedoch leicht missbraucht werden. So können Banken aus notorischen Steueroasen für ihre Kunden Geld aus Deutschland über ein Korrespondenzkonto in Deutschland auf ein Konto bei einer Offshore-Bank überweisen. Das gleiche ist natürlich umgekehrt genauso möglich: Gelder können von den Auslandskonten ausländischer Kunden auf das Korrespondenzkonto in Deutschland überwiesen werden, um damit etwa Immobilien zu erwerben. Durch Korrespondenzkonten ist es also möglich, Zugang zum deutschen Zahlungsverkehr und Finanzmarkt zu erhalten, ohne als Bank selbst eine Niederlassung zu eröffnen.

Grundsätzlich sind Überweisungen zwischen verschiedenen Währungen immer auf ein Korrespondenzkonto im jeweiligen «Mutterland» der Währung angewiesen. Wenn eine Person A etwa 1000 US-Dollar von einem Konto in Deutschland auf ein Konto in Russland von Person B überweisen möchte, dann geschieht das nicht direkt, weil der US-Dollar nicht die Währung eines der beiden Länder ist. Stattdessen wird die Bank in Deutschland zur Ausführung des Auftrags 1000 US-Dollar per Fremdwährungsgeschäft kaufen und auf ihr Korrespondenzkonto in den USA einzahlen. In einem zweiten Schritt wird der Betrag von diesem US-Korrespondenzkonto auf das US-Korrespondenzkonto jener russischen Bank überwiesen, bei der Person B ein Konto hat. Beide Korrespondenzkonten müssen bei einer US-Bank geführt werden. Dies können aber zwei unterschiedliche US-Banken sein, die weder zu der beauftragenden deutschen Bank noch zur empfangenden russischen Bank gehören. Im dritten Schritt schreibt die russische Bank die 1000 US-Dollar auf das Konto von Person B gut. Die US-Dollar verlassen die USA in Wirklichkeit nie, obwohl auf dem Kontoauszug von Person B bei der russischen Bank ein Guthaben von 1000 US-Dollar steht.

Es ist ein offenes Geheimnis, dass Korrespondenzkonten bei internationaler Geldwäsche und Steuerhinterziehung eine zentrale Rolle spielen. Um Gelder zu entlegenen Offshore-Banken transferieren zu können, aber auch um wieder darauf zugreifen zu können, sind Kriminelle auf Korrespondenzbeziehungen ihrer Offshore-Bank zu einer Bank im heimischen Währungssystem angewiesen. Dennoch bot die Deutsche Bank über eine zwischengeschaltete Drittbank Fremdwährungs-Korrespondenzkonten für eine Privatbank von Oleksandr Janukowitsch an, Sohn des ukrainischen Ex-Präsidenten Wiktor Janukowitsch. Dessen UBD-Bank war während der Präsidentschaft des Vaters spektakulär gewachsen. Hier bietet sich ein weiteres Beispiel zaudernder Finanzdiplomatie, die Deutschland in kein gutes Licht rückt. Als am 17. Februar 2014, nur fünf Tage vor der überraschenden Absetzung Janukowitschs, die ukrainische Opposition bei Merkel zu Gast war, lehnte diese noch Finanzsanktionen gegen die ukrainische Regierung unter Janukowitsch ab. Zwar kündigte die EU am 20. Februar während der eskalierenden Proteste in Kiew Sanktionen gegen die Regierung der Ukraine an und gelobte diese «sehr schnell» umzusetzen. Doch selbst nachdem ein Haftbefehl gegen Janukowitsch am 24. Februar 2014 ergangen war, sind keine Konten in Deutschland oder EU-weit gesperrt worden. Die Schweiz dagegen sperrte immerhin schon vier Tage nach dem Haftbefehl, am 28. Februar, Konten von Wiktor und Oleksandr Janukowitsch und leitete Ermittlungen wegen Geldwäsche ein. Auch Österreich handelte auf Ersuchen der ukrainischen Regierung am selben Tag und fror Konten von 18 Personen als «eine vorläufige Sicherungsmaßnahme, bis entsprechende EU-Maßnahmen in Kraft treten» ein. Erst am 6. März, 10 Tage nach Ausfertigung des Haftbefehls, traten schließlich Kontensperrungen EU-weit und damit auch in Deutschland in Kraft. Laut dem österreichischen Nachrichtenmagazin Format zögerten auf EU-Ebene einige Staaten die Umsetzung der EU-Sanktionsbeschlüsse hinaus. Dadurch dürfte es den Betroffenen ein Leichtes gewesen sein, einen beträchtlichen Teil der Gelder in Sicherheit zu bringen.

Die Tatenlosigkeit der Bundesregierung legt nahe, dass Deutschland die Verzögerungstaktik stützte, wenn nicht gar entscheidend zu verantworten hat. Dafür sprechen auch handfeste wirtschaftliche Interessen. Denn die Janukowitschs machten glänzende Geschäfte, und dafür ist man auf verlässliche und diskrete internationale Partnerbanken angewiesen. Für Transaktionen in US-Dollar und Euro unterhielt die Deutsche Bank für die UBD-Bank indirekt Korrespondenzkonten in New York und Frankfurt. Zwischengeschaltet als *intermediary bank* war dabei die ukrainische PJSC Commercial Bank Khreschatyk. Eine solche Durchlaufbank wird im internationalen Zahlungsverkehr dann eingeschaltet, wenn eine Bank zu klein ist, um überhaupt internationale Zahlungsanweisungen zu bearbeiten und darum diese Funktion zusammen mit dem gesamten Back-Office-Geschäft von einer anderen Bank abwickeln lässt. Es liegt nahe, dass kleine Banken im Schatten namhafterer größerer Banken bei ausländischen Banken weniger Anstoß erregen. Bei keiner anderen westlichen Bank ist ein Korrespondenzkonto der UBD-Bank bekannt.

Nach deutschem Recht sind Korrespondenzbeziehungen zu Banken außerhalb der EU seit 2008 (§ 25f KWG) einer Risikobewertung zu unterziehen und ggf. müssen besondere Vorsichtsmaßnahmen ergriffen werden, um Geldwäsche auszuschließen. Die Bafin bestätigte am 20. April 2015: «In die Risiko-Bewertung des Korrespondenzinstituts sind dabei alle bekannten relevanten Umstände einzubeziehen. Hierzu gehören auch die Banken, die das Korrespondenzinstitut als ‹intermediary bank› nutzen.» Es ist unbekannt, wie die Deutsche Bank die Korrespondenzbeziehungen zur PJSC Commercial Bank Khreschatyk und deren Rolle als *intermediary bank* für die UBD-Bank bewertet. Dass aber eine Bank in weniger als drei Jahren ihr Eigenkapital mehr als verfünffacht, und dieser Zeitraum mit der Präsidentschaft des Vaters des Bankeigentümers zusammenfällt, sollte jeden hellhörig werden lassen. Das pompöse Anwesen Janukowitschs, das am Wochenende nach dem Abgang des Präsidenten zum beliebten Ausflugsziel der Kiewer wurde, verstärkte den Eindruck extremen Reichtums des abgedankten Herrschers der Ukraine. Zur Residenz gehörten ein Privatzoo, Golfplatz, Restaurantschiff und zur Fortbewegung ein Hubschrauberlandeplatz samt Hangar sowie ein Luftkissenboot. Auch das stille Örtchen war mit goldenen Füßen unter Klosett und Bidet herrschaftlich ausgestattet. Für deutsche Banken und Politik war das offenbar kein Problem. Die Devise scheint zu lauten: So lange das Geld Janukowitschs auch hierzulande etwas abwirft, geht man unbequemen Fragen so lange wie irgend möglich aus dem Weg, verschließt Ohren und Augen vorsichtshalber im Namen der Diskretion und Privatsphäre. Nach Zeitungsangaben soll die

Bafin den Fall geprüft haben, auch wenn sie im Juni 2015 eine Bestätigung der Prüfung ablehnte, jedoch auch nicht dementierte.

Mit der montenegrinischen First Bank (Prva Banka) der Familie des Premierministers Milo Đukanović haben deutsche Banken ebenfalls Korrespondenzbeziehungen unterhalten. Diese Bank zog Aufmerksamkeit auf sich, als bekannt wurde, dass zu ihren wichtigsten Kunden Darko Saric gehörte. Dieser wurde wegen Kokainschmuggels seit 2010 per internationalem Haftbefehl gesucht. Er ist Kopf einer kriminellen Organisation mit Basis in Montenegro und soll über eine Milliarde Euro pro Jahr verdient haben, die er unter anderem dafür verwendete, Kopfgelder auf verschiedene Politiker und Staatsbeamte Serbiens auszusetzen. Im März 2014 wurde er durch den serbischen Geheimdienst in Südamerika aufgespürt, dort festgenommen und nach Belgrad ausgeliefert. Serbien warf schon 2010 der montenegrinischen Politik vor, Saric zu decken.

Durch die im April 2014 aufgeflogenen privilegierten Bankverbindungen Sarics zur Bank der Familie des Premierministers von Montenegro gewinnen diese Vorwürfe an Brisanz. Das investigative Reporterportal OCCRP deckte auf, dass etwa die montenegrinische Zentralbank die First Bank beschuldigte, mit Kriminellen Geschäfte zu machen und dabei das Gesetz gebrochen und gegen interne Vorschriften verstoßen zu haben. Die Bank händigte dubiosen Briefkastenfirmen von Saric mehrfach Kredite ohne ersichtliche Sicherheiten aus und unterließ es, Ausweiskopien von angeblichen Eigentümern oder mit Kontenvollmachten ausgestatteten Personen zu verlangen. Im Gegenzug hat Drogenboss Saric die Bank 2008 aus einer Kreditklemme gerettet, indem er Millionen zu außergewöhnlich niedrigen Zinsen anlegte. Andernfalls hätte der Bank die Zahlungsunfähigkeit gegenüber anderen Kunden gedroht. Die Verbindung zwischen beiden könnte also kaum inniger sein. Im Mai 2012 wurde Dusko Saric, der Bruder Darkos, wegen Geldwäsche zu acht Jahren Gefängnis verurteilt. Eine montenegrinische NGO forderte die Staatsanwaltschaft im April 2014 auf, gegen ein halbes Dutzend hoher

Staatsfunktionäre in Montenegro sowie gegen die First Bank Ermittlungen einzuleiten und Anklage zu erheben.

Auch die First Bank aus Montenegro ist auf Korrespondenzbeziehungen angewiesen, um weltweite Zahlungsaufträge und Fremdwährungsgeschäfte ausführen zu können. Und die Bank wurde wieder in Deutschland fündig. Im Jahr 2010 unterhielt die First Bank Korrespondenzbeziehungen zu drei deutschen Banken mit Sitz in Frankfurt: Commerzbank, Deutsche Bank sowie LHB Internationale Handelsbank. Die LHB gab im Jahr 2012 ihre Bankenlizenz ab und verfolgt als AG heute den Geschäftszweck, ihr eigenes Vermögen zu verwalten sowie «Handelsbeziehungen zwischen Deutschland und dem Ausland» zu fördern. Auch hier stellt sich die Frage, welche Ergebnisse die nach deutschem Recht geltende Risikobewertung der Korrespondenzbeziehung zur First Bank ergeben haben und ob die deutschen Banken besondere Vorsichtsmaßnahmen ergriffen haben, um Geldwäsche auszuschließen. Ein Audit-Report der First Bank von PricewaterhouseCoopers zeigte schon 2010 Unregelmäßigkeiten bei der Kreditvergabe, und die EU-Kommission stellte 2012 fest, dass das Ausmaß der Korruption in Montenegro noch immer für «große Beunruhigung» sorge. Weder die Commerzbank noch die Deutsche Bank dementierten, dass sie zwischen 2011 und 2014 weiterhin eine Korrespondenzbankbeziehung zur First Bank unterhielten.

Weil der Finanzplatz Frankfurt für die weltweite Abwicklung der Korrespondenzbankgeschäfte von Euro-Währungsgeschäften führend ist, laufen die Fäden vieler Geldwäscheprobleme des europäischen Raumes hier zusammen. So wickelte etwa die italienische Tochter der Deutschen Bank die Geldgeschäfte der Vatikanbank ab, bis 2013 die italienische Bankenaufsicht dem Treiben wegen des Verdachts auf massive Geldwäsche Einhalt gebot.

Welche Folgen die fehlerhafte Einschätzung von Korrespondenzbankenbeziehungen nach sich ziehen kann, lässt sich am Beispiel der größten europäischen Bank HSBC beobachten. Im Dezember 2012 erklärte diese, dass sie sich mit der US-Justiz auf die Rekordstrafe von 1,9 Mrd. US-Dollar geeinigt hat, um eine weitere Strafverfolgung durch die US-Behörden abzuwenden. Das Fehlverhalten der Bank bezog sich unter anderem auf die falsche Einschätzung von Geldwäscherisiken, wodurch es mexikanischen und kolumbianischen Drogenkartellen gelang, mindestens 881 Mio. US-Dollar über HSBC USA zu waschen. Als Konsequenz könnte man nun erwarten, dass andere Banken ihre Korrespondenzbeziehungen mit HSBC als Hochrisikogeschäft einschätzen – schließlich flossen über diese riesige Summen an Drogengeldern. In diesem Fall jedoch, beteuern Insider aus der Bankenbranche, würde dem internationalen Zahlungssystem der Kollaps drohen, nicht zuletzt weil HSBC im asiatischen Raum eine so zentrale Rolle spielt.

Die US-Behörden hatten jedoch nicht nur etwas gegen die Gelwäscheprävention von HSBC einzuwenden. Auch die Commerzbank und ihre New Yorker Niederlassung wurden im Juni 2012 von der US-Notenbank gerügt, nicht gründlich genug gegen Geldwäsche vorzugehen. Die Commerzbank sagte zu, ihr internes Kontrollsystem innerhalb von 60 Tagen zu überprüfen, damit es den rechtlichen Vorgaben der USA genüge. Knapp ein Jahr später, im Oktober 2013, wurden die Commerzbank und ihre New Yorker Niederlassung per Unterlassungsaufforderung erneut ermahnt, strengere Vorkehrungen gegen Geldwäsche zu treffen. Die Commerzbank sagte zu, innerhalb von 30 Tagen einen externen Berater anzuheuern, der alle Korrespondenzkontenbewegungen daraufhin untersuchen soll, ob verdächtige Aktivitäten wie vorgeschrieben gemeldet wurden. Im September 2014 berichtete das Wallstreet Journal, dass New Yorker Staatsanwälte wegen des Verdachts auf Geldwäsche Ermittlungen gegen die Commerzbank eingeleitet hätten. Im März 2015 schließlich bezahlte die Commerzbank 1,45 Mrd. Euro Strafe wegen Verstößen gegen US-Geldwäschegesetze und Sanktionen.

Neben HSBC und Commerzbank haben US-Behörden auch die Citigroup und JPMorgan zu verbesserten Geldwäschevorkehrungen angehalten. JPMorgan entschloss sich infolgedessen, eine grundlegende Überprüfung aller Korrespondenzbeziehungen einzuleiten. Das Ergebnis dieses Prozesses war, dass Beziehungen zu ungefähr 500 ausländischen Banken aufgegeben wurden. Darunter waren Anfang 2014 auch jegliche Korrespondenzkonten für lettische Banken. Der Rückzug JPMorgans aus Lettland lässt die Commerzbank und die Deutsche Bank als einzige westliche Banken übrig, die über ihre US-Niederlassungen Korrespondenzbeziehungen mit lettischen Banken für Geschäfte in US-Dollar anbieten. Das Problem ist das hohe Geldwäscherisiko, das bei Geschäften mit Lettland eingegangen wird. Denn ungefähr die Hälfte der gesamten Bankeinlagen in Lettland (ca. 17 Mrd. Euro) stammen aus dem Ausland, ein Großteil davon aus Russland. Neben handfesten Skandalen gab es während der Zypernkrise Anzeichen dafür, dass Gelder von Zypern auch nach Lettland verschoben worden sind. Nach dem Beitritt Lettlands zur Eurozone zum 1. Januar 2014 wurde dessen Finanzsektor für Ex-Sowjetstaaten als Tor ins Eurosystem nochmals attraktiver. In Deutschland wurden obendrein dank der schlampigen Umsetzung der 3. Geldwäscherichtlinie bis 2011 Korrespondenzbeziehungen zu sämtlichen Banken im EU-Raum – darunter auch lettische Banken – grundsätzlich als nicht besonders riskant eingestuft. Dabei ist der deutsche Finanzsektor offenbar bei lettischen Banken beliebt – sie hatten im August 2013 laut Bundesbankstatistik Forderungen im Wert von ca. 850 Mio. Euro gegenüber deutschen Banken offen.

Auch in anderen Bereichen zerren die US-amerikanischen Regulierer wenig zimperlich deutsche Banken ans Licht, die gegen US-Geldwäschegesetze verstoßen haben. Die HSH Nordbank schloss im April 2013 eine Vereinbarung mit der US-Zentralbank, in der sie Verbesserungen ihrer Geldwäschekontrollen gelobte. Man könnte nun vermuten, dass dies auch ein aufsichtsrechtliches Interesse der Bafin zur Folge haben müsste – schließlich sind die US-Gesetze zur Geldwäsche nicht strenger als die deutschen. Auf Nachfrage berief sich die Bafin jedoch auf ihre Verschwiegenheitspflicht. In ihrem Jahresbericht für das Jahr 2013 ist zu lesen, dass bei 16 Instituten im Rahmen der Jahresabschlussprüfung schwerpunktmäßig die gruppenweite Umsetzung der Geldwäscherichtlinien geprüft worden sei. Das diplomatisch formulierte Ergebnis zeigt sowohl tatsächliche Mängel als auch den fehlenden Willen der Bafin: «Beispielsweise lassen sich die deutschen Anforderungen bei der Ermittlung der wirtschaftlich Berechtigten in einigen Ländern nicht vollumfänglich umsetzen. Auch erschwert ein andernorts noch immer rigoros geltendes Bankgeheimnis eine institutsweite konsequente Geldwäscheprävention.» Statt auf einer gruppenweiten Einhaltung der deutschen bzw. europäischen Standards zu bestehen, scheint die Bafin eher Verstöße gegen deutsches Recht zu entschuldigen.

Selbst wenn die Bafin aktiv werden wollte, sind ihre Befugnisse im Ausland allerdings zwangsläufig beschränkt. Bisweilen werden zum Zwecke einer verbesserten Bankenaufsicht, wozu meist auch die Geldwäscheprävention zählt, sogenannte *memoranda of understanding* (MoU) mit ausländischen Aufsichtsbehörden unterzeichnet. Der Inhalt dieser *memoranda* ist laut Bafin nicht öffentlich, «da dies regelmäßig mit der entsprechenden ausländischen Aufsichtsbehörde so vereinbart ist». Im Jahr 2012 hatte die Bafin mit Behörden aus 53 Staaten solche Vereinbarungen abgeschlossen, die mitunter auch Vor-Ort-Prüfungen im Ausland regeln. Laut Bafin gab es im Jahr 2013 eine Sonderprüfung im Geldwäschebereich, bei der «Prüfungshandlungen an drei ausländischen Orten durchgeführt» worden seien. Zeitweise begleiteten Bafin-Mitarbeiter die beauftragte Wirtschaftsprüfungsgesellschaft bei den Prüfungen. Es bleibt offen, ob es je zuvor eine Bafin-Prüfung im Ausland gegeben hat.

Dabei hätte die Bafin allen Grund, in ausländischen Ablegern deutscher Finanzinstitute genauer hinzusehen. So wurde beispielsweise bei einem Korruptionsskandal in Kenia ein Teil der Bestechungszahlungen von 20 Mio. US-Dollar von der Deutschen Bank in Mauritius abgewickelt. Der Konzern Alcatel-CIT soll in den Jahren 1999–2002 den ehemaligen Finanz- und Energieminister sowie einen Manager des staatlichen Energiekonzerns bestochen haben. Zur Abwicklung der Bestechungszahlungen wurden die Auftragskosten um den Bestechungsbetrag erhöht und Konten im Namen von Briefkastenfirmen in Dubai und Mauritius gegründet. Heute sind die beiden kenianischen Funktionäre in über 50 Fällen der Bestechlichkeit und Geldwäsche in Jersey bzw. Großbritannien angeklagt. Zwar war zum Zeitpunkt der Zahlungen die Bestechlichkeit nach deutschem Recht bereits eine Vortat der Geldwäsche (seit Mai 1998). Wegen der damals noch nicht geltenden gruppenweiten Verpflichtung zur Geldwäscheprävention war es aber fraglich, ob ein mögliches Fehlverhalten der Deutschen Bank in Mauritius aufsichtsrechtlich in Deutschland zu ahnden wäre.

Anders liegt der Fall bei den Daten von Offshore-Leaks, die zeigen wie Kundenberater der Deutschen Bank Singapur und Hong Kong wohlhabenden Klienten halfen, hunderte Trusts, Stiftungen und Briefkastenfirmen zu gründen. Eine Tochter der Deutschen Bank, Regula Ltd., war darüber hinaus als Vorstand vieler Briefkastenfirmen eingetragen worden. Zum Zeitpunkt der Geschehnisse gab es längst die innerdeutsche Verpflichtung zu gruppenweiter Einhaltung bestimmter Geldwäscheregeln. Zwar ist in keinem der Fälle mit chinesischer Kundschaft bisher nachgewiesen, dass Gelder aus Straftaten über die Konten geflossen sind. Wie an der Vertuschung jeglicher Berichterstattung über diese Fälle in China aber unschwer zu erkennen ist, dürfte Korruption bis in die höchsten politischen und wirtschaftlichen Kreise Chinas eine wichtige Rolle spielen. Dass hier also gegen Vorgaben des Geldwäschegesetzes verstoßen worden sein könnte, liegt auf der Hand. Ob eine gesonderte Prüfung dieses Geschäftsbereichs durch die Bafin oder gar eine Vor-Ort-Inspektion der Töchter in Singapur und Hong Kong stattgefunden hat, bleibt offen.

Die indische Zentralbank hingegen hat die Deutsche Bank im August 2013 zu einer Strafzahlung von 10 Mio. Rupien verdonnert – das sind umgerechnet ca. 118 000 Euro. Als einzige ausländische Bank wurde die Deutsche Bank gemeinsam mit 21 indischen Banken wegen Verstößen gegen Auflagen zur Identifizierung der Kunden sowie anderer Sorgfaltspflichten der Geldwäschebekämpfung gerügt. Es liegt nahe zu vermuten, dass somit auch gegen deutsche Gesetze verstoßen worden sein könnte. Die Bafin schweigt wie gewohnt zu diesem Fall.

Selbst die Aufsichtsbehörde der notorischen Steueroase Dubai reichte im November 2013 Klage gegen die Deutsche

Bank ein, weil sie für Ermittlungen zu möglichen Verfehlungen bei der Geldwäscheprävention nicht alle angeforderten Unterlagen bereitgestellt habe. Die Anklage wurde einige Monate später fallen gelassen, als die Deutsche Bank die Dokumente schließlich überreichte. Im April 2015 musste die Deutsche Bank in diesem Fall mit 8,4 Mio. US-Dollar die bisher höchste in Dubai verhängte Strafe bezahlen. Die «schwerwiegenden Verstöße» beinhalteten neben der Irreführung der Finanzaufsicht in Dubai auch Geldwäscheverfehlungen.

Ein anderes, seit 2005 laufendes Ermittlungsverfahren um den Putin-Vertrauten und ehemaligen russischen Telekommunikationsminister Leonid Reiman führte im Jahr 2011 zur Anklage von vier leitenden Mitarbeitern der Commerzbank. Bei der Privatisierung von Staatsbetrieben habe Reiman in die eigene Tasche gewirtschaftet und über 100 Mio. US-Dollar über verschiedene Steueroasen gewaschen. Dabei hätten ihn die Commerzbank sowie ein Anwalt in Dänemark unterstützt. Die Bank hatte unter anderem Anteile eines russischen Telekommunikationsunternehmens treuhänderisch verwaltet. Schon 2005 kostete dieser Fall einem Manager der Commerzbank den Vorstandsposten. 2008 wurde die Bank dann im Rahmen einer Zivilklage zu einem Bußgeld von 7,3 Mio. Euro verurteilt.

Auch gegen die Landesbank Baden-Württemberg wurden von der Stuttgarter Staatsanwaltschaft Vorermittlungen wegen eines undurchsichtigen Immobiliengeschäfts in Moskau eingeleitet. Durch den Aufbau des sogenannten German Centre der LBBW in Moskau versprach sich die Bank, deutschen Firmenkunden vor Ort Geschäftsräume und andere Dienstleistungen anbieten zu können. Für den Erwerb der 100 Mio. Euro teuren Immobilie im Jahr 2008 wurde zunächst eine Zweckgesellschaft in Luxemburg gegründet. Dann sollte die LBBW für 33,4 Mio. Euro des Kaufpreises eine Briefkastengesellschaft mit Sitz auf Zypern erwerben. Verkäufer dieser Briefkastengesellschaft war eine andere Firma mit Sitz auf den karibischen Britischen Jungferninseln mit dem klingenden Namen Jacintha Ltd. Wer sich tatsächlich hinter dieser Briefkastenfirma verbirgt, ist bis heute unbekannt. Obwohl die

Transaktion über die Jungferninseln auch von der internen Compliance-Abteilung der LBBW als fragwürdig eingestuft wurde und die Immobilientochter der LBBW den Deal platzen lassen wollte, wurde er auf Druck des Mutterkonzerns durchgezogen. Im Dezember 2012 schließlich teilte die Staatsanwaltschaft Stuttgart mit, dass man keine Ermittlungen einleiten wolle, weil sich keine Anhaltspunkte für Korruption oder Untreue ergeben hätten. Auf den Straftatbestand der Geldwäsche im Zusammenhang mit Steuerhinterziehung wurde überhaupt nicht geprüft. Es gibt auch keine Anhaltspunkte dafür, dass die Bafin ein Interesse an diesem Fall entwickelt haben könnte.

Diese Episode zeigt, welchen Interessenkonflikten Banken im Kampf gegen Geldwäsche ausgesetzt sind. Denn wenn sich die Compliance-Abteilung der LBBW durchgesetzt hätte, dann hätte sich die Umsetzung der Geschäftsidee in Moskau möglicherweise weiter verzögert, auf etwaige Gewinne hätte verzichtet werden müssen. Die Wahrung der Integrität hätte die kurzfristige Rendite nach aller menschlichen Voraussicht geschmälert. In Vorständen aller Banken sind diese Interessenkonflikte an der Tagesordnung. Aber auch Anteilseigner, die von den Banken stabile, hohe Renditen erwarten oder Groß- und Kleinsparer, die ihr Erspartes schön schwäbisch immer dorthin tragen, wo die höchsten Zinsen winken, erschweren es Bankvorständen letztlich, ethisch vertretbare Entscheidungen zu treffen.

Dass die Bafin oftmals nur mit stumpfen Schwertern in den Kampf gegen die Geldwäsche zieht, lässt sich gut am Beispiel der Deutschen Bank illustrieren, deren Geldwäschemeldesystem im Sommer 2013 Gegenstand von Untersuchungen der Bafin wurde. Weil die Bank verdächtige Transaktionen zu spät an das BKA weitergeleitet haben soll, wurde ein Wirtschaftsprüferteam in die Bank geschickt, um das Meldesystem unter die Lupe zu nehmen. Selbst wenn jedoch die Prüfer ähnliche Schlampereien entdecken würden wie die US-Justiz im oben geschilderten Fall der HSBC USA, ist die maximal drohende Strafe hierzulande lächerlich. Das höchste je durch die Bafin verhängte Bußgeld, beläuft sich auf 51 170 Euro. Die

Bafin verhängte ganze acht Bußgelder in den sechs Jahren bis 2013, von denen bei nur zweien ein Geldwäschebezug hergestellt werden konnte.

Nur durch einen «Unfall» – wegen einer Indiskretion Unbekannter – erfuhr die Öffentlichkeit überhaupt etwas über den Fall bei der Deutschen Bank. Die Bundesregierung kämpfte im Mai 2014 im Ausschuss der Ständigen Vertreter der EU praktisch allein gegen die Veröffentlichung von Geldwäsche-Sanktionen, die in einem Entwurf zur vierten Geldwäscherichtlinie vorgeschlagen wurde. Letztlich konnte sie sich mit der deutschen Geheimniskrämerei weitgehend durchsetzen. Obwohl die namentliche, öffentliche Nennung all jener, die gegen das Geldwäschegesetz verstoßen haben, geboten ist, dürften großzügige Ausnahmen und Einzelfallprüfungen dazu führen, dass es weitgehend dem Belieben der zuständigen Behörde überlassen bleibt, ob eine Sanktion öffentlich bekannt wird. Somit dürfte sich an der deutschen Praxis wenig ändern.

Das Bundesfinanzministerium verweigert selbst auf eine Nachfrage durch Bundestagsabgeordnete der Linken im September 2013 jegliche Auskunft: «Im Hinblick auf die Verschwiegenheitspflichten des § 9 des Gesetzes über das Kreditwesen kann die Bundesregierung grundsätzlich keine Stellung zu Anfragen nehmen, bei denen es um Sachverhalte geht, die einzelne Institute betreffen, welche unter der Aufsicht der BaFin stehen.» Kein Wunder, dass die Umsetzung der Geldwäscheregeln jenseits der Rhetorik keine Priorität bei deutschen Banken besitzt: Die zu befürchtenden Sanktionen sind weder finanziell schmerzhaft noch besteht wegen der Schweigepflicht der Bafin ein ernstzunehmendes Risiko eines Reputationsschadens.

Allerdings bewegt sich die Bafin mit ihrem zögerlichen Vorgehen durchaus im Rahmen ihrer Zielvorgaben. Denn sie soll die «Funktionsfähigkeit, Stabilität und Integrität des deutschen Finanzplatzes» sichern und fördern. Sollten Institute Reputationsschäden davontragen, wäre in einer kurzfristigen Betrachtungsweise möglicherweise die Stabilität des deutschen Finanzplatzes gefährdet. Nicht nur Banken dürften

bei der Geldwäscheprävention von Interessen- und Zielkon-
flikten geplagt werden, sondern auch die Aufseher werden
von Politik und Gesetz in diesen Konflikt mit hinein gezogen.
US-Generalstaatsanwalt Holder äußerte im Rahmen des Falles der HSBC: «Ich bin besorgt, dass einige dieser Institute so
groß geworden sind, dass es für uns schwierig wird, sie strafrechtlich zu verfolgen, wenn wir Hinweise darauf erhalten,
dass bei einer Strafverfolgung, wenn wir Anklage erheben,
negative Folgen für die US-Wirtschaft drohen, vielleicht sogar für die Weltwirtschaft.» Dieser Befürchtung verdanken
es Wallstreet-Banken, dass in den letzten vier Jahren bis 2013
kein einziges Vorstandsmitglied rechtskräftig verurteilt wurde.
Mit ein wenig Zynismus sprechen manche Beobachter in An-
lehnung an das durch die Bankenrettung bekannt gewordene
«too big to fail» nun von den «too big to jail»-Banken. Übertragen auf die Bafin und das Bundesfinanzministerium sowie deutsche Staatsanwaltschaften und deren Justizministerien, die mit Weisungsbefugnis sogar im Einzelfall ausgestattet sind, liegt eine ähnliche Denkweise samt Zielkonflikt
nahe. Die Integrität des Finanzmarktes und der Geschäftspraktiken dürfte gegenüber dem Ziel der Stabilität des Finanzplatzes Deutschland im Zweifelsfalle zurückstehen. Zu-
gespitzt formuliert: Wenn nur Mafia-Geld eine Bank retten
kann, deren Pleite andernfalls unabsehbare Folgen für das Finanzsystem und die deutsche Konjunktur haben könnte, wer
wird da allzu genau hinsehen und es verantworten wollen,
nein zu sagen?

Oligarchen und Mafiosi – als Kunden gern gesehen

Als Sergej im Jahr 2011 bei einem Immobilienmakler in
Baden-Baden vorstellig wird, gibt er sich als Immobilienscout
eines reichen Russen aus. Er wolle für seinen Auftraggeber
eine Villa in Baden-Baden kaufen, bis zu 2 Mio. Euro dürfe
die kosten – allerdings zahle man nur in bar. Nachdem der
Makler Vertrauen gefasst hat, schlägt er vor: «Der Notar eröffnet ein Notaranderkonto – auf das müssen Sie einzahlen.

Wie Sie das machen, ist Ihre Sache. Aber das sollte bei den Banken hier kein Problem sein. Bargeld sehen die hier alle gern.» Ein anderer Makler in Baden-Baden ist ebenfalls offen für Bargeldtransaktionen und schlägt Sergej obendrein vor, den Kaufvertrag in zwei Verträge zu teilen: «Einen offiziellen über die Immobilie. Und einen zweiten, privaten Vertrag, über die Inneneinrichtung. Da sind wir in der Höhe variabel.» Somit kann neben der Einschleusung von Bargeld in den Wirtschaftskreislauf als klassischer erster Schritt des Geldwäschekreislaufs auch noch ein Teil der Grunderwerbssteuer hinterzogen werden. Denn diese wird natürlich nur auf den offiziellen Kaufpreis der Immobilie fällig, nicht aber für die «Inneneinrichtung».

Sergej ist ein russischer Journalist der diese Fälle gemeinsam mit dem Team von Frontal 21 mit verdeckter Kamera aufgezeichnet hat. Nachdem sie bei den Immobilienmaklern waren, ging es noch weiter zur Immobilientochter der Sparkasse Baden-Baden Gaggenau. Der Geschäftsführer riet auf das Problem des Transfers von 2 Mio. Euro angesprochen, das Geld mit einem Privatjet aus Russland einzufliegen: «Da wird nicht ganz so ernsthaft kontrolliert. Wir hatten diese Woche allein vier Russen, die mit Privatflugzeugen rein sind. Und heute ist erst Dienstag.» Der beste Weg allerdings sei es, das Bargeld bei einer Bank in Russland einzuzahlen. Dort sei «alles etwas einfacher. Danach überweisen Sie das Geld zu uns und dann haben wir keine Probleme. Denn Russland zählt inzwischen zu den weißen Staaten.» Von Seiten der Sparkasse würde dann keiner mehr Fragen stellen.

Beobachter des russischen Kaufrauschs in Baden-Baden schätzen, dass Immobilien im Wert von über 100 Mio. Euro an Russen verkauft wurden. Keiner weiß das so genau, denn das Grundbuch ist in Deutschland nur bei berechtigtem Interesse im Einzelfall öffentlich zugänglich. Dass zu den Käufern auch korrupte Staatsdiener der ehemaligen Sowjetunion zählen, dürfte wenig überraschen. So gehören die obersten Etagen einer vornehmen innerstädtischen Villa in Baden-Baden Magerram Alijew, dem Ex-Polizeichef von Baku, der Hauptstadt Aserbaidschans. Vom Gehalt eines Staatsdieners lässt sich dieses Domizil nicht bezahlen. In seiner Heimat hat er seinen Posten verloren, gilt als korrupt – seine Gelder scheinen hier jedoch nach wie vor willkommen. Ein anderer Fall betrifft Oleksandr Shynalsky, den ehemaligen stellvertretenden Generalstaatsanwalt aus Kiew. Nachdem die ukrainische Presse dessen Immobilienkauf in Baden-Baden für eine halbe Million Euro enthüllte, wurde er gefeuert.

Auch wegen der hohen Umsätze bietet sich der Immobiliensektor an, um illegale Gelder zu platzieren und zu verschleiern – gerade in Zeiten des Immobilienbooms. 2013 stieg das Transaktionsvolumen von Immobilien in Deutschland auf 183 Mrd. Euro, eine Steigerung um 9 % gegenüber dem Vorjahr. Dass in Deutschland anders als etwa in Großbritannien das Grundbuch nicht öffentlich einsehbar ist, spielt Geldwäschern nochmals in die Hände. Schließlich scheuen diese in aller Regel das Licht der Öffentlichkeit. Durch die Offenlegung des Grundbuchs in Großbritannien ist es immerhin möglich, die extrem häufige Nutzung anonymer Briefkastenfirmen bei Luxusimmobilien zu dokumentieren, und in der Konsequenz wurden sogar rechtliche Gegenmaßnahmen ergriffen, um die Steuervermeidung bei Immobilienverkäufen einzudämmen.

Im Kontrast dazu blüht in Deutschland erst seit wenigen Jahren eine Vermeidungsstrategie der Grunderwerbssteuer derart auf, dass sie Frankfurt schon 2013 stagnierende Steuereinnahmen trotz des Immobilienbooms beschert hat. Sogenannte *Share Deals* (Anteils-Geschäfte) machen es möglich. Dabei werden statt des direkten Verkaufs der Immobilie nur die Aktien einer sogenannten Objektgesellschaft verkauft, in deren Eigentum die Immobilie vorher übertragen wurde. Weil die Immobilie formal weiterhin im Besitz derselben Gesellschaft ist, wird keine Grunderwerbssteuer fällig. Allein bei der Übernahme des Wohnungskonzerns Gagfah in Essen durch die Deutsche Annington für 3,9 Mrd. Euro dürften Nordrhein-Westfalen durch den *Share Deal* rund 200 Mio. Euro Steuern entgangen sein. Über 32 % des Transaktionsvolumens auf dem Frankfurter Immobilienmarkt wurde 2013 so abgewickelt, eine Verdoppelung seit dem Vorjahr. Auch wenn die Nutznießer bisher vorwiegend große Immobilieninvestoren sind, dürfte sich diese Praxis rasant verbreiten, denn die Preise für die notwendigen rechtlichen Winkelzüge purzeln.

Im Unterschied zu Großbritannien kommt so die Steuervermeidung über ausländische Objektgesellschaften hierzulande erst so richtig in Schwung. Obendrein weiß in Deutschland kein Mensch, wie viele Immobilien im Grundbuch auf den Namen von Briefkastenfirmen aus Delaware, den Britischen Jungferninseln oder Liechtenstein registriert sind. Dubiose Machenschaften oder auffällige Konstruktionen geraten somit meist erst dann ins Visier der Behörden, wenn sie bereits aus anderen Gründen bei einem konkreten Verdacht ermitteln. Dass Immobilienmakler von sich aus Geldwäscheverdachtsanzeigen abgeben, ist eine Rarität. 2012 waren es ganze zwei Verdachtsmeldungen, im Jahr zuvor gab es keine einzige Meldung von Maklern. Dabei sind sie seit 2001 genauso zur Identifizierung der Vertragspartner und etwaiger abweichender wirtschaftlich Berechtigter verpflichtet wie Banken auch.

Eine 2013 im Auftrag des BKA erstellte Studie zu den Geldwäscherisiken im deutschen Immobiliensektor bejahte «eindeutig», dass Deutschlands Immobiliensektor für Geldwäsche anfällig sei und konstatierte «erheblichen Handlungsbedarf». Die Antwort der Politik? Noch im September 2013 bestätigte die Bundesregierung in einer kleinen Anfrage der Linken, dass diesbezüglich keine Änderungen geplant seien. In erster Linie hapert es bei der Aufsicht. Schon die Anwendungsvorschriften für die Geldwäscheprävention im Nicht-Finanzsektor können von Bundesland zu Bundesland variieren. Ebenso ist die Aufsicht über die Einhaltung äußerst zersplittert. Bis heute werden in Nordrhein-Westfalen die Kommunen zur Aufsicht über die Immobilienbranche herangezogen. Die Beamten, die sonst für das Ordnungsamt Knöllchen verteilen, sollen es mit der Organisierten Kriminalität aufnehmen.

Inzwischen gilt Deutschland als Paradies für Geldwäscher. Das hat sich längst auch bei verschiedenen mafiösen Organisationen herumgesprochen. Die Vorsitzende der Europäischen Anti-Mafia Kommission etwa bezeichnete Deutschland Ende 2012 als «die zweite Heimat der kalabrischen 'Ndrangheta, der reichsten kriminellen Organisation der Welt. Sie transportiert Drogen über deutsches Territorium, hat die Wirtschaft unterwandert, ist gesellschaftlich akzeptiert.» Diese Erkenntnis dürfte spätestens seit der Entdeckung von 1,8 Kilogramm Kokain beim Leiter der Kemptener Drogenfahndung im Februar 2014 auch an deutschen Stammtischen ins Bewusstsein gedrungen sein. Mafia-Experten vermuten die Herkunft des Kokains bei der 'Ndrangheta, die seit einem halben Jahrhundert im Allgäu aktiv sei und von dort aus inzwischen den mitteleuropäischen Drogenhandel orchestriert. Der Leiter der Kemptener Staatsanwaltschaft konnte sich zunächst an nichts erinnern, gab später aber an, Kokain für Schulungszwecke freigegeben zu haben. Bevor er weiter befragt werden konnte, nahm er sich jedoch das Leben, was die Behörde zunächst als natürlichen Todesfall nach «kurzer, schwerer Erkrankung» darstellte.

Ihren Einfluss haben 'Ndrangheta und Co. in Deutschland systematisch auch auf komplexere Wirtschaftssektoren ausgedehnt. Der italienische Staatsanwalt und Mafia-Jäger Roberto Scarpinato sprach bei einem Vortrag in Hamburg im September 2011 davon, dass die Mafia in Deutschland längst im Bereich der «Weiße Kragen»-Kriminalität aktiv geworden sei. Mafia-Geld würde im Energiesektor, der Müllentsorgung, Einkaufszentren, Mikroelektronik und in der Nahrungsmittelindustrie investiert, in Hamburg auch in Hotels und Restaurants: «Wenn ich Mafioso wäre, würde ich meine Gelder in Deutschland anlegen», sagte Scarpinato, der rund um die Uhr schwer bewacht werden muss, um nicht wie viele seiner Kollegen von der Mafia hingerichtet zu werden. Im Jahr darauf gab Scarpinato im Bundestag zu Protokoll, «dass Deutschland seit mehreren Jahren zu den Ländern gehört, die die Mafia sich ausgesucht hat, um ihr Geld zu investieren». Eine jüngere Studie eines kalabrischen Forschungsinstituts schätzt den weltweiten Jahresumsatz der 'Ndrangheta auf 53 Mrd. Euro – mehr als die Deutsche Bank und McDonalds zusammen.

Vor allem drei Probleme erschweren die Bekämpfung der Mafia in Deutschland. Das erste Problem betrifft die eingeschränkten Möglichkeiten der Vermögensabschöpfung bei nachgewiesener Zugehörigkeit zu einer kriminellen Vereinigung nach § 129 StGB. Denn um sein Vermögen zu beschlagnahmen, muss ein deutscher Staatsanwalt bis heute einem überführten Mafioso akribisch einzeln nachweisen, dass der Ferrari, die Villa und der Diamantenschmuck jeweils mit Geldern aus konkreten Straftaten erworben wurden. Hält man sich nun vor Augen, dass die Mafia ein ausgeklügeltes, weltumspannendes Geldwäschesystem nutzt, das für eine Geldwäscheoperation ca. 90 Banktransfers vorsieht, dann wird die Aussichtslosigkeit einer Beschlagnahmung in Deutschland offenbar. Gelingt die Abschöpfung des Mafiageldes aber nicht, dann wandert der Mafioso ein paar Jahre hinter Gitter und kann danach schlimmstenfalls genau da weitermachen, wo er aufgehört hat. Um diesem Risiko entgegenzuwirken, haben etwa Italien und die USA in Fällen der Organisierten Kriminalität die Beweislastumkehr für die Vermögensabschöpfung eingeführt. Ein verurteilter Mafioso muss dort für jenen Teil seines Vermögens, der nicht in einem angemessenen Verhältnis zu seinen legalen Einkünften steht, die legale Herkunft der Gelder belegen. Andernfalls wird das Vermögen beschlagnahmt. Laut Scarpinato gelang es allein aufgrund dieser Regelung enorme Vermögenswerte der Mafia zu beschlagnahmen. Im Mai 2011 wurden zum Beispiel Vermögenswerte des Polverino-Clans im Wert von insgesamt bis zu 18 Mrd. Euro eingezogen, darunter Grundstücke, Apartments, Villen, Park- und Kaufhäuser, Juwelen und über 200 Fahrzeuge. Nur so lässt sich nach Ansicht des pensionierten Staatsanwaltes und Mafia-Jägers Egbert Bülles die Mafia wirkungsvoll bekämpfen.

Das zweite fundamentale Problem der Geldwäschebekämpfung teilt Deutschland mit Italien. Die sogenannte Eigengeldwäsche ist weder in Deutschland noch Italien gesondert strafbar. Wenn also ein Mafioso eine Straftat etwa im Drogenbereich begeht und den Gewinn anschließend über verschiedene Kniffe und Tricks wäscht, dann kann er nicht für das Rauschgiftdelikt und zugleich für die Geldwäschehandlungen verurteilt werden. Das führt zu insgesamt niedrigeren Gefängnisstrafen auch dann, wenn der Mafioso komplexe

Schritte zur Geldwäsche unternommen haben sollte und somit die Integrität des Rechts-, Wirtschafts- und Finanzsystems – auch anderer Staaten – verletzt hat. Die Länder des *Common Law* sowie andere Staaten wie etwa Belgien und Frankreich haben dies erkannt und ermöglichen die zusätzliche Bestrafung der Eigengeldwäsche.

Das dritte Problem besteht in der Rechtsanwendungspraxis des § 129 StGB zur Zugehörigkeit zu einer kriminellen Vereinigung. Es gibt sehr wenige Verurteilungen aufgrund des «Mafia-Paragraphen», der eine Freiheitsstrafe von maximal fünf Jahren vorsieht. Im Jahr 2012 wurden in Deutschland gerade einmal sieben Personen wegen der Bildung einer kriminellen Vereinigung im In- oder Ausland verurteilt, davon wurden sechs Freiheitsstrafen verhängt, die aber allesamt zur Bewährung ausgesetzt wurden und deren Strafmaß in keinem der Fälle zwei Jahre überstieg. Deutsche Staatsanwälte haben insgesamt neun Personen im Zusammenhang mit der Bildung einer kriminellen Vereinigung angeklagt. In dieser Statistik werden zwar jene Verfahren nicht erfasst, bei denen Angeklagten auch andere Straftaten zur Last gelegt werden, die mit einer höheren Strafe als der Mafiazugehörigkeit geahndet werden können. Dennoch stimmt der Vergleich mit der italienischen Justiz nachdenklich. Allein die mailändische Staatsanwaltschaft hat im Zeitraum von 2010 bis 2012 insgesamt 225 Personen wegen Mafiazugehörigkeit angeklagt. Nimmt man daraus das Jahresmittel, so sind es acht Mal mehr Anklagen einer einzigen italienischen Staatsanwaltschaft im Vergleich zur gesamten deutschen Justiz. Ist die Mafia also hierzulande kaum aktiv?

Ein Beispiel verdeutlicht, dass diese Diskrepanz nicht so einfach als Indiz für eine geringere Mafia-Aktivität hierzulande herangezogen werden sollte – so politisch bequem und opportun diese Interpretation auch sein mag. Um die Weihnachtszeit des Jahres 2007 bekamen mindestens 40 italienische Gastwirte in Berlin ungebeten einen Briefumschlag persönlich überreicht. Ganz klassisch wurden die Gastwirte darin aufgefordert, monatliche «spontane Spenden» – Schutzgeldzahlungen – an den Boten zu überreichen. Grüßen ließ

Mazzarella, ein bekannter Familienname der neapolitanischen Camorra. Durch den Hinweis eines Komplizen leitete die Polizei am 31. Dezember eine Telefonüberwachung ein und nahm den Täter noch vor Mitternacht fest. Zeugenaussagen sowie die Telefonüberwachung an diesem Tag deuteten darauf hin, dass sich der Täter darüber Sorgen machte, seinen Auftraggebern sehr bald Geld überreichen zu müssen und dass er infolgedessen um sein Leben fürchtete. Das deutsche Gericht verurteilte den Italiener aus Rom zwar wegen Schutzgelderpressung und Brandstiftung zu fünf Jahren Haft, bewertete aber die Mafia-Verbindung als erfundene Geschichte. Nicht selten scheut die Justiz die aufwändige Beweisführung in einem Mafia-Prozess und beschränkt sich stattdessen auf leicht zu beweisende Straftaten. Nicht zuletzt sieht dann auch die Statistik über erledigte Verfahren besser aus.

Laut Staatsanwalt Roberto Scarpinato gründet die Mafia gezielt deutsche Gesellschaften zum Zweck der Geldwäsche. Dabei dienen deutsche Bürger als Strohleute, die dafür zwischen 50 000 und 100 000 Euro kassieren. Wegen der geringen Größe dieser Unternehmen müssten diese oft nur eine vereinfachte Buchhaltung führen. Dabei sucht sich die «klassische» Geldwäsche in der Regel bargeldintensive Branchen wie Restaurants, Spielhallen, Autohändler oder den Schrotthandel, und mischt im Schutz der legalen Geschäftsfassade Gelder aus Straftaten in die täglichen Umsätze. Am anderen Ende der Waschstraße stehen dann anscheinend saubere Unternehmensgewinne, die mit der illegalen Quelle der Gelder nicht mehr in Verbindung gebracht werden. Auch bereits existierende Unternehmen werden gerne zur Geldwäsche genutzt, weil sich dann noch leichter als sonst die wahren Eigentümer hinter einer zusätzlichen Schicht ausländischer Briefkastenfirmen verstecken können.

Manche Anwaltskanzlei in Deutschland macht sich die Nachfrage nach bestehenden Firmen zunutze und bietet im Internet fertig gegründete GmbHs und AGs – sogenannte Vorratsgesellschaften – auf Wunsch inklusive Bankkonto gegen eine Bearbeitungsgebühr zwischen 2500 Euro und 5000 Euro feil. Eine Firma etwa warb kürzlich noch damit, wie wunderbar anonym deutsche Unternehmergesellschaften mit Treuhändern ausgestaltet werden können und bot deren Errichtung schon für 2199 Euro an: «Um ihnen ein Höchstmaß an Anonymität für ihre wirtschaftlichen Tätigkeiten innerhalb von Deutschland anbieten zu können, haben wir speziell für Sie das Paket UG haftungsbeschränkt in Volltreuhandschaft entwickelt», zitiert die Welt in einem Artikel vom August 2014 deren Internetseite. Inzwischen wurde diese Passage gelöscht, die Firma rät nun vielmehr von der Gründung von Unternehmergesellschaften ab. Zu den Treuhanddiensten heißt es dort jetzt ausdrücklich, dass damit kein Angebot gemeint sei, «das Steuerhinterziehung oder anderen strafbaren Handlungen Vorschub leisten soll».

Nach deutschem Recht gegründete GmbHs und AGs sind für Geldwäscher wegen ihrer Intransparenz und ihrem internationalen Renommee attraktiv. So müssen bei deutschen AGs noch nicht einmal die Aktionäre im Handelsregister veröffentlicht werden, ganz zu schweigen von den wirtschaftlichen Eigentümern. Sogenannte Inhaberaktien ermöglichen es noch immer, dass AGs ihren Besitzer weitgehend im Verborgenen wechseln können, wobei lediglich das Finanzamt über die Aktionäre mit mindestens einem Prozent Anteilsbesitz informiert werden muss – theoretisch. Bei GmbHs verlangt das deutsche Recht zwar immerhin, dass die Gesellschafter sich im Unternehmensregister zu erkennen geben. Allerdings muss für den Zugriff auf diese Information für jedes einzelne Unternehmen eine Gebühr entrichtet werden, und die Gesellschafter selbst können wiederum Treuhänder und ausländische Gesellschaften sein. Andere Staaten sind hier deutlich weiter, sammeln und veröffentlichen wenigstens die Gesellschafterinformationen für alle Rechtspersonen in Unternehmensregistern (etwa Australien, Italien, Neuseeland, aber auch «Steueroasen» wie Hong Kong, Irland, die Insel Man, Jersey oder Malta). Andere machen die in Unternehmensregistern gesammelten Informationen teilweise als maschinenlesbare Daten und mit offener Lizenz verfügbar (Norwegen, Vereinigtes Königreich), so dass Netzwerkanalysen in Echtzeit möglich werden.

Verglichen damit trägt die deutsche Veröffentlichungspraxis nur spärlich zur Verbrechensprävention bei. Schwerer dürfte jedoch wiegen, dass die wahren Eigentümer hinter ausländischen Gesellschaften vom deutschen Unternehmensregister nicht erfasst werden. So ist es beispielsweise möglich, dass Briefkastenfirmen Gesellschafter einer GmbH werden können. Nur der beurkundende Notar müsste laut Geldwäschegesetz «mit angemessenen Mitteln» versuchen in Erfahrung zu bringen, wer die Eigentümer der Briefkastenfirma sind. Im Ermessen des Notars liegt es, lediglich den Namen einer natürlichen Person ohne weitere Überprüfung oder Dokumentation festzuhalten. Dieser vermeintlich wirtschaftlich Berechtigte darf zwar kein Strohmann sein, aber ein geneigter Notar wird sich hier kaum ein Bein ausreißen und durch zu kritische Nachfragen riskieren, sich ein gutes Geschäft durch die Lappen gehen zu lassen. Eine einzige Geldwäscheverdachtsmeldung wurde 2013 von Notaren abgegeben, 2012 waren es drei.

Dass die Nutzung verschachtelter Firmenkonstruktionen ein Charakteristikum fast aller großen Korruptionsfälle ist, verdeutlichte eine gemeinsame Studie der Vereinten Nationen und der Weltbank aus dem Jahr 2011. Von den 213 in Gerichtsprozessen aus 80 Ländern dokumentierten Fällen von Korruption großen Ausmaßes wurde in 150 Fällen ein Dickicht aus Firmen und anderen Rechtspersonen zur Verschleierung der wahren Eigentümer genutzt. Bei diesen näher analysierten 150 Fällen erreichte der finanzielle Schaden ein Gesamtvolumen von 56 Mrd. US-Dollar, in 68 Fällen war der Schaden größer als 20 Mio. US-Dollar. Zur Verschleierung der Transaktionen und der anschließenden Geldwäsche wurden insgesamt 593 Firmen, 43 Trusts, 40 Stiftungen und 9 Personengesellschaften genutzt.

Die in Unternehmensregistern gesammelten Daten reichen unter den Vorzeichen einer globalisierten Wirtschaft und freiem Kapitalverkehr bei weitem nicht mehr aus, um dem Missbrauch von Firmen wirkungsvoll vorzubeugen. Diese Einschätzung wird von einer ganzen Schwemme an Berichten und Empfehlungen internationaler Organisationen gestützt, wie etwa der Weltbank, der Vereinten Nationen, der Europäischen Union und der OECD. Noch beschämender als Deutschlands knausriger Umgang mit den (dürftigen) Datenbeständen im Unternehmensregister ist vor diesem Hintergrund, dass die Bundesregierung wichtigster Bremser bei einem EU-weiten Reformvorhaben war. Im Rahmen der Verhandlungen zur Novellierung der EU-Geldwäscherichtlinie forderten allen voran Großbritannien und Frankreich, dass Daten über die wahren Eigentümer von Briefkastenfirmen öffentlich verfügbar gemacht werden sollen. Während der Verhandlungen 2013/14 führte die Bundesregierung die Gruppe der Transparenzgegner an. Vor allem die schwarzgelbe Regierung schien Argumenten wenig zugänglich zu sein. Aber auch die «GroKo» ließ eine Kehrtwende oder gar ein klares Bekenntnis zu öffentlichen Registern bei den Verhandlungen vermissen. Sie wehrte sich auf EU-Ebene bis zuletzt vehement gegen die Vorschläge zur Veröffentlichung der wahren Firmeneigentümer.

Zum Glück haben sich die anderen EU-Staaten gegenüber Deutschland zumindest teilweise durchsetzen können. Ein zentrales Register der Eigentümer von Firmen und einiger weniger Trusts wird in jedem EU-Mitgliedsstaat verpflichtend eingeführt. Während das Trust-Register vollständig der Öffentlichkeit vorenthalten bleibt, wird bei Vorliegen eines «berechtigten Interesses» immerhin Zugang zum Firmenregister gewährt. Die Datenqualität und die Frage, was ein berechtigtes Interesse ausmacht, dürfte Journalisten, Anwälten und Korruptionsjägern über die nächsten Jahre genug Stoff zum Prozessieren geben.

Die stiefmütterliche Behandlung der Geldwäsche durch die Politik

Schon als die Geldwäscheregeln weltweit aus der Taufe gehoben wurden, hatte es Deutschland mit der Umsetzung nicht sonderlich eilig. Als G7-Mitglied trug die Bundesrepublik zwar 1989 die Entscheidung mit, die Geldwäschebekämpfungsorganisation FATF in Paris ins Leben zu rufen. Auch deren 40 Empfehlungen von 1990 hat sie mit verabschiedet. Doch formulierte Deutschland erst 1992 ein erstes Gesetz zur Strafbarkeit von Geldwäsche aus Rauschgifthandel und Organisierter Kriminalität, und es dauerte nochmals über ein Jahr, bis im Oktober 1993 ein umfassendes Geldwäschegesetz beschlossen wurde. Erst dann wurden Banken und Casinos verpflichtet einen Geldwäscheverdacht anzuzeigen. Drei Jahre lang verstieß Deutschland so gegen eine Empfehlung der FATF, nämlich Banken zu verpflichten oder ihnen wenigstens zu erlauben, im Verdachtsfall eine Meldung an die zuständigen Strafverfolgungsbehörden abzugeben.

Danach unterminierte Deutschland das eigene Geldwäschegesetz, denn man hatte es versäumt, Edelmetallhändler und Casinos einer effektiven Aufsicht zu unterstellen. Weil im deutschen Föderalismus die Bundesländer grundsätzlich Vorrang haben und der Bund keine Regelungskompetenz beansprucht hatte, wachten fortan die Länder über die Einhaltung des Geldwäschegesetzes bei Edelmetallhändlern und Spielbanken. Manche Bundesländer kamen dieser Pflicht zumindest auf dem Papier nach und führten eine Aufsicht ein. Wie diese in der Praxis aussehen konnte, veranschaulicht der Geldwäsche-Sachverständige Andreas Frank: «Im Jahr 2000 sprach ich mit dem für Glückspiel zuständigen Beamten im Regierungspräsidium eines Bundeslandes, in dem damals drei Casinos betrieben wurden. Auf die Geldwäscheaufsicht angesprochen antwortete dieser, dass er noch nie eine Spielbank von innen gesehen habe und maximal ein Zehntel seiner Zeit für die Aufsicht verwenden könne.»

Andere Länder wie etwa Sachsen-Anhalt hatten auch im Jahr 2010 noch nicht einmal auf dem Papier eine Aufsicht über die Casinos etabliert. Dabei macht sich die Säumigkeit womöglich auch im Geldbeutel der Länder bemerkbar: Im Jahr 2009 nahmen sie durch die Spielbankabgabe geschätzte 800 Mio. Euro ein. Dieser Geldregen dürfte mit ein Grund dafür sein, dass teils erst im Jahr 2010, also 17 Jahre zu spät, Aufsichtsbehörden in allen Ländern aufgebaut wurden und so ein gesetzeswidriger Umstand beseitigt wurde. Wäre gründlicher hingesehen worden, hätte so mancher Kunde die Casinos wohl eher gemieden – zum Nachteil der Landeskassen.

Dieser Mangel an Aufsicht blieb nicht ohne Folgen: Das Casino Baden-Badens etwa bot im Jahr 2000 seinen Besuchern besondere, aber fragwürdige Dienstleistungen an. So war es etwa möglich, Bargeld auf ein Depot im Casino einzuzahlen und dieses dann über die Sparkassenfiliale in Baden-Baden auf andere Konten weiterzuleiten. Umgekehrt war es ebenso möglich, Gelder anonym über das reguläre Zahlungssystem direkt auf die Depots der Spielbank im Casino einzuzahlen. Im Selbstversuch zeigte eine Frau, dass sie in der Spielbank ein Depot eröffnen, 20 000 DM in bar einzahlen und kurz darauf über 35 000 DM aus der Schweiz auf das Depot überweisen lassen konnte, ohne dass die Spielbank Fragen zum Ursprung des Geldes gestellt oder eine Verdachtsanzeige abgegeben hätte – und das, obwohl bei der Überweisung aus der Schweiz sogar die Absenderinformation gefehlt hatte. Ohne jemals gespielt zu haben, wies die vermeintliche Kundin dann keine drei Wochen später die Spielbank an, die 55 000 DM über die Sparkasse Baden-Baden auf das Konto einer anderen Bank zu überweisen – was diese ohne Beanstandung auch tat. Wenngleich dieser krasse Missstand behoben wurde, lässt sich daran erkennen, wie leicht es gewesen sein muss, Gelder aus Straftaten so aussehen zu lassen als seien sie legale, in Deutschland steuerfrei gestellte Glücksspielgewinne.

Die Missstände bei der Aufsicht wurden auch 2001 nicht beseitigt, als eine EU-Richtlinie neben Spielbanken noch andere Wirtschaftsakteure zu Präventivmaßnahmen verpflichtete. Im Gegenteil: Man übertrug den Zustand faktisch nicht vorhandener Aufsicht auf Länderebene vom Spielbankenbereich schlicht auf die neu vom Gesetz abgedeckten Branchen der Immobilienmakler, Wirtschaftsprüfer, Steuerberater, Notare und Rechtsanwälte, sowie Händler von Luxusgütern bei Beträgen über 15 000 Euro. Als es der EU-Kommission 2005 zu bunt wurde, leitete sie wegen dieser Versäumnisse ein Vertragsverletzungsverfahren gegen Deutschland ein. Doch erst, nachdem 2009 ein weiteres solches Verfahren gegen Deutschland zustande gekommen war, begannen Aufsichtsbehörden

2010 ihre Arbeit auf Länderebene aufzunehmen. Das zuständige Geldwäschereferat im Bundesfinanzministerium wurde im Vorfeld in einem internen Schreiben sehr deutlich: «Insgesamt wird die Einhaltung der Standards gegen Geldwäsche und Terrorismusfinanzierung auf Landesebene seitens des Bundesministeriums der Finanzen als sehr kritisch eingeschätzt. [… Es] wird davon ausgegangen, dass in kaum einem der 16 Bundesländer eine zuständige Aufsichtsbehörde bestimmt wurde. Daher besteht insoweit keinerlei Aufsicht über die Einhaltung der geldwäscherechtlichen Sorgfaltspflichten.» Bis Januar 2011 aber waren die Versäumnisse offenbar noch nicht überall beseitigt. Denn da drohte die EU-Kommission öffentlich wegen andauernder Versäumnisse bei der Benennung der Aufsichtsbehörden zweier Bundesländer ein drittes Vertragsverletzungsverfahren gegen Deutschland anzustrengen.

Schon 1998 berichtete der Spiegel von gravierenden Mängeln in der Geldwäschebekämpfung in Deutschland. Das BKA monierte in einer Schwachstellenanalyse im Juni 1998, dass die Banken am Bankschalter vor allem Laufkundschaft ausländischer Herkunft und Männer im Alter zwischen 20 und 50 Jahren als Risikogruppe einschätzen würden. In der Folge orientierten sich Überprüfungen zu sehr an fragwürdigen Klischees und gingen oft an der Realität vorbei. Der Spiegel-Artikel folgte auf die Ohrfeige der FATF, die im Februar 1998 bei der ersten Effektivitätsprüfung der deutschen Geldwäscheprävention ein bescheidenes Zeugnis ausstellte: Die deutsche Geldwäsche-Fahndung sei aufwändig und ineffektiv. In einem Bericht des US-Außenministeriums vom Jahr zuvor tauchte Deutschland auf der Schwarzen Liste der Geldwäscheländer neben Hong Kong und Aruba auf.

Die geringe Priorität, welche die deutsche Politik der Geldwäschebekämpfung einräumt, lässt sich auch an der Umsetzungsgeschwindigkeit der dritten Geldwäscherichtlinie der EU ablesen. Von der EU am 26. Oktober 2005 verabschiedet, hätte das entsprechende Gesetz spätestens zum 15. Dezember 2007 umgesetzt werden müssen. Deutschland brauchte aber beinahe drei volle Jahre, bis es am 21. August 2008 mit acht

Monaten Verzug in Kraft trat. Aber selbst dann blieb die Ausführung schlampig. Die EU-Kommission leitete 2011 nur deshalb kein weiteres Vertragsverletzungsverfahren gegen Deutschland ein, weil faktisch alle EU-Staaten die Geldwäschegesetze nicht ordentlich umsetzen. Die EU-Kommission entschied sich damals grundsätzlich, nicht mehr gegen einen EU-Mitgliedsstaat wegen Verstößen bei der Umsetzung von Geldwäscherichtlinien vorzugehen, so lange die Übersetzung des Richtlinientextes in nationales Recht nicht zu beanstanden ist. Dass Aufsichtsbehörden faktisch unzureichend ausgestattet und nicht in der Lage sind, ihre Aufgaben zu erfüllen, interessiert die EU-Kommission zumindest inoffiziell nicht mehr. Rechtlich gesehen befindet sich die EU-Kommission hier in einem Spannungsfeld, denn einerseits muss sie gemäß Artikel 17 des EU-Vertrags als Hüterin der EU-Verträge auftreten. Andererseits aber sind gemäß dem Subsidiaritätsprinzip nur jene Funktionen der EU zu übertragen, die von keiner anderen untergeordneten Stelle geleistet werden können. In aller Regel fällt damit die Aufsicht über die Umsetzung und Einhaltung von Gesetzen unter die nationalstaatliche Hoheit, nicht aber in den Aufgabenbereich der EU.

Welche Probleme diese Auffassung jedoch besonders im Geldwäschebereich mit sich bringt, lässt sich am Beispiel Zyperns gut beobachten. In der rein rechtlichen Bewertung der Geldwäschegesetze schnitt Zypern laut FATF im Jahr 2007 besser ab als Deutschland. Gleichzeitig sind sich aber die meisten Beobachter darin einig, dass diese Gesetze in Zypern extrem nachlässig umgesetzt werden und die Aufsicht versagt. Beispielsweise ist der systematische Gebrauch zypriotischer Briefkastenfirmen zur Verschleierung korrupter Gelder aus Russland wissenschaftlich nachgewiesen worden. Bei Ermittlungen aus Ländern wie Deutschland, etwa des Bundeskriminalamtes, sickert schon mal vorab eine Warnung von der zypriotischen Polizei an Anwaltskanzleien durch, bevor es zu Durchsuchungen kommt. Belastendes Material kann so bequem beiseite geschafft werden. Ein Foto norwegischer Journalisten aus dem Unternehmensregister in Zypern erinnert eher an einen Messi-Haushalt als an eine öffentliche Registratur. Es zeigt wie die Angestellten in meterhohen Stapeln losen Papiers ertrinken – Akten, die eigentlich öffentlich einsehbar sein sollten.

Auch in Deutschland sind die Probleme bis heute nicht gelöst. Die Aufsicht über die Einhaltung der Geldwäscheprävention im Nicht-Finanzsektor bleibt stümperhaft. Nachdem jedes Bundesland nach Gutdünken Aufsichtsbehörden auserkoren hat, entstand nach der Beobachtung von Andreas Frank, dem Geldwäsche-Sachverständigen, ein undurchdringlicher Behördendschungel: «Wegen der unsystematischen und willkürlichen Benennung der Aufsichtsbehörden liegt die Anzahl der geldwäscherechtlichen Aufsichtsbehörden der Länder bei weit über hundert. Wegen fehlender Transparenz kann die genaue Anzahl nicht bestimmt werden.» Das mag abenteuerlich klingen, doch es wird noch skurriler. Neben Bezirksregierungen, Landesverwaltungsämtern und Regierungspräsidien sind mancherorts auch die Kommunen verpflichtet worden. Für Aufsehen sorgte eine Standesbeamtin aus Schleswig-Holstein, die bis dahin für Sterbefälle und Geburten zuständig war, und nun Geldwäsche bekämpfen sollte. Nach einer Sendung des Politmagazins Monitor wurde die Zuständigkeit in Schleswig-Holstein rasch dem Wirtschaftsministerium übertragen.

Es wäre jedoch zu bequem, die alleinige Verantwortung für Pleiten, Pech und Pannen bei der Geldwäschebekämpfung allein den Bundesländern oder Beamten im Finanzministerium (BMF) in die Schuhe zu schieben. Denn die Personalausstattung dort zeugt von geringer politischer Rückendeckung. Im BMF kümmert sich noch nicht einmal ein eigenes Referat um die Geldwäscheprävention. Denn das Referat VII A 3 ist neben der Geldwäsche auch für alle anderen Formen der Finanzkriminalität sowie den Zahlungsverkehr zuständig. Im Jahr 2005 wurde die Zahl der Mitarbeiter von zehn auf fünf halbiert, mittlerweile liegt sie bei sieben Personen. Auch als Anfang 2011 die Federführung vom Innen- ans Finanzministerium übertragen wurde, änderte sich die Personalausstattung vorerst nicht. Erst im Rahmen einer «Aufgabenkritik» zur Überprüfung der Personalausstattung, die das Finanzministerium im August 2012 begann, wurde dem Referat ein weiterer Dienstposten für den höheren Dienst zur Verfügung gestellt.

Angesichts der stetig wachsenden Komplexität internationaler politischer Prozesse zur Geldwäscheprävention und der massiven Ausweitung des Regelwerks überrascht eine solch dünne Personaldecke, besonders deren drastische Reduzierung nach 2004. Für Anwendungs- und Ausführungsbestimmungen zur Geldwäscheprävention im Nicht-Finanzsektor bleibt so keine Zeit. Allein die Fachaufsicht über die entsprechenden Bafin-Aktivitäten bei annähernd 2000 Finanzinstituten dürfte mit dieser Personaldecke nicht zu leisten sein – ganz zu schweigen von strategischen Analysen und Initiativen oder der Repräsentation auf internationaler Ebene. Auch die völkerrechtlich versprochene Gewährleistung einer korrekten Rechtsumsetzung und -anwendung der Geldwäscheprävention bis hinunter auf Landesebene fällt in die Verantwortlichkeit dieses Referats. Was fünf Referenten gegen Geldwäsche in einem gigantisch großen Finanzplatz wie dem deutschen und mit einer in über 100 verschiedene Behörden zersplitterten Aufsicht ausrichten sollen, bleibt das Geheimnis des Ministers.

Von politischer Rückendeckung ist indessen herzlich wenig zu spüren. Von Geldwäsche sprach Wolfgang Schäuble öffentlich höchstens im Zusammenhang mit Zypern – ansonsten schweigt er zu diesem Thema. Bei einer Besprechung im BMF Ende 2011 wusste Herr Schäuble noch nicht einmal, ob sein Ministerium für Geldwäscheprävention überhaupt zuständig sei, geschweige denn wer dies in seinem Hause abdecke. Während eines Großteils der Zeit, in der Versäumnisse bei der Geldwäscheprävention zu verschiedenen Vertragsverletzungsverfahren gegen Deutschland führten, war Schäuble politisch verantwortlich, zunächst als Innenminister (2005–2009), dann als Finanzminister (ab 2009, und BMF federführend ab 2011).

Aber das Finanzministerium ist auf Bundesebene nicht allein bei der Geldwäschebekämpfung. Das Innenministerium ist mit seiner Fachaufsicht über das Bundeskriminalamt sowie den Verfassungsschutz ebenso an der Abwehr von Organisierter Kriminalität und Geldwäsche beteiligt. Laut Andreas Frank, der die deutsche Geldwäschebekämpfung seit vielen Jahren kritisch beobachtet hat, dürfte bei der Säumigkeit Deutschlands zwischen 2008 und 2011 neben Schäuble noch eine weitere Personalie eine wichtige Rolle gespielt haben. Bevor Gerhard Schindler Ende 2011 Präsident des Bundesnachrichtendienstes wurde, war er im Innenministerium Leiter der damals neugeschaffenen Abteilung «Öffentliche Sicherheit», zu deren Aufgaben es zählte, die verschiedenen Anstrengungen Deutschlands im Kampf gegen Organisierte Kriminalität und Geldwäsche zu koordinieren und zu beaufsichtigen. In diesen Zeitraum fielen diverse Versäumnisse Deutschlands bei der Geldwäschebekämpfung, die 2011 in der erneuten Androhung eines Vertragsverletzungsverfahrens durch die EU-Kommission gipfelten. Als Schindler schließlich an die Spitze des BND wechselte, dauerte es laut Frank nicht lange, bis sich der Fokus der Abteilung «Internationaler Terrorismus und Organisierte Kriminalität (TE)» des BND sichtbar änderte und die entsprechende Website umformuliert wurde. Während auf der alten Website die Organisierte Kriminalität und der Terrorismus als gleichwertige Bedrohungen genannt waren, fand auf der neuen Version eine klare Schwerpunktsetzung auf die Terrorismusabwehr statt. Der Kampf gegen das Organisierte Verbrechen wurde zum nachrangigen Ziel erklärt. Laut Frank stellt diese Neuausrichtung des BND nur eine logische Folge der Präsidentschaft Schindlers dar, «der sich während seiner ganzen Karriere mit Terrorismus beschäftigt und die ernsthaften Bedrohungen aus Organisierter Kriminalität und Geldwäsche vernachlässigt hat». Jedoch legt die deutsche Regierung nicht nur bei der Geldwäsche keinen erkennbaren Ehrgeiz an den Tag. Auch die Unternehmensgewinne werden auffällig geschont.

4. Die Steuertricks der Konzerne

Für das Geschäftsjahr 2010/11 zahlte Apple in Deutschland nur 5,3 Mio. Euro Ertragssteuern. Wie ist das möglich, wo der US-Konzern in diesem Zeitraum laut Branchenexperten weit über eine Milliarde Euro mit dem Verkauf verschiedener hipper Geräte in Deutschland verdient haben dürfte? Wenn Apple auf diese Milliarde Euro die normale Unternehmenssteuer entrichtet hätte, dann wären weit über 250 Mio. Euro zusätzlich fällig geworden. Damit könnten die jährlichen Personalkosten für über 5300 zusätzliche Erzieher, 3300 Betriebsprüfer oder fast 6000 Krankenschwestern gedeckt werden.

Das Kuriose an diesem Fall ist freilich, dass Apple nachweislich gegen keinerlei Steuergesetze verstößt. Besonders auf internationaler Ebene machte der Konzern wegen seiner ausgeklügelten Steuerstrategie von sich reden. Ein Untersuchungsausschuss des US-Senats hat seine Tricks unter die Lupe genommen und sogar den Konzernchef Tim Cook zum *grilling*, einer Art Kreuzverhör, vorgeladen. In diesem bescheinigten die Senatoren Apples Steuerstrategie einmalige Dreistigkeit, Senator Carl Levin sagte, das Unternehmen habe den «heiligen Gral der Steuervermeidung gefunden». Dieser Kelch ist gut gefüllt: Nur 1,8 % Steuern bezahlte Apple 2011 auf die gesamten, außerhalb der USA erwirtschafteten Gewinne. Die Steuerakrobatik gipfelte in einer irischen Gesellschaft, der es gelungen war, nirgends Steuern zu zahlen. Diese Tochtergesellschaft siedelte in bis dato unbekannten steuerlichen Gefilden, einem Niemandsland zwischen Irland und den USA. Über 30 Mrd. US-Dollar steuerfreie Gewinne machte allein diese irische Tochtergesellschaft zwischen 2009 und 2011.

Geglückt ist dieser bisher einmalige Kunstgriff unter Ausnutzung der Besonderheiten des US-amerikanischen und des irischen Steuerrechts, genauer: den Regeln zur Bestimmung des steuerlichen Wohnsitzes eines Unternehmens. Während das irische Steuerrecht den steuerlichen Wohnsitz strikt anhand des Ortes bestimmt, wo sich die Geschäftsleitung befindet, definiert das US-Steuerrecht nur jene Unternehmen als steuerpflichtig, die nach US-Recht gegründet werden. Apple gründete also eine irische Briefkastengesellschaft und sorgte dafür, dass die Vorstandsmitglieder ihren Wohnsitz überwiegend in den USA hatten und dort die meisten Vorstandssitzungen abgehalten wurden. Somit schlängelte sich diese Tochtergesellschaft geschickt zwischen den Steuerparagraphen beider Staaten hindurch. Auch andere Apple-Gesellschaften in Irland nutzten diesen und weitere Tricks. Das Gesamtergebnis ist beeindruckend: Obwohl Apple mit Kunden in Irland 2011 nur 1 % des gesamten Umsatzes machte und nur 4 % seiner weltweiten Angestellten dort beschäftigte, erwirtschafteten die fleißigen irischen Töchter 64 % des gesamten Konzerngewinns.

Doch der Steuersparerfolg Apples ist auch ein Pyrrhus-Sieg. Das US-Steuerrecht nämlich fordert eine Nachbesteuerung ausländischer Gewinne in den USA, falls diese im Ausland vergleichsweise geringer besteuert wurden. Allerdings greift diese Nachbesteuerung nur dann, wenn das Geld an Konzernteile in den USA überwiesen wird, etwa um es an Aktionäre auszuschütten. Weil Apple diese Steuernachzahlung verhindern möchte, hat das Unternehmen einen gigantischen Geldberg außerhalb der USA aufgetürmt. Sage und schreibe 54 Mrd. US-Dollar waren im Jahr 2013 «offshore» und konnten nicht in die USA gebracht werden, ohne saftige 35 % Steuern zu bezahlen. Und dies, so versicherte Apple-Chef Tim Cook, sei den Aktionären schlichtweg nicht zuzumuten. Er lamentierte, dass das US-Steuersystem US-Konzerne gegenüber Konkurrenten benachteilige. Deshalb plädierte er beim *grilling* für eine «radikale Reform» der Besteuerung von Auslandsgewinnen und versprach, dass Apple bei einem «vernünftigen Steuersatz» sein Geld wieder in die USA holen würde.

Unterdessen liegt das Geld aber nicht ganz nutzlos brach. Einen Teil verwendete Apple bisher für die Unternehmensexpansion im Ausland, wie etwa in Europa. Weil die Aktionäre aber dennoch eine ordentliche Dividende erwarten, begann

Apple 2013 Schulden zu machen und nutzt den Offshore-Geldspeicher als Sicherheit. In drei Jahren will Apple so 60 Mrd. US-Dollar durch die Ausgabe von Unternehmensanleihen einnehmen, aus denen dann die Dividenden bezahlt werden können. Natürlich muss das Unternehmen auf die aufgenommenen Schulden Zinsen bezahlen, die in Zukunft steuermindernd als Betriebsausgabe geltend gemacht werden dürften. Ein perfektes System zum Vermehren von Geld, das «unvernünftigen Steuersätzen» die kalte Schulter zeigt.

Apple ist jedoch mitnichten Einzelkind in der Großfamilie steuertricksender US-Konzerne. Der Offshore-Geldberg aller US-Firmen hat sich zwischen 2008 und 2013 auf 2,1 Billionen US-Dollar fast verdoppelt. Und die Meinung Tim Cooks zur Vernünftigkeit von Steuersätzen ist bei seinen Kollegen von Adobe, Google, Microsoft und Pfizer nicht nur salon-, sondern auch lobbyfähig. Unter Apples Führung gründeten diese neben anderen US-Konzernen im Jahr 2011 die *WIN America* Kampagne mit dem Ziel eines einmaligen Steuerrabatts für die Rückführung von Auslandsgewinnen. Schon 2004 wurde unter US-Präsident Bush eine solche Rabattaktion durchgeführt, bei der statt 35 % nur 5 % Steuern gezahlt werden sollten. Das damalige Versprechen der Unternehmen damit Arbeitsplätze zu schaffen, wurde jedoch nicht eingehalten. Im Jahr direkt nach der Rabattaktion strichen einige der Unternehmen zehntausende Stellen oder führten teure Aktienrückkaufprogramme durch, über die sich Eigentümer und Manager im Gegensatz zu Arbeitnehmern freuen durften. Der jüngste Versuch von *WIN Amercia* diesen Rabatt zu wiederholen, rief im Jahr 2011 eine Gegenkampagne verschiedener sozialer Bewegungen in den USA auf den Plan. Im Schatten der Schuldenberge und der Finanzkrise gelang es, die Lobbymaschine zu stoppen. Schließlich löste sich die Lobbykoalition im April 2012 in Luft auf. Von der Website fehlt heute jede Spur. Die Äußerungen des Apple-Chefs ein Jahr darauf verdeutlichen aber, dass sich an der Agenda wenig geändert hat – offene Lobbykampagne hin oder her.

Wieso aber besteuert Deutschland nicht den Gewinn von Apple, den das Unternehmen im Geschäft mit in Deutschland ansässigen Kunden macht? Um die Gewinne aus Apples Produktverkäufen in Deutschland besteuern zu können, müssten die Erträge bei einer inländischen Tochtergesellschaft oder Betriebsstätte einer ausländischen Gesellschaft in Deutschland anfallen. Das schreiben die internationalen Steuerregeln vor, die von der OECD gestaltet werden. Wer bei Apple im Internet von Deutschland aus bestellt, erhält die Rechnung aus Irland. Eine deutsche Rechtsperson oder Betriebsstätte ist deshalb erstmal nicht am Geschäft beteiligt.

In Deutschland werden lediglich zwei Tochtergesellschaften des Apple-Konzerns besteuert. Die sieben Apple-Stores in Deutschland gehören zur Apple Retail Germany GmbH, die seit Bestehen nur Verluste ausgewiesen hat und darum keine Ertragssteuern bezahlt. Während sich der ausgewiesene Umsatz der GmbH auf 268 Mio. Euro im Jahr 2012 erhöht hat – eine Steigerung um beinahe 100 Mio. Euro zum Vorjahr –, verfünffachte sich der Jahresfehlbetrag. Die zweite Rechtsperson Apples in Deutschland, die Apple GmbH, leistet laut Bundesanzeiger «Verkaufsunterstützungs- und Marketingdienstleistungen» sowie «F[orschungs]&E[ntwicklungs]-Tätigkeiten zur Entwicklung von Computerprogrammen und Forschung im Bereich Medien und Kommunikation». Mit diesen Tätigkeiten machte Apple knapp 72 Mio. Euro Umsatz und erwirtschaftete 28 Mio. Euro Gewinn in Deutschland. Davon führte die GmbH für das Geschäftsjahr 2011/12 ca. 9 Mio. Euro an Ertragssteuern an den deutschen Fiskus ab. Die übrigen Milliardenumsätze mit deutschen Kunden aber tauchen in keinem deutschen Jahresabschluss auf, denn die Verkäufe werden rein rechtlich an diesen Tochtergesellschaften vorbei abgewickelt. Die Reaktion des deutschen Finanzministeriums? Man gibt sich einerseits energisch, andererseits auch hilflos, denn schließlich könne man das Problem allein auf internationaler Ebene in den Griff bekommen. Die 2013 gestartete Initiative der OECD zur Bekämpfung der Verschiebung der Steuerbasis, kurz BEPS (*base erosion and profit shifting*) soll es richten. Ob es in diesem Rahmen eine effektive Lösung geben kann, ist allerdings ungewiss.

Das Geschäft vorbei an Tochtergesellschaften und ohne Betriebsstätte hat ein anderer US-Konzern perfektioniert: Amazon verkaufte seine Bücher, CDs, DVDs und alle möglichen Geräte mindestens bis 30. April 2015 über eine Gesellschaft mit Sitz in Luxemburg. Obwohl jeder Kunde, der auf Amazon.de bestellt, eine Website in deutscher Sprache findet und mit Bankeinzug über ein deutsches Konto bequem bezahlen kann, wurde das Geschäft rein rechtlich mit der Amazon EU S.à.r.l. abgeschlossen, einer Luxemburger Gesellschaft. Wirtschaftsprüfungsgesellschaften vertreten den Standpunkt, dass ein Kaufvertrag, den ein Kunde im Internet etwa mit Amazon abschließt, in jenem Land geschlossen wurde, in welchem der Server mit der Website steht. Dies sei der Fall, selbst wenn die Website die Endung «.de» haben sollte, und ungeachtet der Tatsache, dass sich kein Kunde je über die Grenze bewegt und nur im Kleingedruckten etwas über den rein rechtlichen Ort des Vertragsabschlusses erfährt.

Deutsche Kunden bestellten bei Amazon im Jahr 2012 Waren im Wert von ca. 6,7 Mrd. Euro – das geht aus dem Konzernabschluss hervor, den der Mutterkonzern der US-Börsenaufsicht vorlegen muss. Um die Kunden zeitnah beliefern zu können, befanden sich auf deutschem Boden im Jahr 2015 neun sogenannte «Logistikzentren». Die über Luxemburg abgerechneten Bestellungen werden in Deutschland bearbeitet und ausgeliefert. Amazon beschäftigt in den Auslieferungszentren in Deutschland nach eigenen Angaben im Jahr 2015 über 10000 Vollzeitmitarbeiter. Ein Blick in die Jahresabschlüsse der acht im deutschen Handelsregister eingetragenen Amazon-GmbHs zeigt, dass im Jahr 2012 hierzulande sogar 13775 Personen in Vollzeit angestellt waren.

Doch das Unternehmen wirft auf dem Papier in Deutschland nicht gerade viel ab. Bei einem ausgewiesenen Umsatz von gerade einmal knapp 600 Mio. Euro bleiben nur 36 Mio. Euro Jahresüberschuss hier hängen, Ertragssteuern bezahlt Amazon in Deutschland in Höhe von knapp 10 Mio. Euro. Der eigentliche Reibach aus dem An- und Verkauf von Waren freilich wird hier weder ersichtlich noch besteuert. Aus den oben genannten Zahlen lässt sich eine Gewinnmarge von 6% auf den Umsatz der Auslieferungslager ableiten. Wenn man diese Marge auf den gesamten mit deutschen Kunden gemachten Umsatz von ca. 6,7 Mrd. Euro anwenden würde, dann käme man auf einen Ertrag von circa 402 Mio. Euro. Bei 30 % Ertragssteuer würden in Deutschland ca. 121 Mio. Euro Steuern fällig. Somit besteht eine Steuerlücke von ca. 111 Mio. Euro. Das ist mehr als der Bund jährlich für das Bundesverfassungsgericht, den Bundesrat und das Bundespräsidialamt zusammen ausgibt.

Auch wenn man sich die gemeinsame Konzernmutter aller deutschen Amazon-GmbHs, die Amazon EU S.à.r.l Luxemburg näher anschaut, bleibt vieles im Dunkeln. Die verschachtelte Konzernstruktur und mangelhafte Offenlegungspflichten verhindern, dass alle Details bekannt werden. Klar ist, dass die Luxemburger Gesellschaft mit 380 Mitarbeitern Firmenbeteiligungen in vielen Ländern der Erde hält und einen gigantischen Umsatz von ungefähr 12 Mrd. Euro, aber dennoch einen Verlust von 68 Mio. Euro auswies. Bei dieser Lesart dürfte sich der deutsche Fiskus beinahe glücklich schätzen, bei viel geringeren Umsätzen überhaupt in den Genuss eines positiven Ergebnisses und somit von Steuereinnahmen zu kommen.

Der Schein jedoch trügt. Denn Mutter von Amazon EU S.à.r.l Luxemburg ist wiederum eine andere Luxemburger Gesellschaft, die Amazon Europe Holding Technologies SCS, eine Kommanditgesellschaft ohne Mitarbeiter. Sie darf als zentrale Schaltstelle von Amazon außerhalb der USA gelten und verwaltet Firmenbeteiligungen weltweit, vermarktet die wertvollen Patente, Lizenzen und Markennamen Amazons und vergibt außerdem einen großen Kredit an jene defizitäre Konzerntochter in Luxemburg, die Mutter so vieler deutscher GmbHs ist. Auch fließen enorm hohe Lizenzgebühren von der Amazon EU S.à.r.l an die SCS Holding. Dank Luxemburg-Leaks ist bekannt, dass sich diese Zahlung im Jahr 2009 auf 519 Mio. Euro belief und dass über Höhe und Berechnung dieser Lizenzgebührzahlung eine Absprache zwischen Amazon und der Luxemburger Steuerbehörde getroffen wurde.

Als Kommanditgesellschaft unterliegt die SCS-Holding in Luxemburg nicht der Unternehmenssteuer, so dass die ausgewiesenen Gewinne von 118 Mio. Euro steuerfrei bleiben.

Nicht zuletzt deshalb hat die EU-Kommission im Oktober 2014 die Lizenzgebührzahlungen vorläufig als illegale staatliche Beihilfe bewertet. In den Jahren zuvor lagen die steuerfreien Gewinne dieser Holding noch deutlich höher, zwischen 302 und 442 Mio. Euro. Beobachter führen die anscheinend schrumpfenden Gewinne auf eine härtere Gangart des US-Fiskus zurück, der in einer langjährigen Auseinandersetzung von Amazon forderte, einen höheren Anteil seiner Gewinne aus Lizenzgebühren in den USA zu versteuern. So stiegen die jährlich in die USA abgeführten Erträge von 229 Mio. Euro 2011 auf 408 Mio. Euro 2012. Im Umkehrschluss sinken in Luxemburg die Gewinne. Im Ergebnis beschert dieser Mikrokosmos juristischer Winkelzüge Amazon eine durchschnittliche Steuerquote von 5,3 % auf Gewinne außerhalb der USA (im Fünf-Jahres Mittel).

Ein neues Doppelbesteuerungsabkommen zwischen Deutschland und Luxemburg trat am 30. September 2013 in Kraft. Nun könnte man meinen, dass die Bundesregierung alles daran setzt, um diese Art von Steuervermeidung künftig zu unterbinden. Schließlich leidet der einheimische Einzelhandel massiv unter den unfairen Bedingungen im Wettbewerb mit dem Online-Anbieter. Ein Blick in das Abkommen verrät aber, dass von diesem keine Verbesserung zu erwarten ist. Es ist wie die meisten der deutschen Steuerabkommen nach den Vorgaben der OECD ausgestaltet. Das sogenannte OECD-Musterabkommen zur Vermeidung von Doppelbesteuerung gilt als Fundament des internationalen steuerlichen Regelwerks und wird seit 1963 immer wieder aktualisiert. Dieses Musterabkommen zielt darauf ab, zwei Staaten als Verhandlungsgrundlage zu dienen. Heute gibt es weltweit über 3000 solcher Doppelbesteuerungsabkommen. Die letzte Version des OECD-Musters stammt aus dem Jahr 2014. Während der eigentliche Vertragstext nur 21 Seiten umfasst, beinhaltet die «kondensierte Version» des Musterabkommens mit nur einigen rechtlichen Erläuterungen schon 496 Seiten. Die letzte verfügbare Vollversion mit allen Details stammt aus dem Jahr 2010, umfasst sage und schreibe 2134 Seiten und kostet 325 Euro. In diesen Abkommen regeln die Staaten etwa die

Aufteilung von Gewinnen zwischen Mutter- und Tochtergesellschaften oder Niederlassungen, die rechtlich nicht selb-
ständig sind, sondern direkt zum Mutterkonzern gehören.
Die Regeln sind hochkomplex, für Laien kaum nachvollzieh-
bar und erscheinen oft willkürlich.

So berechtigt zum Beispiel nicht jede Niederlassung automatisch zur Besteuerung ihrer Gewinne. Dafür muss die Niederlassung der Definition einer sogenannten Betriebsstätte
genügen. Die Betriebsstätte ist ein noch älteres Konzept der
internationalen Konzernbesteuerung, dessen Wurzeln bis in
die 1930er Jahre zurückreichen, als das Fiskalkomitee des Völkerbundes – des Vorläufers der Vereinten Nationen – erste
Weichen zur internationalen Unternehmensbesteuerung gestellt hatte. Im Artikel 5 des OECD-Abkommens – so auch
im neuen DBA zwischen Luxemburg und Deutschland – gilt
als Betriebsstätte zunächst einmal eine «feste Geschäftsein-
richtung, durch die die Tätigkeit eines Unternehmens ganz
oder teilweise ausgeübt wird». Aber im weiteren Verlauf finden sich verschiedene Ausnahmen, darunter auch eine zu
Auslieferungslagern: «(4) Ungeachtet der vorstehenden Bestimmungen dieses Artikels gelten nicht als Betriebsstätten: a)
Einrichtungen, die ausschließlich zur Lagerung, Ausstellung
oder Auslieferung von Gütern oder Waren des Unternehmens
benutzt werden; [...].»

Zusätzliche Verwirrung entsteht dadurch, dass inländische
Tochtergesellschaften laut OECD-Regelwerk normalerweise
zwar nicht als Betriebsstätte gelten. Unter besonderen Vor-
aussetzungen aber werden sie als sogenannte *dependent agents*
des Mutterkonzerns betrachtet und dann ebenfalls als Be-
triebsstätte behandelt. Wenn eine solche inländische Ge-
sellschaft die Vollmacht hat, im Namen des ausländischen
Mutterkonzerns «Verträge abzuschließen, und übt sie die
Vollmacht dort gewöhnlich aus» (Art. 5.5), dann wird ein
Tochterunternehmen zur Betriebsstätte des ausländischen
Konzerns. Es sei denn, dieser beschränkt seine Tätigkeit im
Inland auf Auslieferungslager und Co., also auf jene Ausnah-
men von der Betriebsstätte, die oben beschrieben wurden.
Weil Deutschland von diesen und ähnlichen Eckpfeilern der

OECD-Musterabkommen im Vertrag mit Luxemburg nicht abweichen wollte, dürften Amazons Erträge aus dem An- und Verkauf von Produkten – das eigentliche Kerngeschäft der Firma – in Deutschland wenn überhaupt nur aufgrund des Wohlwollens von Amazon erfasst werden. Die Ankündigung Amazons, ab Mai 2015 alle Verkäufe an deutsche Kunden einer deutschen Niederlassung der Luxemburger Holding zuzurechnen, könnte die Steuerlücke von 111 Millionen Euro beträchtlich schmälern. Wie viel aber davon Amazon am Ende dem deutschen Finanzamt tatsächlich überweisen wird, dürfte nie bekannt werden. Denn die neue Konstruktion erlaubt es, diese Zahlen nur konsolidiert mit dem gesamten Europageschäft nach Luxemburger Recht zu veröffentlichen, jedoch nicht auf Länderebene. Dazu passt die Strategie Amazons, in bald fünf europäischen Staaten, jedoch nicht anderswo, Verkaufserlöse über Niederlassungen der Luxemburger Holding zu leiten. Die möglichen neuen Steuerkniffe Amazons bleiben also künftig gut vor der Öffentlichkeit versteckt.

Weshalb nun verzichtet Deutschland darauf, die Parameter des Steuerabkommens mit Luxemburg aus dem Jahr 2013 auf den Stand des Internetzeitalters zu bringen? Die erste oberflächliche Antwort besteht im Musterabkommen der OECD. Es wird nicht gerne gesehen und braucht eine ordentliche Portion Entschlossenheit, wenn man von diesen Vorgaben abweichen möchte. Für die zweite Antwort muss man ausgehend von einer Steuerkonferenz im Juni 2013 einige Jahrzehnte zurückschauen.

Der Leiter der Steuerabteilung des Finanzministeriums, Michael Sell, bekannte sich auf dieser Konferenz zum BEPS-Reformprozess der OECD. Aus dem Publikum wurde ihm jedoch eine brisante Frage gestellt: Ob denn in internationalen Foren nur die Steuerregeln der USA, Irlands oder der Niederlande im Kreuzfeuer der Kritik stünden, oder ob es auch an Deutschland Kritik gäbe. Daraufhin gab Michael Sell unumwunden zu, dass Letzteres zuträfe. Viele Länder beklagten, dass deutsche Unternehmen nur in Deutschland produzierten und Steuern bezahlten, aber im Land, das die deutschen Güter importiere, bestenfalls ein Auslieferungslager, aber keine Betriebsstätte unterhielten, so dass dort keine Steuern anfielen. Aber Herr Sell beteuerte, dass Deutschland über diesen Punkt in keinem Fall mit sich verhandeln ließe, weil das eine wichtige Säule der Exportförderung sei. Im April 2015 betonte Herr Sell dann zwar die grundsätzliche Verhandlungsbereitschaft Deutschlands über die Verteilung des Steuerkuchens zwischen Import- und Exportländern. Er präzisierte aber ebenfalls die Grenze der Kompromissbereitschaft: «Die Annahme einer Betriebsstätte ohne materielle Substanz im Importland und eines damit einhergehenden Besteuerungsrechts kann Deutschland als Exportland keinesfalls akzeptieren.» Die Bundesregierung beharrt also deshalb auf einer engen Betriebsstättendefinition, weil diese es umgekehrt deutschen Firmen weltweit ermöglicht, steuerfreie Gewinne zu erzielen und dadurch den Eigentümern, Aktionären und Managern höhere Renditen beschert.

Über die vergangenen Jahrzehnte galt Deutschland bei OECD und Vereinten Nationen als eiserner Verfechter einer sehr engen Definition der Betriebsstätte. Um seine exportorientierten Wirtschaftszweige zu schützen, scheint das deutsche Finanzministerium bereit, viele Staaten gegen sich aufzubringen. Mit Frankreich oder Argentinien etwa herrscht in diesem Punkt eine traditionelle, mehr oder weniger offen ausgetragene Meinungsverschiedenheit. Folgerichtig hat Amazon nicht nur mit den Steuerbehörden von Onkel Sam Ärger, sondern auch mit dem britischen und französischen Fiskus – nicht jedoch mit dem deutschen.

Dass Amazon gleichzeitig mit den Steuerbehörden mehrerer großer Industrienationen Schwierigkeiten hat, offenbart, dass es sich bei der Definition einer Betriebsstätte nicht um eine belanglose juristische Spitzfindigkeit handelt, sondern um eine Regelung, über die internationale Verteilungskonflikte ausgetragen werden und die erhebliche steuerliche Mehr- oder Mindereinnahmen zur Folge haben kann. Schon während der Anfänge des internationalen Steuerrechts, als 1928 die ersten Steuer-Musterabkommen unter der Ägide des Völkerbundes verabschiedet wurden, zeichnete sich der Streit ab. Während kapitalimportierende Staaten (ehemalige Kolonien, Entwicklungsländer) grundsätzlich ein Besteuerungsrecht von Gewinnen der Steuerausländer forderten, bevorzugten die Industriestaaten eher ein Besteuerungsrecht im Herkunftsland der Investitionen. Die tonangebenden Kolonialmächte Europas sorgten dafür, dass ihre Gewinne aus Übersee auch weiterhin vorwiegend in Europa besteuert wurden. Anders als es in den 1920er Jahren etwa in Deutschland, Italien oder Spanien üblich gewesen ist, wurde in den Musterabkommen festgelegt, dass inländische Tochterunternehmen ausländischer Mutterkonzerne keine steuerlichen Betriebsstätten seien, und somit nicht zur Besteuerung berechtigten. Nur Niederlassungen des Konzerns – das heißt rechtlich unselbständige, mit dem Mutterkonzern ganz verschmolzene Wirtschaftstätigkeit – sollten als Betriebsstätte infrage kommen. Damit wurde eine wichtige Weiche für die heutige Gestalt von Konzernen gestellt, einem komplexen Dickicht an Tochter- und Schwesterunternehmen. So lange in einem Land «nur» ein Tochterunternehmen gegründet wurde, sollte in diesem Land lediglich der (leicht manipulierbare) Gewinn der Tochter besteuert, aber nicht die Erträge des Mutter- oder Gesamtkonzerns berücksichtigt werden.

Als die europäischen Großmächte im Zweiten Weltkrieg miteinander kämpften, wurde das Fiskalkomitee des Völkerbundes bei einer Sitzung in Mexiko 1943 von lateinamerikanischen Entwicklungsländern dominiert. Das Ergebnis war ein Entwurf für ein Musterabkommen, welches Entwicklungsländern weitergehende Besteuerungsrechte einräumte. Dieser Entwurf wurde allerdings 1946 – die Vereinten Nationen waren schon gegründet – in einer letzten Sitzung des Fiskalkomitees in London überarbeitet. Diese Sitzung wurde wieder von den alten europäischen Interessen dominiert, und im Ergebnis sah der Londoner Entwurf eine Rückkehr zu stärkeren Besteuerungsrechten im Herkunftsland der Investitionen vor. Im Jahr 1963 schließlich übernahm die OECD in ihrem ersten Steuermusterabkommen weitgehend die Ausrichtung auf die Interessen der Industrieländer.

Über 50 Jahre später rächt sich nun diese kurzsichtige Interessenpolitik. Sie fällt im Zeitalter des Internets dank Apple,

Amazon, Starbucks und Co. der deutschen Wirtschaft, Gesellschaft und den öffentlichen Haushalten auf die Füße. Die Gleichheit bei der Besteuerung ist ein wichtiger Grundsatz des marktwirtschaftlichen Wettbewerbs. Wo sie nicht gewährleistet ist, droht sich das Wirtschaftsgefüge in eine falsche Richtung zu entwickeln. Wenn der Stadtbummel zunehmend vom Klick im Internet abgelöst wird, dann droht der lokale Einzelhandel zu kollabieren. Das Beispiel Amazons verdeutlicht das. Mit einer Steuerquote von 5,3 % können herkömmliche Buch- und CD-Händler auf Dauer nicht konkurrieren. Solche Steuerquoten sind für mittelständische Unternehmen unerreichbar und sorgen dafür, dass statt fairen Wettbewerbs um die besten, innovativsten Produkte und Geschäftsideen zunehmend die Aggressivität in der Steuerstrategie über den Unternehmenserfolg entscheidet.

Wirksame Gegenwehr gegen die dreisten Tricks der Konzerne gibt es bisher nur von Seiten der Endkunden. Beobachten lässt sich dies bei der US-Kette Starbucks. Im Oktober 2012 kam es vor deren Cafés in Großbritannien zu Demonstrationen und tumultartigen Szenen. Auslöser waren Recherchen von Reuters, wonach Starbucks im Vereinigten Königreich in den vorausgehenden 14 Jahren nur 8,6 Mio. Pfund Ertragssteuern gezahlt hatte, bei über 3 Mrd. Pfund Umsatz. Boykottaufrufe in Großbritannien waren die Folge. Am 12. November schließlich wurde Starbucks-Finanzchef Troy Alstead vor den Finanzausschuss des britischen Unterhauses zitiert, neben Managern von Google und Amazon. Dort sahen sie sich dem Vorwurf unmoralischen Steuerverhaltens ausgesetzt.

Besonders drei Tricks nutzte Starbucks zum Steuersparen: Zum einen wurden Lizenzgebühren im Wert von 6 % des gesamten Umsatzes für die Nutzung des Markennamens und für die Konzernsteuerung an eine Holding in den Niederlanden überwiesen. Das heißt 6 % eines jeden Latte Macchiato und Brownie überweist Starbucks an die niederländische Gesellschaft. Normalerweise würden Lizenzgebühren dort mit 6,25 % besteuert. Aber Starbucks gab an, mit den niederländischen Steuerbehörden eine individuelle Sondervereinbarung

getroffen zu haben, die sie auf Wunsch der dortigen Steuerbehörde geheim halte, und die es steuerlich sehr attraktiv
machen würde, diese Geschäfte über die Niederlande abzuwickeln. Nach den Protesten und einer Prüfung der britischen Steuerbehörden kam es zu einer Reduzierung der abgeführten Lizenzgebühren aus Großbritannien auf 4,7% des
Umsatzes.

Der zweite Trick besteht in der Fremdfinanzierung des britischen Starbucks-Geschäftes mithilfe von Krediten der US-
Mutter des Unternehmens. Der Zinssatz für diese konzerninternen Kredite sei «höher als bei allen anderen ähnlichen Krediten», die der Finanzausschuss im britischen Unterhaus je zu
Gesicht bekommen hat. Ein Insider sprach von Zinssätzen
zwischen 10,5 und 13 %. Durch die hohen Zinszahlungen
schrumpft der Gewinn in Großbritannien und schwillt in den
USA an.

Der dritte Trick schließlich funktioniert über die Schweiz.
Dort wickelt Starbucks den Rohstoffeinkauf für seine Rös-
tereien in aller Welt ab. Kaffee wird von einer Schweizer
Starbucks-Gesellschaft in Lausanne am Genfer See überall auf
der Welt billig eingekauft und dann mit einem Gewinnauf-
schlag von 20–100% an die niederländische Rösterei wei-
terverkauft, bevor diese ihn mit einem weiteren Aufschlag an
die britischen Starbucks-Filialen weiterreicht. Die Schweiz
nennt das Transithandel. Die Kaffeebohnen überqueren dabei die Schweizer Landesgrenzen in Wirklichkeit nie, die
Einkaufstransaktionen finden auf dem Papier statt. Die Gewinne aus dem lukrativen Rohstoff-Handelsgeschäft werden
in der Schweiz lediglich mit 12% besteuert. Folgerichtig erwirtschaftet das britische Starbucks-Geschäft so auf dem Papier Verluste, und das Unternehmen zahlt dort auch keine
Steuern.

Anfang Dezember 2012 entschloss sich Starbucks schließlich zu einem ungewöhnlichen Schritt: Das Unternehmen
kündigte an, in Großbritannien künftig freiwillig mehr
Steuern zu bezahlen als nötig. Für 2013 und 2014 würde Starbucks jeweils 10 Mio. Pfund Ertragssteuern bezahlen, auch
wenn das Unternehmen rote Zahlen schreiben sollte. Der

letzte Streich von Starbucks steuerlicher Imagepolitur war die im April 2014 angekündigte Verlegung der Europazentrale von den Niederlanden nach Großbritannien. Offiziell wurde dieser Schritt zwar mit dem Wunsch begründet, näher am wichtigsten europäischen Markt zu sein. Der Schritt führe aber laut Starbucks auch zu steigenden Steuerzahlungen in Großbritannien, während die weltweite Steuerquote dem Europachef Kris Engskov zufolge «relativ neutral» bleiben werde. Anders ausgedrückt bedeutet dies: Während Großbritannien ein wenig mehr vom Kuchen abbekommen soll, werden woanders umso kräftiger Steuern gespart.

In Deutschland nutzt Starbucks die gleichen Kniffe wie in Großbritannien. In den elf bilanzierten Jahren seiner Deutschland-Präsenz seit 2002 hat Starbucks keinen einzigen Euro Ertragssteuer bezahlt. Obwohl das Unternehmen inzwischen 157 deutsche Cafés betreibt und über 650 Mio. Euro Umsatz gemacht hat, weisen die Bilanzen nur Verluste aus. Ohne die Steuerkniffe hätten sich die Gewinne nach Schätzung der Grünen auf jährlich 5–10 Mio. Euro belaufen, mit entsprechenden Steuermehreinnahmen von 1,5–3 Mio. Euro. Warum das Finanzamt bei dieser Bilanz nicht die Gewinnerzielungsabsicht infrage stellt, bleibt ein Rätsel.

Die neuen Jahresabschlüsse für das Jahr 2012 hatte Starbucks erst mit großer Verspätung im Juli 2014 veröffentlicht. Wegen versäumter Offenlegungsfristen musste das Unternehmen laut dem Bundesamt für Justiz in Ordnungsgeldverfahren schon drei Mal jeweils 2500 Euro berappen. Diese Summe dürfte Starbucks wohl aus der Portokasse bezahlen. So lässt es sich also auch weiterhin gut in Deutschland Kaffee verkaufen, ohne dass der Wettbewerb mit lokalen Anbietern allzu sehr schrecken dürfte. Schließlich bezahlt man anders als die Konkurrenz kaum Steuern. Vielleicht auch, weil die heimische Wirtschaft brummt, blieb der Proteststurm in Deutschland aus. Das mag erklären, warum das Unternehmen hierzulande bisher darauf verzichtet hat, die freiwillige Erhöhung seiner Steuerzahlungen öffentlichkeitswirksam zu geloben.

Die fabelhafte Welt der Verrechnungspreise

Aber was unternimmt die Bundesregierung, was unternehmen die Steuerbehörden gegen diese Form der Steuersubvention ausländischer Konzerne? Die Beantwortung der Frage führt uns unweigerlich in die fabelhafte Welt der Verrechnungspreise. Das sind Preise, die verschiedene Teile ein und desselben Konzerns bei Geschäften untereinander berechnen. Weil ein großer Teil des Welthandels heute konzernintern stattfindet und dies bei einem Gesamtvolumen des Welthandels von fast 22 Billionen US-Dollar im Jahr 2011 beträchtliche Ausmaße annimmt, bergen Verrechnungspreise ein großes Missbrauchspotential bei der Unternehmensbesteuerung.

Damit sich Unternehmensteile nicht gegenseitig Fantasiepreise in Rechnung stellen und so ihre Gewinne und Verluste frei um den Planeten verschieben, wendet die Bundesregierung wie alle OECD-Staaten den sogenannten Fremdvergleichsgrundsatz an. Seit 1972 ist er im § 1 des Außensteuergesetzes festgelegt und besagt im Prinzip, dass die Preise bei Geschäften zwischen sich nahestehenden Personen (Unternehmen) jenen Preisen entsprechen müssen, die bei einem Geschäft auf dem freien Markt bezahlt worden wären. Wenn also eine Firma etwa einen Kredit von einer konzerneigenen Finanzierungsgesellschaft aus dem Ausland erhält, dann muss der vereinbarte Zinssatz jenem entsprechen, den diese Firma für einen Kredit bei einer unabhängigen Bank bezahlen würde. Das Beispiel zeigt schon, dass diese Methode keine exakte Wissenschaft ist, sondern erhebliche Spielräume eröffnet. Denn schließlich können die Zinskonditionen für ein und denselben Kredit je nach Bank, Zeitpunkt und Art der Geschäftsbeziehung erheblich variieren.

Diese Problematik wächst mit der Komplexität der gehandelten Produkte und Dienstleistungen bis hin zur weitgehenden Willkürlichkeit zulässiger Verrechnungspreise und der resultierenden Besteuerung. In den allermeisten Fällen konzerninterner Geschäfte gibt es heute nämlich keine vergleichbaren Marktpreise, weil die Produkte, etwa fabrikneue Motoren eines Autoherstellers, nirgends auf dem freien Markt gehandelt werden. In diesen Fällen kommen mehrere andere Behelfsmethoden zum Einsatz, die letztlich alle darauf abzielen, vergleichbare Produkte oder Unternehmen zu finden oder zu simulieren. Aus diesen Vergleichen soll eine Bandbreite der zulässigen Preise erstellt werden. Im Regelfall aber, wo es nur «eingeschränkt vergleichbare Werte» (AStG § 1.3) gibt, also etwa die Preise von Motoren anderer Hersteller oder älterer Fabrikate bekannt sind, wird die vorgefundene Bandbreite weiter eingeengt. Dies wird üblicherweise durch das Abschneiden der jeweils 25 % höchsten und niedrigsten Preise erreicht. Das hört sich zunächst einmal sehr wissenschaftlich an, sorgt aber in der Praxis für große Probleme.

Mit dem Wortungetüm «Gewinnabgrenzungsaufzeichnungsverordnung» wurden in Deutschland im Jahr 2003 umfangreiche Dokumentationspflichten über die verwendeten Behelfsmethoden und Vergleichswerte eingeführt. Dies führt zu einer immensen Papierflut zweifelhafter Qualität, von der die Finanzämter überschwemmt werden. In den meisten Fällen enthielten die ellenlangen Anhänge dort, wo aussagekräftige Vergleiche gezogen werden sollten, nur nutzlose Ergebnisse einer *copy-and-paste*-Übung von Praktikanten, die sich bei öffentlich zugänglichen Gesetzestexten oder Jahresabschlüssen bedienten. Das sagt Michael Durst, ein ehemaliger Abteilungsleiter bei der US-Steuerbehörde IRS.

Durst sprach bei einer Konferenz des Max-Planck-Instituts in München im Jahr 2010 und schilderte dort, dass seiner Erfahrung nach wenn überhaupt nur zwischen vier und neun vergleichbare Fälle gefunden werden. Wegen der geringen Fallzahlen wären die resultierenden, nochmals eingeschränkten Preisspannen oft so breit, dass sie «nutzlos für eine praktische Aufgabe wie die der Steuerverwaltung» seien. So übertreffen seinem Erfahrungsschatz nach die höchsten Preise der eingeschränkten Bandbreite die niedrigsten um 300–400 %, und oft sei der Abstand noch größer. Angewendet auf das Beispiel mit dem Kredit kann das bedeuten, dass Zinssätze etwa zwischen 2 % und 8 % zulässig sind. Der legal zu versteuernde

Gewinn kann folglich im Extremfall um 400 % schwanken, also beispielsweise sowohl eine als auch vier Mio. Euro betragen, die legal zu zahlenden Steuern betragen folglich bei einem überschlägigen Steuersatz von 30 % zwischen 300 000 und 1,2 Mio. Euro. Kaum auszumalen, wie die Steuereinnahmen sich entwickeln würden, wenn es die gleiche Bandbreite legaler Steuerzahlungen auch bei der Lohnsteuer gäbe, wenn Hinz und Kunz wählen könnte, ob die fällige Einkommensteuer 4000 oder doch lieber 1000 Euro betragen soll.

Heutzutage besteht ein moderner Konzern nicht selten aus über 2000 miteinander verbundenen Tochter- bzw. Schwesterunternehmen, deren Aktien zu annähernd 100 % letztlich derselben Konzernmutter gehören. Somit ist ein großer Teil der Gewinnverschiebung über konzerninterne Handelsströme nur dann anfechtbar, wenn diese Realität der zentralen Kontrolle der Tochtergesellschaften auch steuerrechtlich gewürdigt werden kann – etwa indem Tochterunternehmen als Betriebsstätten behandelt werden können. Von diesem Standpunkt aber riet der Völkerbund schon 1928 ausdrücklich ab, und bis heute hat er sich nicht durchgesetzt. Die Folge davon ist, dass die Besteuerung transnationaler Konzerne nur so gut funktioniert, wie der Fremdvergleichsgrundsatz praxistauglich ist – nämlich so gut wie gar nicht.

Die Steuerbehörden laufen den Konzernen hinterher, weil sie Preisgestaltungen und Verträge zwischen Rechtspersonen grundsätzlich berücksichtigen müssen, egal ob diese zu einem einzigen Konzern gehören oder aber voneinander unabhängig sind (gesonderte Buchhaltung). Die großen zulässigen Spannen bei Verrechnungspreisen und mangelhafte Vergleichsmöglichkeiten führen dazu, dass es bei einer steuerlichen Betriebsprüfung oft ähnlich zugeht wie auf einem orientalischen Basar – vom Lärmpegel vielleicht einmal abgesehen. Ein Finanzbeamter kommt zum abschließenden Besprechungstermin einer Betriebsprüfung oft allein und sitzt dann einem illustren Grüppchen hochbezahlter Anwälte und Steuerberater des Konzerns gegenüber. Jede Seite hat sich mit möglichst vielen heiklen Nachfragen und Argumenten zur Verteidigung des eigenen Standpunktes gewappnet. Nun wird über Millionen Mehr- oder Mindereinnahmen des Fiskus gefeilscht – hinter verschlossenen Türen, in krasser Waffenungleichheit, bestens vom Steuergeheimnis geschützt. Die Finanzbeamten legen Argumente auf den Tisch, weshalb hier ein Preis unterbewertet oder dort Kosten zu hoch scheinen. Die Anwälte schaffen kistenweise jenes Dokumentationsmaterial heran, von dem der US-Steuerfachmann Durst sagte, dass es weitgehend «unnütz» sei.

Bei diesem Pokerspiel ist allen Seiten längst bewusst, dass die Annahme der Verfügbarkeit marktgerechter Vergleichspreise bei grenzüberschreitend integrierten Wertschöpfungsketten illusorisch und Missbrauch kaum abzuwenden ist – es geht aus Sicht der Steuerbehörden einzig um Schadensbegrenzung. Denn in aller Regel ist ein Konzern eine zentral gesteuerte Einheit. Entsprechend ist die Preisfindung interner Geschäfte nicht dem freien Wettbewerb, der unsichtbaren Hand des Marktes unterworfen, wie er im BWL–Lehrbuch gepredigt wird. Der konzerninterne Handel erstreckt sich oft auf Halbfabrikate und Vorprodukte, die nirgends gehandelt werden. So kann die Konzernleitung die Preise für interne Transaktionen, wie etwa Gebühren für die Nutzung von Markenrechten oder die Bezahlung von Zwischenprodukten und Rohstoffen so gestalten, dass der Gewinn am Ende in einem Niedrigsteuerland, der Verlust aber in einem Hochsteuerland anfällt. Dafür muss man nicht einmal in die Karibik. Während zum Beispiel Einnahmen aus Lizenzgebühren hierzulande zum Unternehmensgewinn zählen und also mit ca. 30% besteuert würden, werden in den Niederlanden nur 6,25% fällig, Luxemburg erhebt nur 5,7% und neuerdings verlangt auch Großbritannien nur 10% auf Gewinne aus Patenten.

Beim Steuerpoker zwischen Betriebsprüfern und Unternehmensanwälten trifft man sich dann oft irgendwo in der Mitte, denn schließlich sind Gerichtsverfahren teuer und würden die dünne Personaldecke der Finanzämter noch weiter strapazieren. Eine Verhandlung vor dem Finanzgericht ist die große Ausnahme. Von allen Einsprüchen gegen Bescheide der Finanzämter landen nur 2% vor Gericht. Strafverfahren wegen Steuerhinterziehung durch Tricksen bei den Verrechnungspreisen sind eine Rarität. Diese Praxis führt dazu, dass Details über Verrechnungspreismanipulationen nur selten das Licht der Öffentlichkeit erblicken. Selbst Steuerbehörden können aus Betriebsprüfungen gewonnene Vergleichsdaten wegen des Steuergeheimnisses nur abstrahiert vor Gericht verwenden, was deren Beweiskraft einschränkt und somit der Unternehmerseite steuerlich in die Hände spielt. Obendrein werden Vereinbarungen oder Vergleiche zwischen dem Finanzamt und den Steuerpflichtigen immer häufiger, ohne dass diese Praxis ordentlich dokumentiert würde. Das wird auch vom Präsidenten des Bundesfinanzhofes Rudolf Mellinghoff scharf kritisiert, weil er die Gesetzesbindung im Steuerrecht gefährdet sieht. Neuerdings ist sogar Mediation bei Streitigkeiten über Steuerzahlungen offiziell möglich.

Gerade einmal zwei Fälle der Manipulation von Verrechnungspreisen sind in Deutschland in jüngerer Zeit bekannt geworden – obwohl es in beiden Fällen nicht einmal zur Anklageerhebung kam. Das seit 2006 laufende Ermittlungsverfahren gegen den als «Schrauben-Magnat» bekannten Reinhold Würth wurde im Jahr 2008 eingestellt, nachdem dieser einen Strafbefehl akzeptierte, 3,5 Mio. Euro Bußgeld bezahlte und einen zweistelligen Millionenbetrag – die Rede ist von 40 Mio. Euro – an Steuern nachzahlte. Würth gilt damit als vorbestraft. Bei den Ermittlungen ging es auch um die Manipulation von Verrechnungspreisen. Monatelang hätten die Anwälte des Unternehmers mit der Stuttgarter Staatsanwaltschaft «um die exakte Höhe der möglicherweise hinterzogenen Steuern» gefeilscht, so der Spiegel. Grund für den langwierigen Vorlauf war, dass sich beide Seiten nicht auf dieselbe Interpretation der Gesetzestexte einigen konnten. Zwei weitere Verantwortliche der Würth-Gruppe kamen mit Geldstrafen davon, drei andere Manager akzeptierten Geldauflagen. Ziel des Milliardärs war es von Anfang an, eine öffentliche Verhandlung zu verhindern. Auch deshalb sind weitere Details, etwa welche Preise in welchem Ausmaß manipuliert wurden, nicht an die Öffentlichkeit gedrungen. Das Steuergeheimnis versiegelt auch die Lippen der Stuttgarter Staatsanwaltschaft. Am Ende der dürftigen Presseerklärung bittet sie sogar wegen des Steuergeheimnisses «von entsprechenden Rückfragen [...] abzusehen».

Ein ganz ähnliches Ende nahm der zweite in deutschen Medien bekannt gewordene Fall, bei dem Verrechnungspreise eine Rolle spielten. Ende Januar 2011 berichtete der Spiegel, dass gegen sechs Manager des Pfizer-Konzerns ermittelt werde. Auch wenn Umsatzsteuervergehen im Fokus der Ermittlungen standen, so spielten den Steuerfahndern zufolge auch Verrechnungspreise möglicherweise eine Rolle. Von einem «ausgetüftelten System» zur Verlagerung der Gewinne in Niedrigsteuerländer war die Rede. Schon am 6. Juni 2006 begannen die Ermittlungen der Staatsanwaltschaft Mannheim, und in der Folgezeit gab es mehrere Treffen zwischen hohen Pfizer-Managern und den Staatsanwälten, ohne dass aber ein greifbares Ergebnis erzielt worden wäre. Pfizer stritt öffentlich ab, dass die Streitigkeiten auch Verrechnungspreise beträfen, es ginge ausschließlich um die Umsatzsteuer. Im Dezember 2011 schließlich wurde das Ermittlungsverfahren gegen die sechs Beschuldigten gegen Geldauflagen eingestellt, nachdem sich das Unternehmen bereits mit den Finanzbehörden geeinigt hatte. Auf eine Presseerklärung verzichtete die Staatsanwaltschaft in diesem Fall sogar gänzlich, «es wurde nur auf Anfragen geantwortet».

Während Steuergeheimnis und Justizpraxis in Deutschland bisher verhindern, dass Manipulationen von Verrechnungspreisen das Licht der Öffentlichkeit erblicken, wird man in anderen Ländern durchaus fündig. Dem *Guardian* gelang es 2007, die verschlungenen Gewinnpfade im Bananenhandel zu beleuchten. Von jedem Euro, der für Bananen ausgegeben wurde, landeten nur 13 Cent im Erzeugerland und 40 Cent im Konsumentenland (in diesem Fall Großbritannien). Die übrigen 47 Cent aber werden an Tochtergesellschaften in notorischen Steueroasen überwiesen. So erhält etwa eine Luxemburger Tochter 8 Cent für Finanzierungsdienstleistungen, eine andere auf den Kaiman Inseln bekommt 8 Cent für Beschaffungs- und Lieferkosten. Irische Töchter bekommen 4 Cent für die Nutzung des Markennamens und Geschwister auf der Insel Man ebenfalls 4 Cent für Versicherungsdienstleistungen.

Schließlich werden für Managementfunktionen an Gesellschaften auf Jersey 6 Cent überwiesen, Bermuda bekommt 17 Cent für das Vertriebsnetzwerk. So landen die Milliardengewinne des Bananenhandels zu großen Teilen in Nullsteueroasen. Im Ergebnis bezahlten die drei weltweit größten Bananenkonzerne im Schnitt nur 14 % Ertragssteuern, obwohl in ihrem Konzernsitz, den USA, 35 % fällig würden.

Die Preise für sogenannte «immaterielle Güter» wie Patente, Urheberrechte oder Markennamen sind mit dem gängigen Fremdvergleichsprinzip am schwierigsten zu fassen. Was ist nun der korrekte Preis für die Nutzung des Logos von McDonalds, Coca-Cola oder Adidas? Darüber lässt sich trefflich streiten. Ein jüngeres Beispiel liefert Frankreichs Finanzministerium, das McDonalds im Januar 2014 vorwarf, in fünf Jahren mehr als 2,2 Mrd. Euro an Lizenzgebühren in die Schweiz und Luxemburg überwiesen zu haben, und dafür Steuernachforderungen über hunderte Millionen Euro erhob. Aber auch IKEA betrifft diese Thematik. 3 % des gesamten Umsatzes deutscher IKEA-Märkte fließen als Lizenzgebühr an eine niederländische Gesellschaft, welche die Inhaberin der Markenrechte ist. Pro Jahr überweist IKEA Deutschland 60 Mio. Euro dafür, dass der gelb-blaue IKEA-Markenschriftzug die Möbelhäuser schmücken darf. Wie viel ist richtig, wie viel ist zu viel?

Welche absurden Dimensionen die konzerninternen Verschiebungen inzwischen angenommen haben, veranschaulicht eine Studie des US-Kongresses von 2010. In ihr werden die Auslandsgewinne von US-Unternehmen mit der Wirtschaftskraft der jeweiligen Länder verglichen, in denen diese Unternehmen Geschäfte machen. In Bermuda betrug das Verhältnis der ausgewiesenen Gewinne zum Bruttoinlandsprodukt etwa 646 % – die US-Unternehmen erwirtschafteten dort auf dem Papier mehr als das Sechsfache der gesamten Wirtschaftsleistung des Landes an Gewinnen. Der Vergleichswert für den Durchschnitt der sechs G7-Staaten (außer den USA) war im gleichen Zeitraum 0,6 % (Deutschland: 0,2 %). Somit waren die Bermuda-Geschäfte über tausendmal profitabler als jene in den G7-Staaten, und sogar über dreitausendmal gewinnträchtiger als die Geschäfte in Deutschland. Ein Zyniker könnte angesichts dieser Zahlen fragen, warum die Unternehmen überhaupt noch in den G7-Staaten aktiv sind, wo sie doch auf karibischen Inseln so viel bessere Geschäftszahlen erzielen. Auch Zypern und Luxemburg verzeichnen mit 10% bzw. 18% sehr viel höhere Gewinnquoten als die G7-Staaten. Ein Deutsche-Bank-Mitarbeiter der Luxemburger Niederlassung war im Jahr 2014 auf dem Papier über zwanzigmal rentabler als sein Kollege in Deutschland. Er erwirtschaftete im Schnitt 900 000 Euro, der deutsche Angestellte nur 43 000 Euro. Das geht aus dem Länderbericht der Deutschen Bank für das Jahr 2014 hervor. Ist das die Wirklichkeit oder doch Fiktion?

Wer hat Angst vor der Gesamtkonzernsteuer?

Um der Gewinnverschiebung der Konzerne wirksam zu begegnen, müsste es den Staaten ermöglicht werden, die Gewinne der ausländischen Konzernmutter bei der Berechnung der inländischen Steuerlast heranzuziehen. Für so eine Gesamtkonzernsteuer gibt es durchaus historische Beispiele. Spanien gab 1920 kurzerhand die Steuerfestsetzung anhand der Buchhaltung von Niederlassungen auf, weil diese vor Ort oft kaum oder keine Gewinne auswiesen. Unter dem spanischen System wurden fortan die Unternehmensgewinne der inländischen Niederlassung anhand bestimmter Faktoren vom Gesamtergebnis des Mutterkonzerns abgeleitet. Diese Faktoren umfassen üblicherweise etwa den Umsatz, geleistete Arbeitsstunden oder den Wert der eingesetzten Kapitalgüter (Maschinen etc.). So wurde ein angeblicher Verlust der spanischen Niederlassung für Steuerzwecke ignoriert, solange der Mutterkonzern Gewinne machte und hohe Umsätze in Spanien erwirtschaftete. Übertragen auf die heutige Zeit und die Beispiele von Apple, Starbucks oder Amazon wäre dieser Ansatz revolutionär und würde zusätzliche Milliarden in die klammen Kassen vieler Krisenstaaten spülen. In den 1920er Jahren nutzten auch Frankreich, die Schweizer Kantone, US-

Bundesstaaten und einige Nachfolgestaaten Österreich-Ungarns ähnliche Verfahren.

Doch auch Deutschland ließ bei der Konzernbesteuerung keine Dogmen walten. So etablierte sich hierzulande in den 1920er Jahren die Rechtsauffassung, wonach nicht nur Niederlassungen, sondern auch Tochterunternehmen als steuerliche Betriebstätte behandelt werden können. Die deutsche Finanzverwaltung vertrat den Standpunkt, dass sie einen ausländischen Mutterkonzern direkt steuerlich bewerten dürfe, wenn dieser eine «wirtschaftliche Einheit» mit der inländischen Tochter bilde. Der Reichsfinanzhof bestätigte diese Auffassung 1928 und 1930. Auch der Bundesfinanzhof erkannte diese Praxis noch 1963 in einem Urteil an. Mutter- und Tochterunternehmen können demnach steuerlich als Einheit behandelt werden (Organtheorie).

Im gleichen Jahr 1963, in dem der Bundesfinanzhof sich in seinem Urteil für die Berücksichtigung der wirtschaftlichen Realität jenseits rechtlicher Formen und Fiktionen stark machte, verabschiedete jedoch die OECD ihr einflussreiches erstes Musterabkommen zur Vermeidung der Doppelbesteuerung. Darin wurde der Weichenstellung des Völkerbundes gefolgt, und in den verschiedenen Versionen des Musterabkommens bis ins Jahr 2010 änderte sich daran nichts Wesentliches. Nur die zu besteuernden Gewinne von Betriebsstätten – aber immerhin wenigstens diese – durften gemäß Art. 7, Absatz 4 auch «durch Aufteilung der Gesamtgewinne des Unternehmens auf seine einzelnen Teile» ermittelt werden. Tochterunternehmen galten grundsätzlich nicht als Betriebsstätte. Noch im Jahr 1990 unterstrich ein deutsches Finanzgericht in einem Urteil das Prinzip der Gesamtgewinnbetrachtung bei Betriebsstätten: «Der Gewinn eines Unternehmens wird aber erst durch das Zusammenwirken seiner sämtlichen Betriebshandlungen erzielt (vgl. RFH-Urteil vom 29. Oktober 1935 I A 76/35, RStBl 1935, 1516). Nicht entscheidend ist, wo die Einkünfte rein äußerlich erzielt werden. Auch einer inländischen Betriebsstätte, die selbst nur Ausgaben, aber keine Einnahmen hat, kann somit [...] ein Gewinn zugerechnet werden (RFH-Urteil in RStBl 1935, 1516)».

Im weiteren Verlauf entwickelte die OECD eine zunehmend paradoxe Haltung gegenüber der Möglichkeit, auf die Gewinne anderer Konzernteile zurückzugreifen. In ihren 1995 veröffentlichten Verrechnungspreisrichtlinien lehnte sie einerseits die Gewinnzerlegungsmethoden («*formulary apportionment*») explizit für die Gewinnermittlung untereinander verbundener Firmen ab. Andererseits öffnete sie im gleichen Bericht de facto die Möglichkeit, gewinnbasierte Methoden anzuwenden – wenngleich nur als letzten Ausweg und den Konzern nie als Ganzes in den Blick nehmend. Obwohl der Wortlaut der Richtlinien am Gesamtkonzerngewinn orientierte Methoden für verbundene Unternehmen kategorisch ausschloss, näherte sich dieses Regelwerk in seiner Substanz vorsichtig jenem für Betriebsstätten an, das zu diesem Zeitpunkt (noch) die Aufteilung der Gesamtkonzerngewinne erlaubte. Auch in der Neuauflage der Verrechnungspreisrichtlinien für verbundene Unternehmen von 2010 änderte sich nur marginal etwas an dieser Haltung. Gewinnbasierte Methoden erfuhren eine sachte Aufwertung, indem sie nicht mehr kategorisch als Notfalllösung bezeichnet wurden, wenngleich ihre Relevanz noch immer als anderen Methoden untergeordnet galt.

Am 22. Juli 2010 aber vollzog die OECD eine radikale Kehrtwende. Aus dem Steuer-Musterabkommen wurde die bisher für Betriebsstätten zulässige Aufteilung der Gesamtgewinne gestrichen. Stattdessen wurde nun mit der «uneingeschränkten Selbständigkeitsfiktion» ein weiteres Schmankerl aus der fantastischen Märchenwelt der Finanzbürokraten eingeführt. Nur jene Gewinne sollten einer Betriebsstätte zugerechnet werden, «die die Betriebsstätte, insbesondere in ihren wirtschaftlichen Beziehungen mit anderen Teilen des Unternehmens, voraussichtlich erzielen würde, wenn sie ein eigenständiges und unabhängiges Unternehmen wäre und die gleichen oder ähnlichen Tätigkeiten unter den gleichen oder ähnlichen Bedingungen ausübt, unter Berücksichtigung der durch die Betriebsstätte und durch die anderen Teile des Unternehmens ausgeübten Funktionen, der genutzten Wirtschaftsgüter und der übernommenen Risiken des Unternehmens». Man sollte also fortan so tun, als würde die Betriebsstätte nur mit unabhängigen dritten Unternehmen Geschäfte tätigen, obwohl die Betriebsstätte vom Mutterkonzern rechtlich nicht einmal unterscheidbar ist. Statt sich den wirtschaftlichen Realitäten anzunähern, bewegt sich das internationale Steuerrecht damit einen Schritt weiter in Richtung *Science Fiction*.

Die Feindseligkeit der OECD gegenüber dem Konzept der Aufteilung des Konzerngesamtgewinns erreichte damit einen vorläufigen Höhepunkt. Diesem Schwenk vorausgegangen war eine Entwicklung in der Rechtsprechung, welche die Geltung der Verrechnungspreisrichtlinien zwischen verbundenen Unternehmen zu bedrohen begann. In wichtigen Präzedenzfällen verschiedener Staaten wurde um die Jahrtausendwende herum das alte Prinzip bestätigt, nachdem ein abhängiges Tochterunternehmen als Betriebsstätte des Mutterunternehmens behandelt werden durfte. Entsprechende Urteile wurden in Neuseeland, China, Italien, Frankreich oder Indien gefällt, und selbst der Europäische Gerichtshof hatte 1997 dieses Prinzip bestätigt. Im April des Jahres 2006 entschied ein italienisches Gericht, ein italienisches Tochterunternehmen steuerlich als Betriebsstätte des deutschen Mutterunternehmens zu behandeln. Erst 2009 wurde bekannt, dass die japanische Steuerbehörde Amazons Steuererklärung für die Jahre bis 2005 angefochten hatte und Nachzahlungen in Höhe von 119 Mio. US-Dollar forderte. Sie argumentierte, dass die Erträge aus den Verkäufen Amazons durchaus einer Betriebsstätte in Japan zuzurechnen seien, auch wenn das Doppelbesteuerungsabkommen den gleichen Passus wie im Deutsch-Luxemburger Abkommen zur Ausnahme von Logistik- und Auslieferungslagern enthalte. Amazon berichtete im Jahresabschluss 2010, dass die Steuerbehörden der USA und Japans den Streit in einem Schiedsverfahren beilegen konnten. Diese Entwicklungen helfen den Schwenk der OECD zu erklären. Hätte sie nichts unternommen, dann könnten Länder zunehmend den Gesamtgewinn eines Konzerns in den Blick nehmen. Die kurzfristigen Folgen davon wären steigende Steuereinnahmen für viele (Entwicklungs-)Länder und weniger Geld für Investoren.

Die Änderung am Musterabkommen der OECD vom Juli 2010 war auch für die Bundesrepublik folgenreich. Denn für gewöhnlich übernehmen die Finanzbeamten das aktuelle OECD-Musterabkommen als Grundlage für die Verhandlungen über neue Steuerabkommen, was auch in diesem Fall geschehen ist. Im April 2013 wurde die neue Regelung mit viel Pomp in Berlin offiziell zur Regierungsposition erklärt. Dabei ist die Änderung des Artikels 7 im OECD-Musterabkommen so kontrovers wie kaum ein anderer Passus in der über 50-jährigen Geschichte des OECD-Flaggschiffs. Neben dem Steuerkomitee der Vereinten Nationen und vielen Schwellen- und Entwicklungsländern, darunter alle BICS-Staaten (Brasilien, Indien, China, Südafrika), meldeten sogar fünf der 34 OECD-Mitgliedsstaaten Vorbehalte an. Australiens Regierung hält sich mit ihrer Position zu den Änderungen bedeckt und ordnete eine eingehende Prüfung an, und eine Studie im Auftrag der französischen Regierung drängt darauf, die OECD-Regeln um eine «virtuelle» Betriebsstätte zu erweitern.

In deutschen Steuerabkommen greifen die neuen OECD-Vorgaben zunehmend um sich. Erst im März 2014 hat Deutschland etwa mit Großbritannien eigens ein Zusatzprotokoll zum 2011 in Kraft getretenen DBA unterzeichnet, das die Zulässigkeit von Aufteilungen des Gesamtkonzernergebnisses nach Absatz 4 des Artikels 7 im DBA streicht. Doch damit nicht genug: Aus einer Übersicht der deutschen Steuerabkommen des Finanzministeriums vom Januar 2015 ist zu entnehmen, dass etliche Protokolle zu bestehenden DBAs oder neue DBAs zurzeit verhandelt werden. Die Aufweichung der Betriebsstättenbesteuerung dürfte Eingang in fast alle dieser Protokolle bzw. neuen Abkommen finden. Besonders das erst im Dezember 2014 unterzeichnete Protokoll mit Irland, aber auch die teils schon weit fortgeschrittenen Verhandlungen mit der Schweiz, Hongkong, Katar und Singapur bergen große Risiken. Neben Starbucks (Niederlande/Schweiz) und Amazon (Luxemburg) könnte so am Ende auch Apple mit seiner Steuerakrobatik über Irland den deutschen Steuerbehörden noch leichter und dauerhaft ein Schnippchen schlagen.

Während also Finanzminister Schäuble großen Reformwillen beteuert und die OECD-Initiative gegen die Gewinnverschiebungen als Lösung beschwört, fahren die Beamten seines Hauses in die entgegengesetzte Richtung. Amazon, Starbucks und Co. dürften sich bei der Übernahme der neuen OECD-Vorgaben in deutsche DBAs die Hände reiben. Denn selbst wenn es dem deutschen Fiskus gelänge, Betriebsstätten dieser Firmen nachzuweisen, scheidet es künftig aus, die fiktiven Papiergewinne oder -verluste mittels einer Betrachtung der Gesamtgewinne anzufechten. Mit immer stumpferem Werkzeug ist den Auswüchsen der Steuervermeidung sicher nicht Herr zu werden. Inzwischen muss man sich sogar fragen, ob dem Bundesfinanzministerium an einer effektiven Konzernbesteuerung überhaupt gelegen ist. Damit deutsche Exportfirmen im Ausland im Umkehrschluss nicht stärker zur Kasse gebeten werden, ist Berlin offenbar bereit, einiges an Einnahmeverlusten und Marktverzerrungen in Kauf zu nehmen. Wer sich obendrein im Steuerkrieg mit seinen Nachbarn wähnt, zieht bereitwillig alle Register.

Ähnlichkeiten mit Luxemburg sind gewollt, nicht zufällig

Nicht nur die Betriebsstätten- und Verrechnungspreisregeln lassen Deutschland zur Konzernsteueroase verkommen. Es gibt noch weitere Möglichkeiten als Unternehmen in Deutschland kräftig Steuern zu sparen. Dank Rot-Grün sind seit 2001 Gewinne aus dem Verkauf von Unternehmensbeteiligungen von der Steuer befreit. Die Ankündigung der Gesetzesänderung sorgte bei Investoren aus Übersee für ungläubiges Händereiben. Ein Investmentbanker von Goldman Sachs soll mitten in der Nacht den deutschen Staatssekretär Jörg Asmussen angerufen haben, um die frohe Botschaft zu überprüfen: «Ob es stimme, dass deutsche Kapitalgesellschaften künftig keine Steuern mehr auf die Gewinne zahlen müssten, die sie beim Verkauf von Aktienpaketen oder ganzen Tochterunternehmen erzielen» – der Mann hatte richtig verstanden. Die Botschaft löste einen Börsenboom aus, allein an einem Tag stieg der DAX um 4,5%.

Das schier unglaubliche Schmankerl an der Botschaft war, dass die Steuerfreiheit zwar 2000 beschlossen wurde, aber erst ab 2002 gelten sollte. Bis zur Einführung des neuen Systems galt wie bisher das alte. Demnach wurden Gewinne aus Aktienverkäufen zwar regulär besteuert, aber Kursverluste aus Beteiligungen konnten von der Steuer abgesetzt werden. So wurden buchhalterische Scheinverluste – wenn etwa Aktien im Unternehmensbesitz an Wert verloren haben, ohne dass diese Aktien verkauft wurden – bis Ende 2001 steuerlich berücksichtigt, und konnten als Verlustvortrag in die Zukunft mitgenommen werden. Das Timing war perfekt für den Börsencrash und das Platzen der Dotcom-Blase. Ein prominenter Nutznießer dieser Regelung war Vodafone, das mit der teuren Übernahme von Mannesmann beim deutschen Finanzamt 50 Mrd. Euro Verlust aus der Beteiligung meldete. Einen Teil dieser «Kosten» wollte Vodafone im Rahmen einer Teilwertberichtigung als Verlustvortrag in die Zukunft mitnehmen. Viele Jahre stritt das Unternehmen mit dem Finanzamt bis im Jahr 2009 schließlich der deutsche Fiskus 15 Mrd. Verlustvortrag anerkannte. «Das Ausnutzen von Steuerschlupflöchern hat bei Vodafone Tradition», hieß es in der Wirtschaftswoche nicht von ungefähr. Und diese Tradition wird bei Vodafone grenzüberschreitend sorgfältig gepflegt.

So gelang es dem Unternehmen auch in Luxemburg einen Teil der exorbitanten Kosten für die Mannesmann-Übernahme als Verluste zu verbuchen. 70 Mrd. Euro Verlustvortrag konnten dank der großzügigen Luxemburger Regeln für Buchverluste angehäuft werden, um künftige Gewinne zu schrumpfen. Diese Regeln ähneln dem alten deutschen System und wurden von Luxemburg aus der Zeit der Besatzung durch Nazi-Deutschland übernommen. Luxemburg aber hat das System perfektioniert: Während nämlich die Scheinverluste aus Beteiligungen steuermindernd wirken, so sind dort die Gewinne aus Beteiligungen weiterhin steuerfrei – wahrhaft paradiesische Zustände für Holdinggesellschaften.

Vodafone kann mit diesem Berg an Verlustvorträgen Steuern in anderen Staaten vermeiden, falls es gelingt diese nach Luxemburg zu verschieben. So überweist die deutsche Vodafone-Tochter jährlich Millionen Euro an Zinszahlungen an Luxemburger Gesellschaften, die in Deutschland den Gewinn schmälern. Allein zwei Vodafone-Finanzierungsgesellschaften in Luxemburg erwirtschafteten seit 2002 über 30 Mrd. US-Dollar, etwa indem sie den deutschen und US-Töchtern Geld geliehen und Zinsen kassiert haben. Unterm Strich fallen dann kaum Steuern an – besonders wenig in der Steueroase Deutschland. Von allen europäischen Ländern bezahlte Vodafone hierzulande 2011/12 die geringste Steuerquote gemessen am im Land eingesetzten Kapital, und die zweitgeringste Quote nach Griechenland gemessen an den im Land beschäftigten Arbeitnehmern. Auch bei der jüngsten Übernahme von Kabel Deutschland lässt das Unternehmen steuerlich nichts anbrennen. Über «Schachtelkonstruktionen» mit über zwölf zwischengeschalteten Firmen dürfte Vodafone sich für jede etwaige Gesetzesänderung gewappnet haben.

Ein anderer Konzern hat die Trickserei mit den Krediten aus Luxemburg auf die Spitze getrieben. Der Ferrero-Konzern produziert kakaohaltige Naschereien für die ganze Welt. Von Nutella über Raffaello, Mon Cheri bis zu Überraschungseiern – die Produkte der Ferrero-Familie haben sie zu den reichsten Italienern gemacht. Allen voran Nutella lässt sich in den entlegensten Winkeln der Erde erstehen. Dabei hat sich Ferrero überraschend Deutschland als Standort für eine Holding ausgesucht, die beinahe die Hälfte des weltweiten Umsatzes von ca. 8 Mrd. Euro auf sich vereint. Die Ferrero Middle and Eastern Europe GmbH, Eigentümerin von Ferrero-Töchtern in 13 Ländern, darunter die Ukraine, Russland und die Niederlande, hat ihren Sitz in Frankfurt. Auch das Deutschland-Geschäft mit einem großen Produktionsstandort im hessischen Stadt Allendorf ist in der Holding konsolidiert. Bei einem Umsatz von 3,5 Mrd. Euro 2011/12 war der Vorsteuergewinn jedoch mit 242 Mio. Euro noch überschaubar, eine Quote von Ertrag zum Umsatz von knapp 7 %. Diese Umsatzrendite ist deutlich geringer als die weltweite Umsatzrendite, die Ferrero mit 11 % angibt.

Grund für den Unterschied dürften zu einem erheblichen Anteil die Zinsen sein, welche die Ferrero-Töchter nach Luxemburg überweisen müssen. Denn dort sitzt der Mutterkonzern Ferrero International S. A., welcher Gesellschafter der deutschen GmbH ist und derselben langfristige Kredite von beinahe 2 Mrd. Euro gewährt. Die Zinszahlungen für diese Kredite von über 80 Mio. Euro im Jahr sind dann in Deutschland oder einem der anderen 13 Länder vom steuerpflichtigen Ertrag abzuziehen. In der Luxemburger Holding beliefen sich die eingesammelten Reingewinne 2012 auf über 700 Mio. Euro und blieben dort steuerfrei.

Obwohl Luxemburgs Gesetze keine Sonderbehandlung für Zinseinkünfte vorsehen und Unternehmensgewinne auf dem Papier fast so hoch wie in Deutschland besteuert werden müssten, weicht die Praxis, wie Luxemburg-Leaks offenbarte, deutlich davon ab. Grundsätzlich scheint die Luxemburger Steuerverwaltung zu akzeptieren, dass Einkommen aus ausländischen Quellen in Luxemburg nicht besteuert werden. Zinszahlungen aus dem Ausland gehören zu diesen ausländischen Quellen, die unbesteuert bleiben können. Ganz ähnlich wie bei der Sondervereinbarung von Starbucks mit den niederländischen Steuerbehörden werden hinter verschlossenen Türen so Steuergeschenke verteilt. Schon vor Luxemburg-Leaks wurde es der EU-Kommission im Falle Luxemburgs und der Niederlande Ende 2013 zu bunt. Sie leitete eine Untersuchung ein und rügte Anfang 2014 nochmals gesondert Luxemburgs Behörden wegen deren Geheimniskrämerei, die unter Berufung auf das Steuergeheimnis nur dürftig zu Auskünften über die Praxis der Steuerentscheide bereit waren.

Die als Heuschrecken ins Gerede gekommenen *Private-Equity-Fonds* haben die Fremdfinanzierungsmethode von Ferrero und Co. zum Geschäftsmodell erkoren. Die Investoren sitzen oft in notorischen Steueroasen und kaufen Firmen mit geringem Eigenkapitaleinsatz auf. Um den Kaufpreis aufzubringen und üppige Gewinne auszubezahlen, nehmen sie hohe Milliardenkredite auf, die sie den übernommenen Firmen aufbürden. Fortan müssen diese hohe Schuldzinsen bezahlen, welche ihre Steuerlast drücken. Geschehen ist das bei den Übernahmen etwa von Iglo, Henkel, Tank & Rast oder dem Springer Wissenschaftsverlag.

Ähnlichkeiten zwischen dem deutschen und dem Luxemburger Steuerrecht gibt es aber nicht nur in puncto Steuerfreiheit der Beteiligungsgewinne oder dem Trend zu geheimen Steuerabsprachen (Kapitel 5). Ein unbegrenzter Verlustvortrag ist in beiden Ländern nach wie vor möglich (§ 10 d EStG). Das heißt, dass einmal erlittene Verluste auch in 30 oder 50 Jahren noch von den steuerpflichtigen Erträgen abgezogen werden können, wenn diese nur groß genug waren. In Deutschland beliefen sich die aufgehäuften Verlustvorträge im Jahr 2006 auf knapp 600 Mrd. Euro. So erhöhen die Verluste in schlechten Jahren die Gewinne der Aktionäre in guten Jahren, weil die Steuern dann geringer ausfallen. Viele andere Länder begrenzen den Verlustvortrag zeitlich, etwa auf fünf bis sieben Jahre. Nach den Einnahmeeinbrüchen im Zuge der Steuerreform von 2001 führte Deutschland hastig eine Beschränkung des Verlustvortrages ein. Fortan durften Verluste aus der Vergangenheit nur noch auf einen Teil des künftigen Gewinns angerechnet werden. Darüber hinaus ist es in Deutschland sogar möglich, Verluste in die Vergangenheit zurückzutragen und bereits bezahlte Steuern bis zur Höhe von 1 Million Euro zurückzufordern. Das ist international die große Ausnahme und übertrumpft in punkto Wirtschaftsfreundlichkeit sogar Luxemburg, Zypern oder Malta.

Längst ist Deutschland kein passives Opfer des Steuerwettbewerbs, sondern mausert sich zum Beschleuniger eines ruinösen Steuerdumpings. Nur Bulgarien hat in der EU zwischen 2000 und 2013 die Unternehmenssteuersätze stärker gesenkt als Deutschland. Von 51,6% wurden sie hierzulande auf 29,8% zusammengestrichen und boten auf dem Papier fortan Unternehmen weniger zur Kasse als in Belgien, Spanien, Frankreich, Italien, Japan oder den USA. Noch drastischer wird das Bild, wenn man die Steuerbelastung der Kapitaleinkünfte vergleicht – und zwar die tatsächliche, die sich von den formal gültigen Steuersätzen unterscheidet. Hier lag Deutschland 2011 mit 22% weit unterhalb des Durschnitts der EU-Länder. Anders als beim Vergleich der Steuersätze können die tatsächlichen Steuerquoten auf Kapital einen Hinweis darauf geben, ob und in welchem Ausmaß Steuerschlupflöcher die Gewinnbesteuerung wirklich schmälern. Eine Untersuchung der DAX-30 Konzerne von Professor Lorenz Jarass für die Jahre 2010–2012 bestätigte, dass bei fünf der sechs DAX-Konzerne, für die detaillierte Daten verfügbar waren, die bilanzierte Ertragssteuerquote in Deutschland niedriger war als im Ausland. Also gelingt es diesen Unternehmen offenbar, in Deutschland weniger Steuern auf ihre Erträge zu bezahlen als im Ausland – die etablierte These von problematischen ausländischen Steueroasen entpuppt sich in diesem Licht als Ablenkungsmanöver.

Finanzminister Schäuble argumentierte noch im Jahr 2012, dass «Gewinnverlagerungen» weitgehend ein Problem von US-Unternehmen seien und deutsche Steuergesetze solche Praktiken weitgehend unterbinden. Laut Schäuble «könnte das erklären, warum wir keine deutschen Unternehmen kennen, die mit US-Unternehmen vergleichbare Steuerkonstruktionen verwenden». Die naheliegende Erklärung, dass man sich nämlich in Deutschland für Einzelfälle nicht sonderlich interessiert, das Steuergeheimnis und die dezentrale Finanzverwaltung Untersuchungen obendrein erschweren, kümmert den Finanzminister hingegen nicht. Die Nachrichtenagentur Reuters erwischte prompt den deutschen Software-Konzern SAP in flagranti bei ganz ähnlichen Steuertricks wie sie auch IT-Konzerne aus den USA verwenden. 100 Mio. Euro an Steuern spart SAP demnach jährlich durch einschlägige Steuertricks ein, einiges davon in den USA und in Deutschland. Auf dem Papier erwirtschaften irische Töchter von SAP 20% des gesamten Konzerngewinns, obwohl sie weniger als 1% des weltweiten Umsatzes machen und weniger als 1% der weltweiten Angestellten beschäftigen.

Um dem Problem der Konzernsteuervermeidung Herr zu werden, bräuchte es tiefgreifende Reformen und als ersten Schritt länderspezifische Offenlegungspflichten. Diese Pflichten würden für mehr Transparenz in der undurchsichtigen Welt der Konzernsteuern sorgen, indem wichtige Kennzahlen wie Umsatz, Gewinne und Steuerzahlungen von einzelnen

Konzernen für jedes Land gesondert aufgeschlüsselt würden. Anhand der Daten würde Licht auf das ganze Ausmaß der Steuervermeidung fallen und die Wirksamkeit laufender und zukünftiger Reformanstrengungen könnte objektiv bewertet werden. Auch würden die Daten es erlauben, die Wirkung alternativer Besteuerungssysteme zu simulieren und so für bessere Bewertungs- und Entscheidungsgrundlagen zu sorgen, um die Weichen für eine nachhaltige Steuerpolitik des 21. Jahrhunderts richtig zu stellen. Eine Mehrheit der weltweiten Konzernlenker unterstützt inzwischen die Einführung solcher öffentlichen Berichtspflichten. Eine Umfrage von PricewaterhouseCoopers unter 1344 Vorstandsvorsitzenden von Konzernen aus 68 Ländern ergab, dass 59 % die Einführung unterstützen.

Doch die Bundesregierung kämpft hinter den Kulissen genau dagegen an. Deutschlands Wirtschaftsministerium und das Finanzministerium setzen vieles daran, dass weitere Daten und Details über das Ausmaß der Steuervermeidung nicht publik werden. So ertappte die ARD etwa die Schwarz-Gelbe Bundesregierung dabei, wie sie auf EU-Ebene Vorschläge für eine Ausweitung der länderspezifischen Berichtspflichten für Konzerne blockierte. Auch die Große Koalition tut sich schwer damit, mehr Transparenz in die Unternehmenssteuern zu bringen. Hat die Politik den Steuerwettbewerb als Standortfaktor inzwischen schon stärker verinnerlicht als die Privatwirtschaft? Für alle Normalbürger wäre dieser Befund wohl ein alarmierendes Zeichen.

5. Staatliche Schwäche als Standortfaktor

Innerdeutscher Steuerwettbewerb

34 Einwohner bei 380 Kapitalgesellschaften. Das macht hochgerechnet pro Einwohner über elf Firmen. Diese Quote ist nicht etwa auf den Kaiman Inseln anzutreffen. In der karibischen Verdunkelungsoase entfallen auf jeden Einwohner «nur» knapp zwei Unternehmen. Nein, diese Firmendichte gilt für das Jahr 2003 in Deutschland, in der verschlafenen nordfriesischen Gemeinde Norderfriedrichskoog. Nur die Britischen Jungferninseln, das weltweite Eldorado für anonyme Firmengründungen, kann auf eine noch höhere Quote von 15 Firmen pro Einwohner (im Jahr 2012) blicken. Zum Vergleich: Im Bundesdurchschnitt entfallen auf jeden Einwohner statistisch nur eine Hundertstel Firma (0,01). Die Quote war hinterm Deich also eintausendmal höher als im deutschen Durchschnitt.

Bis zum Jahr 2014 ist die Anzahl der Firmen im Koog zwar deutlich geschrumpft. Neben 17 Personengesellschaften sind aber noch immer 66 Kapitalgesellschaften steuerlich gemeldet. Mit knapp eineinhalb Firmen pro Kopf liegt der Koog weiterhin über der Quote der Bahamas aus dem Jahr 2010, nur knapp hinter Hong Kong. Möglich wurde dieses nordfriesische Firmen-Eldorado, weil die Gemeinde auf die Erhebung der Gewerbesteuer komplett verzichtete. Die Gewerbesteuer fließt den Kommunen zu und wird neben der Körperschaftssteuer auf die Gewinne von Unternehmen erhoben. Die Gemeinden hatten über den sogenannten Hebesatz bis 2004 quasi uneingeschränkte Entscheidungsbefugnis über die Höhe der fälligen Steuerschuld. Indem die Gemeinde einen Hebesatz von 0% festlegte, verzichtete sie gänzlich auf Gewerbesteuereinnahmen. Briefkastenfirmen sprossen daraufhin wie Pilze aus Kuhfladen, darunter auch Töchter vieler DAX-Konzerne. Aber auch internationale Firmen verlagerten dankend ihre Holdings in das Kuhdorf, etwa Unilever, einer der weltgrößten Nahrungsmittelkonzerne. Damit das Steuersparmodell vom Finanzamt nicht so leicht angefochten werden konnte, mussten in den Tochterfirmen echte Entscheidungen getroffen worden. Also ließen sich Manager in dunklen Limousinen vor umgebaute Scheunen chauffieren, wo sie ihre Vorstandssitzungen abhielten.

Als es der Bundesregierung 2003 zu bunt wurde, schob Finanzminister Hans Eichel dieser innerdeutschen Kuriosität den Riegel vor – zumindest teilweise. Zunächst wurde beschlossen, dass im Jahr 2003 die Erträge innerdeutscher Töchter beim deutschen Mutterkonzern versteuert werden, falls für die Töchter ein Gewerbesteuerhebesatz von unter 200% gilt. Damit hätte noch ein gewisses Risiko bestanden, dass ganze Konzernmütter in Scheunen umziehen oder Wolkenkratzer in die Deiche bauen lassen, um fortan der ganzen Konzerngruppe niedrigere Steuerquoten zu bescheren. Ein Jahr darauf jedoch wurde im Gewerbesteuergesetz festgelegt, dass fortan in jeder Gemeinde ein Mindesthebesatz von 200% gelten müsse. Das entspricht einer Gewerbesteuerquote von 7% auf den Ertrag, immer noch weit unter dem bundesdeutschen Durchschnitt von 13,58% (2008). Somit wurde der innerdeutsche Steuerkrieg nur begrenzt, aber nicht beendet.

Zunächst fuhr Norderfriedrichskoog mit diesem Mindeststeuersatz ganz gut. 2008 entfielen noch immer 6,9 Kapitalgesellschaften auf jeden Einwohner, nach wie vor mehr als auf den Kaiman Inseln. Offenbar wollten sich selbst bei einem Hebesatz von 200% viele Unternehmen nicht von der liebgewonnenen Sommerfrische am Deich trennen. Der Gemeinde drohte jedoch weiteres Ungemach: Über die Kreisumlage musste sie von ihrem Gewerbesteuerkuchen einen Beitrag an die umliegenden Gemeinden abgeben. Der Berechnungsschlüssel für die Umlage legte jedoch einen Hebesatz von 310% zugrunde, was einen Steuersatz von 10,85% ergibt. Somit mussten die schlauen Bauern jedes Jahr mehr an die umliegenden Gemeinden abtreten, als sie über die Gewerbesteuer tatsächlich einnahmen. Die letzten Reserven gingen 2011 zur Neige, und ein Urteil des Schleswiger Verwaltungsgerichts erzwang die Anpassung des Hebesatzes im Koog auf

310%. Die störrischen Friesen wehrten sich verbissen auf verschiedenen Ebenen und versuchten vergeblich bis vors Verfassungsgericht zu ziehen. Immerhin gelang es ihnen einen Absturz «Von der Steueroase zum Armenhaus» zu verhindern. Heute geht es ihnen so gut, dass sie keine Grundsteuern bezahlen müssen – ein gutes Indiz dafür, dass die Gemeinde finanziell nicht darbt. Im Koog wird auch Ende 2014 noch – im Rahmen der rechtlichen Möglichkeiten – im Steuersubstrat anderer Gemeinden gewildert.

Die größten Manegen des kommunalen Steuersenkungszirkus aber sind derweil weitergezogen, oft gen Osten der Republik, wo viele Gemeinden ihr Glück mit einem Mindesthebesatz von 200% versuchen. Es gibt obendrein Hinweise darauf, dass einige abgelegene Gemeinden mit einer bislang unbekannten neuen Form des Steuerkannibalismus experimentieren. So soll es mancherorts Usus geworden sein, die Gewerbesteuer zwar richtig festzustellen, sie aber nicht zu erheben. Das zuständige Finanzamt übermittelt den Gemeinden zwar ordnungsgemäß die Gewerbesteuermessbescheide, aufgrund derer dann Gewerbesteuerbescheide gefertigt und an die Steuerpflichtigen versendet werden könnten. Die Gemeinden verzichten aber schlichtweg darauf. Wenn keine Zahlungsaufforderung eingeht, darf sich das Unternehmen freuen, denn eine rechtskräftige Steuerschuld entsteht so nicht. Diese Praxis freilich ist in der Nähe zu größeren Städten oder in Gegenden mit Kreisumlage undenkbar – sie bliebe nicht lange unentdeckt und zöge schnell den Zorn der benachbarten Gemeinden auf sich.

In Deutschlands Finanzmetropole Frankfurt lässt sich eine in heimischen Gefilden weit verbreitete Unterart steuerlichen Kannibalismus gut beobachten. Ganz ähnlich wie Anfang der 1880er Jahre, als New Jersey begann, der Wallstreet in New York Unternehmen mit laxeren Unternehmensgesetzen abspenstig zu machen, so tut es Eschborn mit Frankfurt mittels des Hebesatzes. Im Jahr 2010 zog die Konzernzentrale der Gruppe Deutsche Börse hierhin. Die Steuerquote soll durch diesen Schritt von vormals 33% auf fortan 25% gesunken sein. Ein Blick in die Gewerbesteuerstatistiken bestätigt: Eschborn hat seit 2008 einen Hebesatz von 280%, während

Frankfurts Hebesatz trotz Absenkung ab 2008 bei 460% liegt. Die Gewerbesteuer beträgt damit 9,8% in Eschborn und 16,1% in Frankfurt. Die Gewerbesteuerzahlungen dürften sich durch den Umzug für die Deutsche Börse jährlich um mindestens 20 Mio. Euro verringert haben.

Andere Unternehmen scheuen den aufwändigen Weg einer Verlagerung des Konzernsitzes und gründen stattdessen Tochtergesellschaften in Gemeinden mit niedrigerem Hebesatz – Norderfriedrichskoog lässt grüßen. Auf diese Idee kam die Deutsche Bank schon 1998 und nutzte fortan Gesellschaften in Eschborn. Aber auch in Grünwald vor den Toren Münchens boomt das Geschäft mit dem Gewerbesteuerdumping. Die Commerzbank unterhielt dort 2013 weit über 40 Tochtergesellschaften, die in den fragwürdigen Genuss eines Gewerbesteuerhebesatzes von 240% kommen. Auch die Hypovereinsbank ist dort vielfach vertreten.

Die Beispiele Eschborn und Grünwald verdeutlichen, dass die Spielräume bei den Hebesätzen weiterhin zu ökonomischen Fehlentwicklungen führen. Weil steuermotivierte Standortentscheidungen nicht jenen Unternehmen Vorteile verschaffen, die effizienter oder ökologischer produzieren oder bessere Produkte feilbieten, schränken Steueranreize den echten und fairen Wettbewerb zwischen Firmen ein. Sie wirken wettbewerbsfeindlich und -verzerrend. Unternehmer bestätigen vielfach, dass sie keine wichtigen Entscheidungen aufgrund von Steuergeschenken treffen würden. So sagte etwa Paul O'Neill, der ehemalige Vorstandsvorsitzende von Alcoa, einem führenden Aluminiumkonzern: «Ich habe nie eine Entscheidung für ein Investment aufgrund des Steuersystems getroffen. [...] Wenn Sie Geld verteilen wollen, dann nehme ich es. Wenn Sie mir Anreize für etwas geben wollen, was ich sowieso tun würde, dann nehme ich das mit. Aber gute Geschäftsleute handeln nicht aufgrund von Anreizen, sondern sie investieren, weil sie erkennen, dass sie [mindestens] die Kosten für das Kapital aus eigener Intelligenz und Organisation ihrer Ressourcen verdienen können.» Auch Warren Buffett, der drittreichste Mensch der Welt, schimpft über die angebliche Investitionsweigerung bei höheren Steuern. Er verkaufte schon in den 1950er Jahren Aktien, als sich die Steuern auf Dividenden in den USA auf bis zu 91% belaufen konnten. Später in den 1970er Jahren managte er Investmentfonds, als der Top-Steuersatz noch immer 70% betrug und Kursgewinne mit 27,5% besteuert wurden: «Niemals hat irgendwer Steuern als Grund dafür angeführt, eine Investition abzulehnen, die ich angeboten hatte. [...] Also hören wir auf damit zu behaupten, dass die Reichen und Superreichen in den Streik treten und ihr Geld unter ihren Matratzen verstecken, wenn [...] die Steuersätze auf Kursgewinne und Einkommen steigen.»

Lokalpolitiker hingegen können ein Lied davon singen, dass Unternehmen im Alltag immer wieder versuchen, gerade Gemeinden gegen einander auszuspielen und großzügige Steuergeschenke als Gegenleistung für Investitionen fordern. Mitnahmeeffekte sind das Ergebnis, aber kaum je eine nachweisbare Investitionszunahme. Entscheidend für echte Investitionen sind vielmehr gut ausgebildete Arbeitskräfte, ein stabiles politisches, wirtschaftliches und korruptionsfreies Rechtssystem, oder – wie in Eschborn und Grünwald – die Nähe zu wirtschaftlichen Ballungszentren.

Manchen Politikern aber gehen die steuerlich geförderten Verzerrungen offenbar noch nicht weit genug. Im September 2014 gelang ein außergewöhnlicher Brückenschlag zwischen SPD und CSU bei der Forderung nach einer Ausweitung des Steuerkriegs. Die Finanzminister Bayerns und Baden-Württembergs, Markus Söder und Nils Schmid, schlugen vor, Ländern künftig bei der Einkommenssteuer Zu- bzw. Abschlagsrechte zuzugestehen – ganz ähnlich wie Kommunen dies bei der Gewerbesteuer dürfen. In ihrem gemeinsamen Papier lehnten die beiden darüber hinaus eine Bundesfinanzverwaltung ab. Bayerns Finanzminister Söder redete fröhlich einem «Steuerwettbewerb der Länder» das Wort und behauptete, dass der Wettbewerb bei der Gewerbesteuer hervorragend funktioniere. Er ließ offen, was er darunter versteht und wer davon auf wessen Kosten profitieren würde. Dass der Steuerkrieg die Marktwirtschaft bedroht, da sie einen echten und fairen Wettbewerb zwischen Unternehmen um die besten Ideen und günstigsten Produkte behindert, scheint Herr Söder nicht verstanden zu haben. Nur wenige Tage zuvor sprach Schmids Parteichef Sigmar Gabriel beim SPD-Konvent übrigens davon, dass die Steuervermeidung Googles, Apples und Co. «asozial» sei, und rief dazu auf, das Steuer-Dumping zu unterbinden.

Niedrige Steuersätze sind jedoch nur eine unter vielen Möglichkeiten, wie sich Gebietskörperschaften in der Bundesrepublik gegenseitig das Wasser abzugraben versuchen. Der deutsche Föderalismus hält hier noch weitaus subtilere Methoden bereit. Schon der Aufbau der Landesfinanzbehörden gleicht einem exotischen Wildwuchs sondergleichen. Seit Jahrzehnten geht der internationale Trend dahin, in der Steuerverwaltung eine zentrale Abteilung für große Steuerzahler («*Large Taxpayer Unit*») einzurichten, um es den hochspezialisierten Steuervermeidungsakrobaten nicht noch einfacher zu machen. In Deutschland hingegen kann es wegen der föderalen Finanzverwaltung keine bundesweit aufgestellte Einheit geben. Doch auch auf Länderebene sucht man oftmals vergeblich. Ganze drei Bundesländer haben die Prüfung der größten Konzerne in einem Finanzamt zusammengefasst. So werden zum Beispiel in Hamburg die 50 größten Unternehmen von einem Sonderfinanzamt geführt und geprüft. Auch in Baden-Württemberg ist das Zentrale Konzernprüfungsamt Stuttgart seit 1. Januar 2006 für das ganze Land zuständig. In Bremen schließlich gibt es ein Finanzamt, das für alle Betriebsprüfungen im Land, unabhängig von der Größe, zuständig ist. Teilweise zentralisiert hat Nordrhein-Westfalen die Groß- und Konzernprüfung in 15 von insgesamt knapp 140 Finanzämtern. Niedersachsen macht es ähnlich, dort gibt es sechs Großbetriebsfinanzämter. In allen anderen Bundesländern aber wird noch immer auf eine Konzentration der Expertise verzichtet.

Auch bei der EDV lassen sich die buntesten Blüten des Finanzföderalismus bestaunen. So gibt es bis heute keine länderübergreifend kompatible, geschweige denn bundeseinheitliche Software zur Steuerverwaltung. Finanzbehörden müssen bei einem Routinevorgang wie einem Wohnsitzwechsel die Steuerakte ausdrucken und dem neuen Finanzamt postalisch zusenden. Dann macht sich der neue Sachbearbeiter daran, die Daten manuell in seine eigene EDV einzupflegen. Einige Bundesländer hatten sich auf die in Bayern genutzte und programmierte Software geeinigt, damit wenigstens nicht 16 verschiedene Systeme kursieren. Die Probleme waren dennoch sprichwörtlich vorprogrammiert. So kann die Software – den bayerischen Bergen sei Dank – beispielsweise Schiffsfonds nicht vernünftig verwalten. Stattdessen müssen diese wie eine inhabergeführte Mehrpersonengesellschaft mit mehreren tausend Anlegern behandelt werden. Das Programm stürzt entsprechend oft ab, denn dafür ist es nicht ausgelegt.

Auch Bankdaten aus dem europäischen Ausland, die seit zehn Jahren jenseits von CD-Ankäufen rechtlich einwandfrei an den deutschen Fiskus übermittelt werden, blieben viele Jahre im steuerföderalen Gestrüpp hängen. Daten über ausländische Zinserträge im zweistelligen Milliardenbereich rotteten über Jahre ungenutzt beim Bundeszentralamt für Steuern vor sich hin. Der Bundesrechnungshof bemerkte dazu im Dezember 2009, dass sich «ein automationsgestütztes Verfahren zur Weiterleitung dieser Meldungen an die Landesfinanzverwaltungen» bereits um «mehrere Jahre» verzögert. Die Ursache? «Die Vielzahl der beteiligten Organisationseinheiten des Bundesministeriums, der nachgeordneten Dienststellen und der Bund-Länder-Gremien verursachte Unklarheiten bei Zuständigkeiten und Verantwortlichkeiten; dies begünstigte die zeitlichen Verzögerungen.» Diese technische Hürde jedenfalls scheint inzwischen behoben zu sein.

Bei der Steuerfahndung oder Betriebsprüfung läuft es nicht besser. So können Fahnder etwa in Bayern nur auf die Erkenntnisse einiger anderer Fahndungsstellen zugreifen. Nordrhein-Westfalen ermöglicht nur den Zugriff auf Daten der eigenen Steuerfahndungsstellen. Was das für die länderübergreifende Zusammenarbeit der Steuerfahndung bedeutet, kann man sich ausmalen: Es gibt schlichtweg keinen systematischen Austausch. So fehlt ein bundesweites Register für laufende Ermittlungen ebenso wie eine zentrale Fallsammlung überführter Steuerhinterzieher. Solche Dateien sind aber dringend nötig, nicht zuletzt angesichts der Komplexität steuerlicher Verfahren und wegen des Steuergeheimnisses, das eine detaillierte Berichterstattung im Normalfall ausschließt. Sachgemäße Gesetzgebung lebt von systematischer Auswertung gesammelter Erfahrung. Die gesamten Fahndungs- und Prüfungsdienste können ohne eine solche Datei kaum zeitnah und effizient aus Fällen lernen und entsprechend reagieren. Die steuerliche Betriebsprüfung leidet zudem darunter, dass noch nicht einmal eine bundeseinheitliche oder kompatible Datei aller steuerpflichtigen Großbetriebe existiert.

Diese und andere Probleme sind natürlich schon lange bekannt. So hatten sich bereits 1992 Bund und Länder vorgenommen, eine bundesweit einheitliche EDV aufzubauen. Unglaubliche 13 Jahre gingen ins Land, 400 Mio. Euro wurden ausgegeben, bevor das Projekt «Fiscus» erfolglos aufgegeben wurde. Zur EDV heißt es im Jahr 2004 in einem Papier des BMF: «Unterschiedliche und untereinander nicht kompatible EDV-Systeme und -Verfahren erzwingen immer noch einen schwerfälligen und fehleranfälligen papiermäßigen Informations- bzw. Datenaustausch zwischen den Finanzbehörden des Bundes und der einzelnen Länder.» Spürbar entnervt kommentiert das Papier die Hindernisse für das damals bereits seit 10 Jahren in Entwicklung befindliche IT-System «Fiscus»: «Der Erfolg dieses [...] Vorhabens ist jedoch tendenziell gefährdet, wenn es nicht gelingt, den durch Bayern mit der Gründung des Programmierverbunds EOSS eingeschlagenen Sonderweg im Ergebnis kompatibel zum Projekt FISCUS zu halten; weitere Insellösungen werden diskutiert.»

Die Groteske erlebte im Anschlussprojekt «Konsens» ihren vorläufigen Höhepunkt. Der Name ist Programm, hat es sich doch zum Ziel gesetzt, in bescheidenen 20 bis 30 Jahren die Steuerverwaltungs-EDV zu harmonisieren. Unter Führung der fünf größten Bundesländer soll fortan ohne Beteiligung des Bundes in reiner Länderkoordination das Ziel von bundesweit kompatibler Steuersoftware verfolgt werden. Die unter Federführung Nordrhein-Westfalens entstehende Komponente «Pingo» (Prüfungsinnendienstprogramm mit gemeinsamer Oberfläche) soll im Fernziel die Außenprüfungsdienste – darunter die Betriebsprüfung – deutschlandweit einheitlich unterstützen. Die zeitlichen Ambitionen sind äußerst moderat. Immerhin testet NRW bereits zwei erste Komponenten und dürfte 2015 für zwei weitere die Testphase einläuten. Wann die Software aber flächendeckend oder durch einzelne Bundesländer eingeführt werden soll, ist völlig offen. Noch nicht einmal in Auftrag gegeben waren Anfang 2014 entscheidende Komponenten zum Risikomanagement der Betriebsprüfung oder zur statistischen Auswertung. Zur Beschleunigung des IT-Entwicklungsprozesses traf sich im Dezember 2014 erstmalig eine Arbeitsgruppe auf Abteilungsleiter-Ebene. Vorschläge zur Beschleunigung und Verbesserung der Software-Entwicklung sollen den Finanzstaatssekretären im Herbst 2015 zur Entscheidung vorgelegt werden.

Standortpolitik durch Personalengpässe?

Um einen weiteren Aspekt der föderalen Steuergroteske zu bestaunen, müssen wir einen kleinen Schritt zurücktreten. Seit Beginn der Finanzkrise 2008 schrumpften die Steuerverwaltungen Europas. Nur in sechs Ländern wurde entgegen des Trends bis zum Jahr 2012, das Jahr mit den jüngsten vergleichbaren Zahlen, das Personal in der Finanzverwaltung erhöht – darunter etwa ein Sonderling wie Luxemburg. Ansonsten wurde unter den Vorzeichen der Austerität kräftig Personal abgebaut – europaweit gingen mindestens 56865 Stellen verloren, eine Einbuße von ca. 10%. Griechenland und das Vereinigte Königreich traf es besonders hart, mehr als jeder fünfte Steuerbeamte musste dort in den ersten fünf Jahren nach Krisenbeginn seinen Hut nehmen. Man mag sich zu Recht fragen, ob Personalabbau an dieser Stelle in Zeiten extrem enger Gürtel weise ist.

Auch in Deutschland nahm das Steuerpersonal im gleichen Zeitraum ab – um 2,6% bzw. 2981 Stellen wurde es bundesweit gekürzt. In der gleichen Zeit aber – von einem Knick 2009 abgesehen – wuchs die Wirtschaft ebenso wie die Komplexität des Steuerrechts. Außerdem erhöhte sich die Häufigkeit, mit der das Einkommenssteuergesetz zwischen 2006 und 2010 geändert wurde. Dem Bundesrechnungshof zufolge erschwert «das komplexe und sich rasch wandelnde Steuerrecht auch weiterhin erheblich den Gesetzesvollzug durch die Finanzämter». Schon 2006 kritisierte er die «sehr angespannte Arbeitslage in den Veranlagungsstellen» und kam zu dem Schluss, dass der «gesetzmäßige und gleichmäßige Vollzug der Steuergesetze nicht mehr gewährleistet ist». Die Einführung des elektronischen Lohnsteuerverfahrens (ElStAM) zwischen 2011 und 2013 sollte die Finanzverwaltung genauso nebenbei bewältigen wie die vielen hochkomplexen Hinterziehungsfälle auf den gekauften Daten-CDs der Banken, mitsamt der dazugehörigen Flut an Selbstanzeigen. Das Schaubild zeigt, dass der Personalabbau in Deutschland jedoch keineswegs erst 2006 oder 2008 eingesetzt hat. Vielmehr belegen Zahlen des Statistischen Bundesamtes seit Beginn vergleichbarer Aufzeichnungen 2002 einen andauernden Personalrückgang um über 10 000 Stellen.

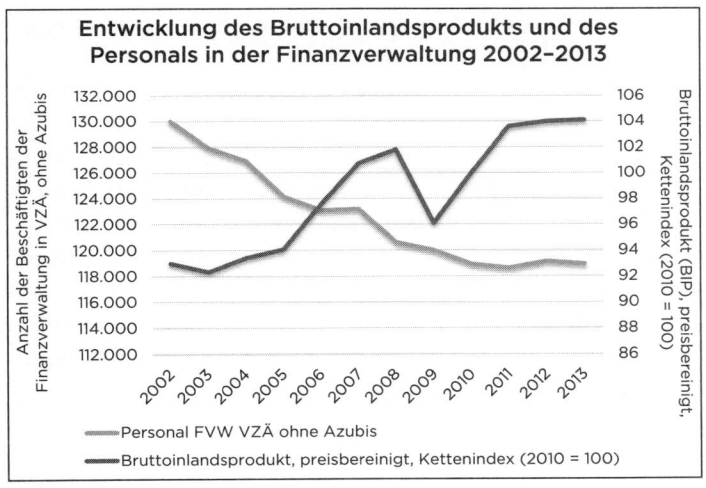

Entwicklung des Bruttoinlandsprodukts und des Personals in der Finanzverwaltung 2002–2013

Anzahl der Beschäftigten der Finanzverwaltung in VZÄ, ohne Azubis

Bruttoinlandsprodukt (BIP), preisbereinigt, Kettenindex (2010 = 100)

Personal FVW VZÄ ohne Azubis

Bruttoinlandsprodukt, preisbereinigt, Kettenindex (2010 = 100)

Quelle: Eigene Berechnungen. Quelle für Personal: Destatis-Zahlen, Beschäftigte in der Finanzverwaltung, abzüglich der Auszubildenden. Quelle für BIP: Destatis BIP Preisbereinigt, Kettenindex (2010=100).

Ein «Belast-O-Meter» der Deutschen Steuergewerkschaft aus dem Jahr 2012 veranschaulicht die daraus entstehenden Probleme. Während etwa in Baden-Württemberg schon bis 2012 der Personalstand um 12 % gefallen sei, würde neben vielen

anderen Zumutungen besonders die Einführung der elektronischen Lohnsteuerverfahren die Ämter lahmlegen. Die Fälle
von Burnout und psychischen Erkrankungen stiegen in den
Jahren ab 2009 massiv an. Auch in Niedersachsen wurden
zwischen 2004 und 2015 im Rahmen sogenannter Zielverein-
barungen 1000 Vollzeitstellen in der Steuerverwaltung gestrichen, ein Rückgang um ca. 10%. Der Trend wird bundesweit
bisher fortgesetzt, auch 2013 sank die Personalstärke bei den
Steuerverwaltungen nochmals. Die chaotische Personalpolitik
in den Finanzämtern kann dazu führen, dass Stellenabbauprogramme der Vorgängerregierung etwa in Baden-Württemberg
von der neuen Rot-Grünen Landesregierung einerseits fort-
geführt werden, während gleichzeitig ein Stellenaufwuchs von
500 zusätzlichen Stellen aufgrund eines Wahlversprechens
über die Amtszeit der Regierung verteilt umgesetzt wird. Von
den versprochenen zusätzlichen Stellen blieben unterm Strich
von 2012 bis 2014 nur 226 statt der für diesen Zeitraum ge-
planten 300 übrig.

Der Chef der Deutschen Steuergewerkschaft, Thomas Ei-
genthaler, spricht davon, dass die Finanzämter still und heim-
lich ausbluten. Weil die meisten Bundesländer um die Jahrtausendwende Stellenabbauprogramme in den Finanzämtern
durchgeführt haben, wurde schon damals eine verhängnis-
volle Weiche für die heutige Stellenmisere gestellt. Denn die
demographische Entwicklung in Deutschland führt zu mas-
senhaften Altersabgängen mit entsprechendem Wissensver-
lust. Auf der anderen Seite finden derzeit wegen der florieren-
den Wirtschaft immer weniger junge Studierende den Weg in
die Finanzverwaltung. Steuerberater und Unternehmen werben die gut ausgebildeten Leute mit verlockenden Angeboten
ab. Gutes Personal wird knapp. Somit rächen sich die Perso-
nalabbauprogramme doppelt.

Wer trägt für diesen fragwürden Personalrückbau die Verantwortung? Das führt uns zum Kern der Misere. Denn
natürlich sind die Länder für die Personalausstattung der Finanzbehörden zuständig. Fast alle Steuerbeamten in Deutschland unterstehen den Ländern, weil die Finanzverwaltung laut
Grundgesetz (Art. 108) Ländersache ist. Bei allen Gemein-

schaftssteuern – also jenen, die sich Bund und Länder teilen – handelt die Landesfinanzverwaltung im Auftrag des Bundes. Das gilt etwa für Einkommenssteuer, Kapitalertragssteuer und Körperschaftssteuer. Die Weisungsbefugnis bleibt aber auch hier beim Dienstherrn, also dem Land, genauso wie die Kosten für die Beamten.

Schon die von Destatis nach Bundesländern aufgeschlüsselten Daten zur gesamten Beschäftigtenzahl der Finanzverwaltung sprechen Bände. Auch wenn diese Zahlen über die reine Steuerverwaltung hinaus auch andere Teile der Finanzverwaltung abdecken und deshalb nicht uneingeschränkt vergleichbar sind, lassen sich dennoch deutliche Hinweise auf die Rolle der Personalpolitik im Steuerkrieg gewinnen. Weil die Zahlen der Beschäftigten der Finanzverwaltung aufgrund der Größe eines Bundeslandes bzw. seiner Wirtschaftskraft stark variieren, wurden diese ins Verhältnis zum Bruttoinlandsprodukt des jeweiligen Bundeslandes gesetzt. Das Schaubild (auf S. 156) zeigt, wie unterschiedlich die Ausstattung der Finanzbehörden ausfällt. Gemessen an der Wirtschaftskraft sparen manche Bundesländer beträchtlich am Finanzverwaltungspersonal. Hessen und Baden-Württemberg sind die Schlusslichter der Jahre von 2002 bis 2007 als auch der von 2008 bis 2013, mit einer rund halb so dicken Personaldecke wie das am besten abschneidende Thüringen. Auch Bremen, Hamburg und Bayern zeigen einen besonders dürftigen Personaleinsatz gemessen an ihrer Wirtschaftskraft. Die im Schaubild mit dem dunkleren Balken dargestellten Bundesländer schneiden schlechter als der bundesweite Durchschnitt ab.

Wie unsinnig es ist, bei der Steuerverwaltung zu sparen, wird besonders bei den Zahlen zu Betriebsprüfern und Steuerfahndern offensichtlich. Denn es ist ein offenes Geheimnis, dass zusätzliches Personal in den Prüfungsdiensten ein Vielfaches dessen in die Staatskasse spült, was es den Fiskus kostet. Im Jahr 2012 etwa nahm jeder Betriebsprüfer im Schnitt 1,43 Mio. Euro mehr ein, als er kostete. Auch Steuerfahnder kommen auf ungefähr den gleichen Mehrertrag. Dabei geht es volkswirtschaftlich betrachtet um viel Geld. Für das Jahr 2012 wurden durch die Betriebsprüfung steuerliche Mehreinnah-

Höhe des Bruttoinlandsprodukts je Beschäftiger in der Finanzverwaltung im Durchschnitt der Jahre 2002–2007 sowie 2008–2013

Quelle: Eigene Berechnungen. Quelle für Personal: Destatis-Zahlen, Beschäftigte in der Finanzverwaltung, abzüglich der Auszubildenden. Quelle für BIP: Destatis BIP zu Marktpreisen. Siehe Online-Anhang für Details der Datenquellen sowie der Berechnung.

men von 19 Mrd. Euro erzielt, davon entfielen 5,2 Mrd. auf die Körperschaftssteuer und 4,1 Mrd. auf die Gewerbesteuer. Die gesamten Körperschaftssteuereinnahmen beliefen sich im selben Jahr auf 16,9 Mrd. Euro. Die große Bedeutung der Betriebsprüfung lässt sich so erahnen.

Die AG Datenanalyse der Finanzministerien hat in einem bislang unveröffentlichten Mehrjahresvergleich (2006–2011) herausgearbeitet, dass die Anzahl der Betriebsprüfer bundesweit in den letzten Jahren zurückging, während gleichzeitig die Wirtschaft und die Anzahl der Betriebe stark gewachsen sind.* Dabei übertrifft der Rückgang der Betriebsprüfer mit 3,47 % sogar den allgemeinen Personalabbau in der Finanzverwaltung. Traurige Schlusslichter sind Bayern und Baden-Württemberg. Auf jeden Prüfer kommen in Bayern 826 Betriebe, in Hamburg beispielsweise sind es 407. Mit aufwändigen Anfragen an die 16 Bundesländer gelang es, für dieses Buch erstmals darüber hinaus Zahlen der Betriebsprüfer und

Höhe des Bruttoinlandsprodukts je Betriebsprüfer/je Steuerfahnder in Mio. Euro, 2008–2014

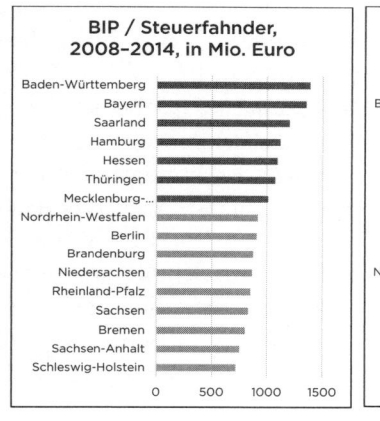

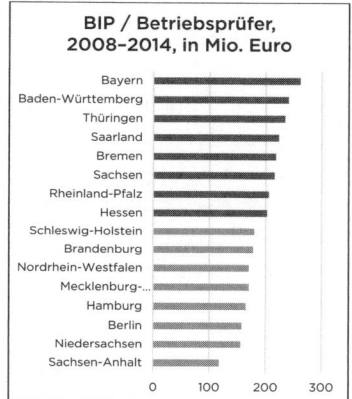

Quelle: Diverse Informationsfreiheits- und Presseanfragen, Drucksachen der Landtage und Jahresberichte der Finanzverwaltungen diverser Länder.

Steuerfahnder für die Jahre bis 2014 zu erfassen. Diese Zahlen bestätigen dieses Bild.* Die verhältnismäßig kleine Anzahl an Betriebsprüfern dürfte auch der eigentliche Grund dafür sein, weshalb die bayerischen Prüfer regelmäßig das höchste Mehrergebnis pro Kopf erzielen: Wer kaum Personal hat wird dieses nur auf die allergrößten Fälle ansetzen können. Die alternative Erklärung, dass Bayerns Prüfer einfach besser seien, mag schmeicheln – plausibel ist sie nicht. Genau das aber scheint Bayerns Finanzminister Söder zu suggerieren, wenn das hohe Mehrergebnis pro Prüfer als Argument dafür herhalten muss, dass die bayerische Finanzverwaltung effizienter arbeite als jene anderer Bundesländer. Wenn es nur einen Blitzer in Bayern gäbe, liegt es auf der Hand dass dieser höhere «Einnahmen» generiert als im übrigen Bundesgebiet, wo Blitzer zum Straßenbild gehören. Insgesamt aber dürften Tempoverstöße im Bundesland mit nur einem Blitzer viel weiter verbreitet sein, von Verkehrsunfällen, Verletzten und Toten ganz zu schweigen.

Die Personalnot moniert auch der bayerische Rechnungshof. Seit 1998 mahnt er einen personell besser ausgestatteten

Steuervollzug in Bayern an. Die jüngsten Zahlen zeigen, dass bei den Prüfungsdiensten in den letzten Jahren circa jede fünfte geplante Stelle unbesetzt blieb. Für 2014 hat sich zwar die Unterbesetzung der Betriebsprüfung bei einer Sollstärke von 2200 Stellen von 442 auf 328 verringert. Im gleichen Zeitraum aber schnellte die Unterbesetzung bei der Steuerfahndung in die Höhe: «Personal dahin umzuschichten, wo gerade der größte Mangel herrscht», ist laut Rechnungshof nicht gerade eine schlaue Strategie, um dem Personalmangel in den Finanzämtern zu begegnen. Der bayerische SPD-Politiker Volkmar Halbleib nahm 2013 kein Blatt vor den Mund. Seiner Beobachtung nach spricht einiges dafür, dass die Regierung «die politische Konzeption einer ‹Steueroase Bayern› verfolgt und damit im Ergebnis leider sogar Schutz- und Schirmherr der Steuerhinterzieher sein will».

Die Steuerbehörden unterscheiden zwischen Groß-, Mittel-, Klein- und Kleinst-Betrieben. Großbetriebe werden ohnehin jedes Jahr geprüft, doch dazu später mehr. Mittelbetriebe haben in Bayern dagegen nur knapp alle 20 Jahre einen Besuch der Betriebsprüfer zu erwarten. Nur drei Bundesländer landen hier mit einem Prüfungsturnus von gut 10 Jahren innerhalb der Vorgaben der Finanzministerkonferenz von 8,4 bis 10,5 Jahren (Berlin, Saarland, Sachsen-Anhalt).* Im Bundesdurchschnitt bringt eine Prüfung eines Mittelbetriebs noch immer 25 000 Euro Mehreinnahmen. Auf wieviel Steuereinnahmen verzichtet wird, wenn wie in Bayern nur alle 20 Jahre geprüft wird, kann man nur erahnen. Geht man von einer durchschnittlichen Prüfungsdauer von 10 Einsatztagen bei Mittelbetrieben aus, dann wird schnell deutlich, dass jeder fehlende Prüfer in Bayern für hunderttausende Euro Mindereinnahmen sorgt.

Auch bei Klein- und Kleinstbetrieben ist Bayern Schlusslicht. Hier kommt der Prüfer statistisch nur alle 40 bzw. 169 Jahre vorbei. Der Bundesdurchschnitt liegt bei Kleinbetrieben bei 30 Jahren, bei Kleinstbetrieben bei 100 Jahren. Bei Kleinbetrieben landen wieder nur zwei Bundesländer innerhalb der Vorgaben der Finanzministerkonferenz (Niedersachsen, Sachsen-Anhalt). Damit wird offensichtlich, dass Steuerzahlungen dieser Unternehmen weitgehend dem eigenen Ermessen vorbehalten bleiben.

Auch die Prüfung sogenannter Einkommensmillionäre (Überschusseinkünfte von über 500000 Euro) ist geprägt von der finanzföderalen Dynamik. Hier ist Hamburg innerdeutsches Schlusslicht mit einer Prüfungsquote von unter 5% im Jahr 2011 – das heißt, die hanseatischen Einkommensmillionäre werden nur ca. alle 20 Jahre geprüft.* Im Bundesschnitt betrug die Prüfquote 13%, was einem Turnus von ca. 8 Jahren entspricht. Ein Vermerk der AG Datenanalyse lässt darauf schließen, dass künftig die Quote deutlich besser aussehen dürfte. Der Grund dafür sind aber nicht etwa mehr Prüfungen, sondern von den zuständigen Referatsleitern in den Landesfinanzministerien beschlossene Änderungen an der statistischen Erfassung: Die Kapitaleinkünfte, die der Abgeltungssteuer unterliegen, werden bei der Ermittlung der Überschusseinkünfte nicht mehr einbezogen und die Grenze von 500000 Euro muss mindestens in zwei von drei Jahren überschritten sein (zuvor war ein Jahr ausreichend). Auch so lässt sich eine Prüfungsquote schönen.

Die Ursache für die Einstellungsrenitenz bei manchen Bundesländern dürfte vordergründig in einem besonderen Merkmal des deutschen Finanzföderalismus liegen. So verbleiben sämtliche Kosten für das Personal der Finanzämter, inklusive der Fahnder und Prüfer, im Bundesland, einschließlich der Pensionskosten. Die steuerlichen Erträge aber fließen nur zu einem Teil in die Taschen der Bundesländer, die komplizierten Bund-Länder-Finanzbeziehungen sorgen dafür, dass ein großer Teil der Steuereinnahmen beim Bund landet oder im Länderfinanzausgleich anderen Bundesländern zu Gute kommt. Obgleich ein Prüfer oder Fahnder unter dem Strich das X-fache seines Gehalts in die Staatskasse spült, hoffen manche Länder offenbar, mit wenig Steuerpersonal Unternehmen oder Millionäre ins Land zu locken – auf Kosten der gleichmäßigen und grundgesetzgemäßen Besteuerung in Deutschland. Kein Wunder, dass sich manche Bundesländer mit aller Kraft gegen eine Veröffentlichung solcher Zahlen sperren – obgleich diese beim BMF vorliegen.

Der Fluch der fehlenden Bundesfinanzverwaltung

Dem Steuerkrieg der Bundesländer und Kommunen ein Ende zu setzen, wäre im Prinzip ganz einfach: Mindeststeuersätze sowie eine bundeseinheitliche Steuerverwaltung würden das Problem an der Wurzel packen. Während das erste immerhin 2004 bei der Gewerbesteuer geglückt ist und somit innerdeutsche Entwicklungen à la Norderfriedrichskoog wenigstens abgebremst wurden, wird eine Bundessteuerverwaltung noch lange auf sich warten lassen. Der Tenor der Landesfinanzminister lautet durch die Parteienlandschaft hinweg, dass an der Steuer- und Finanzverwaltungskompetenz der Länder nicht gerüttelt werden dürfe. Ob die erste Landesregierung unter Federführung der Linken in Thüringen auf derselben Leier spielen wird, bleibt noch abzuwarten. Was sich in der Bundesrepublik dazu in den letzten Jahren politisch abgespielt hat, grenzt an eine Groteske.

Im Mai 2014 diskutierte der Finanzausschuss des Bundestages über die Finanzverwaltung. Mit dabei war Axel Troost, Steuerexperte bei der Linke-Fraktion. Er schildert, wie bei dieser Sitzung Michael Sell, Steuer-Abteilungsleiter im Finanzministerium, feststellte, zwischen Bund, Bundesrechnungshof und den Ländern gebe es völlig unterschiedliche Vorstellungen darüber, was die Bundesauftragsverwaltung bei den Steuern zu bedeuten habe. Über 60 Jahre nach Verabschiedung des Grundgesetzes bekennt der oberste Steuerbeamte der Republik also, dass über einen zentralen Pfeiler der Finanzverfassung Deutschlands auf höchster politischer Ebene grundlegende Meinungsverschiedenheiten bestehen.

So lehnen die Länder jegliche Einmischung in Entscheidungen über die Ressourcenverwendung mit dem Hinweis auf ihre Personal- und Organisationshoheit vehement ab. Den Appell Sells, hier zu einem Ausgleich zu gelangen, griff Axel Troost auf. Er schlug vor, die festgefahrene Situation mit den Ländern aufzuweichen. Dazu könnten «die mit den Steuerprüfungen verbundenen Kosten im Länderfinanzausgleich als Kosten angerechnet werden, um die Länder, die zusätzliches

Personal einstellen würden, nicht zusätzlich zu belasten». Sein Vorschlag aber verpuffte, niemand traute sich aus der Reserve, niemand schien ein Interesse daran zu haben, Abhilfe zu schaffen. Andere Tagesordnungspunkte drängten, das Thema sollte auf einer nächsten Sitzung wieder behandelt werden. Ein halbes Jahr später, im Dezember 2014, wurde immerhin eine Arbeitsgruppe von Abteilungsleitern der Länder und des Bundeszentralamts für Steuern eingerichtet. Ihre Aufgabe ist aber äußerst bescheiden formuliert: Es sollen lediglich «Optimierungsmöglichkeiten [...] untersucht werden», worunter auch die Betriebsprüfungen fallen. Wie bei der anderen Arbeitsgruppe zur EDV sollen Vorschläge im Herbst 2015 den Finanzstaatssekretären zum Entscheid vorgelegt werden.

Der letzte größere Versuch, den Gordischen Knoten deutscher Finanzbeziehungen zu entwirren, liegt einige Jahre zurück. Das Ergebnis der Föderalismuskommission II von 2007 bis 2009 brachte jedoch nicht den vom Finanzministerium gewünschten einheitlichen und bundesweiten Steuervollzug. Die erste Föderalismuskommission hatte im Jahr 2003 ihre Arbeit mit einem Auftrag aller Parteien des Bundestages begonnen. Dazu schrieb das Finanzministerium in Berlin 2004 ein Positionspapier, das es in sich hat. Der erste Satz des Dokuments zur «Effizienz und Effektivität in der Steuerverwaltung» lautet: «Rechtsrahmen und gegenwärtige Praxis des Steuerföderalismus in Deutschland behindern die Steuerverwaltung im Alltagsgeschäft, erzeugen Reibungsverluste mit spürbaren finanziellen Folgen und beschränken die internationale Handlungsfähigkeit des deutschen Fiskus.»

Die Rolle des Bundes bei der Verwaltung von Gemeinschaftssteuern war und ist durch das Grundgesetz auf einvernehmlich mit den Ländern zu erzielende Verwaltungsvorschriften und Rahmengesetzgebung beschränkt (Art. 108 GG). Im Finanzverwaltungsgesetz werden unter anderem die Aufgaben des Bundeszentralamts für Steuern in Bonn beschrieben, das zum 1. Januar 2006 als ein Nachfolger des Bundesamts für Finanzen gegründet wurde. Dieses untersteht dem Bundesfinanzministerium und wird bisweilen als Keimzelle für eine Bundessteuerverwaltung gehandelt. Es hat das

Recht, sich an Betriebsprüfungen der Länder zu beteiligen und Betriebe zur Prüfung zu benennen. Die Bundesbetriebsprüfer sollen «bei Außenprüfungen der größten Konzerne und Großunternehmen im gesamten Bundesgebiet» mitwirken. Dieses Schwert war jedoch denkbar stumpf und sollte durch eine BMF-Arbeitsgruppe «Strategische Neuausrichtung der Bundesbetriebsprüfung» geschärft werden.

Ein Bericht des Bundesrechnungshofes an den Finanzminister aus dem Jahr 2005, der in einem bisher unveröffentlichten Bericht des Bundesrechnungshofes aus dem Jahr 2014 erwähnt wird, lässt an Deutlichkeit nichts zu wünschen übrig. Durch die Mitwirkung des Bundes an ca. 1 % (ca. 400) der deutschlandweiten Betriebsprüfungen seien Missstände mit «erheblichen Steuerausfällen für den Bund» offenbar geworden, die nur die «Spitze des Eisberges» darstellten. Obendrein verfügten die Bundesprüfer selbst in diesen entdeckten Fällen «nicht über die rechtlichen Möglichkeiten [...], um Länderentscheidungen zu Lasten des Bundes zu verhindern». Auf gut Deutsch heißt das: Die Meinung über die richtige Steuerrechtsanwendung der Bundesbetriebsprüfer weicht in den relativ wenigen bekannten Fällen nicht selten von jener der Landesbetriebsprüfer ab. Die Bundesbetriebsprüfer können sich aber häufig nicht durchsetzen. Könnten sie dies, würde es zu höheren Steuereinnahmen führen.

Um wie viel Geld es dabei tatsächlich geht, enthüllen Zahlen des Bundeszentralamts für Steuern, die erstmals zur Verfügung stehen. Demnach wurde durch die Bundesbetriebsprüfung 2012 bei 1026 Prüfungen ein Mehrergebnis von 5,1 Mrd. Euro erzielt, pro Prüfung ca. 4,9 Mio. Euro. Laut Auskunft des Zentralamts beschränkt sich dieses Mehrergebnis «auf die durch die Bundes-Bp geprüften Sachverhalte. Feststellungen der Landes-Bp sind nicht enthalten». Zur Erinnerung: Das gesamte Mehrergebnis aller Betriebsprüfungen, in welches die Zahlen der Bundesbetriebsprüfung einfließen, betrug im selben Jahr laut Bundesfinanzministerium 19 Mrd. Euro. Bildet man die Differenz, dann wurden durch die Landesbetriebsprüfungen ca. 14 Mrd. Euro erzielt, bei insgesamt 195 691 Betriebsprüfungen, darunter 41 365 Prüfungen bei Großunternehmen. Die größten der Großunternehmen, sogenannte G1-Unternehmen, wurden im Jahr 2011 immerhin 5658 Mal geprüft. Unterstellt man hypothetisch, dass die Landesbetriebsprüfer bei 5000 Großbetriebsprüfungen ein ähnlich hohes Mehrergebnis pro Prüfung erzielen würden wie die Bundesbetriebsprüfer, dann beliefe sich allein dieses Mehrergebnis auf über 24 Mrd. Euro. Sicherlich ist diese Rechnung nur eingeschränkt hilfreich, denn die Bundesbetriebsprüfung dürfte sich auf die allergrößten Fälle beschränken. Dennoch darf das deutlich höhere Mehrergebnis bei der Bundesbetriebsprüfung gemeinsam mit den Feststellungen des Rechnungshofes als Indiz für ein gravierendes Problem gelten.

Als Bundesfinanzminister Hans Eichel am 12. August 2005 Nägel mit Köpfen machte und einen Stufenplan verabschiedete, waren große Teile seiner hehren Ziele schon auf dem Altar der politischen Machbarkeit geopfert worden. Denn die Länder sperrten sich vehement gegen eine Stärkung der Bundessteuerverwaltung. Konkret schlug Eichel nun die Aufstockung um 500 Bundesbetriebsprüfer bis 2016 vor, sowie stärkere Mitspracherechte des Bundes im Betriebsprüfungsverfahren. Außerdem sollte ein Plan zur mittelfristigen Übernahme der Konzern- und Großbetriebsprüfung durch den Bund erarbeitet werden. Besonderes Augenmerk legte Eichel auf Meinungsverschiedenheiten zwischen Bund und Landesfinanzverwaltungen. Hier sollte dem Bund bei wesentlichen Abweichungen ein Vetorecht eingeräumt werden, genauso wie bei verbindlichen Auskünften und Zusagen gegenüber Steuerpflichtigen. Doch konnte sich Eichel nicht gegenüber den Ländern durchsetzen. Übrig blieben als Ergebnis der beiden Föderalismusreformen 2006 und 2009 lediglich minimale rechtliche Änderungen. Das BMF erhielt das Recht, bei Uneinigkeit zwischen Bundesbetriebsprüfern und Landesbehörden im Einzelfall einer Außenprüfung letztinstanzlich zu entscheiden. Außerdem durfte der Bund fortan nicht nur bei Prüfungen der Länder mitwirken, sondern selbst Prüfungen initiieren, also zu prüfende Betriebe namentlich festlegen. Auch Prüfungen bei anderen Steuerpflichtigen waren dem Bundeszentralamt für Steuern künftig nicht mehr versagt. Ab

2010 betrifft dies insbesondere die «Einkommensmillionäre» (§ 19 FVG).

Allein, diese neuen Rechte werden kaum genutzt. Das Initiativrecht des Bundes kam in den viereinhalb Jahren zwischen der Rechtsänderung 2006 und März 2011 in nur drei Fällen zur Anwendung, die sich obendrein alle auf ein einziges Unternehmen bezogen. Auf dieses Unternehmen wurde das Bundeszentralamt für Steuern auch noch durch den Bundesrechnungshof hingewiesen. Die effiziente Nutzung des Initiativrechts ist laut Bundesrechnungshof ferner dadurch eingeschränkt, dass der Bund über keine eigene Datenbasis verfügt, um selbst eine sinnvolle Auswahl der zu prüfenden Betriebe zu treffen. Also eröffnete die Bundesregierung im Dezember 2012 den vorläufig letzten Akt in der großen Groteske um den einheitlichen Steuervollzug. Am 4. Dezember 2012 brachte sie eine Vorlage in den Bundestag ein, um die Landesfinanzbehörden in die Pflicht zu nehmen. Fortan sollten diese dem Bundeszentralamt für Steuern die notwendigen Daten übermitteln, damit die Bundesbetriebsprüfer sinnvoller und zielsicherer eingesetzt werden können. Man möchte meinen, dass es sich hierbei um einen *«no-brainer»* handelt, wie Briten charmant solche Entscheidungen bezeichnen, deren Sinn und Nutzen im Verhältnis zu den Kosten und Risiken unbestritten sind und die darum ohne weitere Diskussion, quasi ohne sein Gehirn zu bemühen, getroffen werden können. Doch es kam anders. Die Vorlage scheiterte – welch Überraschung – am Widerstand der Länder. So muss der Bund bei seinen Betriebsprüfungen weiterhin im Dunkeln stochern und kann deshalb, laut Bundesrechnungshof, sein «Prüfungsinitiativrecht nicht wirksam wahrnehmen».

Bei der neuen Letztentscheidungskompetenz durch den Bund fällt die Bilanz ähnlich schockierend aus. Nur zwei strittige Fälle wurden von 2009 bis 2011 dem BMF zur Entscheidung vorgelegt. Diese geringe Anzahl könnte zwar damit erklärt werden, dass zweifelhafte Positionen seitens der Landesfinanzbehörden nun schon vorzeitig im Gesprächsverlauf aufgegeben werden, um die «Schmach» einer Korrektur aus Berlin zu vermeiden. In einem Bericht des Bundesrechnungshofes aus dem Jahr 2011 aber wird deutlich, dass es noch andere Gründe geben könnte. Dort steht, man habe bei einer früheren Prüfung festgestellt, «dass eine Landesfinanzbehörde sich über die Feststellungen des Bundeszentralamts für Steuern hinwegsetzte, ohne [es] darüber zu informieren. Nur durch Zufall erfuhren die Bundesbetriebsprüfer von dem Vorgang und versuchten [...] einen Steuerschaden in Millionenhöhe für den Bund zu verhindern.» Dies werfe die Frage auf, so der Bundesrechnungshof weiter, «ob es tatsächlich so wenige Fälle gab oder ob die Landesfinanzbehörden das BZSt im Unklaren über die weitere steuerliche Behandlung der Fälle ließen». Der naheliegende Schluss, dass es mehr ungemeldete Fälle gibt, wo die Landesfinanzbehörden die Mitwirkungsrechte des Bundes missachten, veranlasst den Bundesrechnungshof dazu, eine stichprobenweise Überprüfung des Vorgehens der Finanzämter zu empfehlen.

Im Hinblick auf die in der Föderalismuskommission beschlossene Aufstockung des Personals bei der Bundesbetriebsprüfung sieht die Bilanz kaum besser aus. Auch wenn im Jahr 2012 Bundesbetriebsprüfer an 2,6 % der Prüfungen von Großbetrieben beteiligt waren, wird die Zielmarke von 5 % für 2015 wohl verfehlt. Geschuldet ist diese Verzögerung der Hinhaltetaktik der Länder. Diese sind nicht bereit, dem Bund die «wertvollen» Betriebsprüfer so ohne weiteres zu überlassen, hinterfragen den Personalbedarf des Bundes sowie dessen Begründung für die Notwendigkeit seiner stärkeren Beteiligung. Schließlich werfen sie dem Bund im Tauziehen um die Prüfer sogar seine «länderkonträren Verhandlungspositionen» bei der Föderalismuskommission vor. 2009 und 2010 wurden ganz im Geiste streitender Sandkastenkinder die Weichen so gestellt, dass das ursprüngliche Ziel von 500 zusätzlichen Bundesbetriebsprüfern erst 2023 erreicht werden dürfte. Der Bundesrechnungshof kritisiert massiv die Passivität des Bundesfinanzministeriums bei dieser Frage. Dieses habe laufende Berichte über die Entwicklungen aus dem Bundeszentralamt für Steuern nur zur Kenntnis genommen, «eine fachaufsichtliche Steuerung fand nicht statt» – obwohl massive Verzögerungen und Probleme auftraten. Aber selbst beim

Bundeszentralamt für Steuern zweifelt der Bundesrechnungshof daran, ob es die «mit der Schaffung des § 19 Absatz 5 FVG bezweckten gesetzgeberischen Ziele auch in der Praxis umsetzen will».

Die Betriebsprüfung als Spielball der Politik

Wo mit Personalknappheit Wirtschafts- und Standortpolitik betrieben wird, werden engagierte und motivierte Steuerbeamte großem Druck ausgesetzt, in zu wenig Zeit zu viele Fälle abschließen zu müssen. So gerät der aufrichtige Wunsch, Gesetze richtig anzuwenden und für Steuergerechtigkeit zu sorgen, schnell in Konflikt mit der politischen Agenda mancher Vorgesetzten. Diese Spannung prägt den Arbeitsalltag vieler Betriebsprüfer.

Den wenigsten Menschen in Deutschland dürfte bekannt sein, wie Betriebsprüfungen der größten Konzerne in Deutschland ablaufen. Man mag das Bild vor Augen haben, dass eines Montag morgens ein Team vom Finanzamt unangemeldet vor der Konzernzentrale steht und Einlass begehrt. Man könnte meinen, dass Teile der Geschäftstätigkeit für die ersten paar Stunden zum Erliegen kommen, weil in dieser Zeit Dokumente gesichtet werden, die andernfalls verschwinden könnten. Nachdem diese Sicherungsvorkehrungen getroffen wurden, könnte man damit rechnen, dass Gespräche mit verschiedenen Verantwortungsträgern des Unternehmens geführt werden, um die steuerliche Praxis und die Arbeitsabläufe zu verstehen. Anschließend dürften dann die verschiedenen Bücher und Unterlagen über mehrere Wochen hinweg analysiert und auf mögliche Fehler durchforstet werden. Solch eine Prüfung sorgt zwar nicht für Freudentaumel, aber sie dürfte den meisten Menschen als notwendiges Übel einleuchten. Schließlich sollte man doch selbstverständlich dort, wo Milliardenumsätze gemacht werden, auch gründlich nachsehen.

Die Praxis in Deutschland jedoch sieht ganz anders aus, bei den größten Konzernen etwa so: Am Montagmorgen parkt der Finanzbeamte, wie seit 10 Jahren beinahe täglich, sein

Auto auf dem eigenen Firmenparkplatz. Dann grüßt er in der Eingangslobby des Unternehmens freundlich die Wachleute, bevor er mit seiner Firmen-Chipkarte die Sicherheitsschleuse passiert. Auf dem Weg in sein Büro teilt er sich dann den Firmenaufzug mit vielen Angestellten des Unternehmens, man parliert über den gemeinsam verbrachten Betriebsausflug vergangene Woche. Das Büro teilt er sich seit Jahren mit denselben Finanzbeamten, die alle über einen eigenen Telefonanschluss im Unternehmen verfügen. Dort arbeiten diese tagtäglich in einem Team von bis zu 10 oder gar 15 Kollegen an der quasi immerwährenden Betriebsprüfung.

Die Betriebsprüfungsordnung (BpO 2000), eine «Allgemeine Verwaltungsvorschrift» des Bundes, gibt allen Landesfinanzbehörden einen groben Rahmen für die Betriebsprüfungen vor. Die Landesfinanzbehörden regeln dann in geheimen Arbeitsanweisungen weitere Details, etwa zur Rotation der Prüfer oder den Prüfungszeiträumen. In der Rahmenvorschrift des Bundes ist geregelt, dass bei den größten Unternehmen kein Jahr ungeprüft bleiben darf und dass in aller Regel nicht mehr als drei Jahre auf einmal geprüft werden sollen. So können steuerliche Betriebsprüfungen schnell ein paar Monate dauern.

Bei den größten Konzernen, darunter die DAX-Unternehmen, können daraus auch 2–3 Jahre werden. Die erforderliche lückenlose Vor-Ort-Prüfung jedes einzelnen Geschäftsjahres führt dazu, dass sich die Betriebsprüfer im Konzern einrichten. Am Ende der Betriebsprüfung ist eine Schlussbesprechung vorgeschrieben, auf die aber häufig und immer dann verzichtet werden kann, wenn alle offenen Fragen einvernehmlich geklärt werden konnten. Gibt es Meinungsverschiedenheiten, dann werden diese während der Schlussbesprechung ausgetragen – die «auch immer etwas von einem orientalischen Basar» habe, so Ex-Steuerfahnder Reinhard Kilmer. Daher geben sich bei den größten Unternehmen die Prüfungen quasi die Klinke in die Hand – nicht aber die Prüfer, die oft auf derselben Stelle belassen werden.

Auf diese Weise prüft manch einer schon seit 15 Jahren im gleichen DAX-Konzern. Ihm dürften die Konzernkorridore deutlich bekannter sein als die spartanischen Räumlichkeiten des Finanzamtes. Rotiert werden die Prüfer in manchen Bundesländern fast nie, und wenn doch, dann meist wenn eine Beförderung ansteht oder wenn ein Beamter aus dienstlichen oder privaten Gründen an ein ganz anderes Finanzamt versetzt wird. Eine ständige Präsenz von Betriebsprüfern im Unternehmen wird durchaus kritisch gesehen. Kilmer hält sie für «nicht erforderlich», denn «Konzerne haben meist eine sehr gut aufgestellte Steuerabteilung». Viel Vorarbeit könnte also konzernintern geleistet werden. Obendrein ist deutschlandweit nicht selten ein ehemaliger Kollege aus der Betriebsprüfung nun Ansprechpartner im Konzern – nachdem dieser die Seiten gewechselt hat.

Es leuchtet sofort ein, dass Prüfer nicht nur aus der Ferne Bücher und Unterlagen sichten, sondern sich im Konzern selbst ein Bild von Geschäftsabläufen machen sollten. So ist in der BpO festgelegt, dass der Ort der Außenprüfung im Betrieb selbst liegen sollte (BpO 2000, § 6). Allein wie gemütlich man es sich dabei machen sollte, ist eine ganz andere Frage. Verbindliche oder gar einheitliche Regeln für die Rotation der Prüfer gibt es nicht. Die BpO schweigt dazu, und Arbeitsanweisungen der Landesfinanzbehörden fallen in puncto Rotation der Betriebsprüfer unterschiedlich aus. Obendrein sind diese Anweisungen nicht öffentlich zugänglich. Sie lesen sich etwa so: «Ein mehrmaliger Einsatz eines Prüfers in demselben Betrieb erleichtert in der Regel die Prüfungstätigkeit. Ein Einsatz desselben Prüfers in einem Betrieb bis zu dreimal ist unbedenklich.» Der Ermessensspielraum bleibt groß. Weil sich die Landesfinanzminister nicht einig werden, fehlen bundeseinheitliche Regeln für diesen Aspekt der Betriebsprüfung. Der Bund hingegen kann allein nichts unternehmen, weil der Bundesrat zustimmen muss.

Manchen Betriebsprüfern wird daher nicht selten eine gewisse Betriebsblindheit attestiert oder gar ein Unwille, manche Sachverhalte kritisch zu betrachten. Es tauchen immer wieder Fälle auf, bei denen es den Anschein hat, als würden grobe Missstände eher durch scheinbar unbedeutende Prüfungen an Nebenschauplätzen oder aber durch Steuerfahnder entdeckt –

ganz ohne, und manchmal sogar entgegen den Präferenzen der eigentlichen Betriebsprüfer. Die Siemens-Schmiergeldaffäre und der Nebenschauplatz «Schelsky» unterstreichen, mit wie wenig Spürsinn die Betriebsprüfer bei Siemens über Jahre vorgegangen sein dürften – oder wie viel politischen Druck sie von oben bekommen haben, nichts zu bemerken. Ins Rollen brachten die Ermittlungen gegen Siemens nicht etwa die Betriebsprüfer, sondern ein anonymer Tipp bei der Münchener Staatsanwaltschaft sowie Hinweise von Ermittlungsbehörden aus der Schweiz und Italien. Unabhängig von den Ermittlungen zum ausgeklügelten Schmiergeldsystem bei Siemens, das im November 2006 zur Durchsuchung der Münchener Firmenzentrale führte und in dessen Verlauf dubiose Zahlungen im Wert von rund 1,3 Mrd. Euro ans Licht kamen, hatte ein «kleiner» Steueroberinspektor in Erlangen bei einer Routinebetriebsprüfung einer der Firmen Wilhelm Schelskys Alarm geschlagen und die Steuerfahndung eingeschaltet.

Was diese ans Licht brachte, war ein verästelter Ausläufer der Siemens-Schmiergeldaffäre. Das Unternehmen hatte seinen IG-Metall Betriebsratsvorsitzenden korrumpiert und die Kosten dafür, ungefähr 600 000 DM, über die zentrale Konzernfinanzverwaltung «meist ohne Verwendungsgrund in der Buchführung» abgerechnet. Als dann der Maulwurf im Betriebsrat 1992 in Rente ging, sah sich die Konzernspitze nach einer Alternative um und wurde bei Wilhelm Schelsky fündig. Dieser hatte 1990 die «Arbeitsgemeinschaft Unabhängiger Betriebsangehöriger» (AUB) gegründet. Nebst einem Tarn-Firmengeflecht wurde diese nun dazu eingesetzt, zuerst bei Siemens, später auch bei Aldi, Metro und ca. 40 anderen deutschen Unternehmen dafür zu sorgen, dass die IG-Metall und andere unliebsame Gewerkschaften aus den Betriebsräten verdrängt würden. Die Kosten von rund 50 Mio. Euro rechnete Siemens entweder über die eigene Kostenstelle oder verschiedene «Fremdfirmen» sowie Tochterfirmen ab.

Nach seinem offiziellen Ausscheiden bei Siemens 1990 begann Schelskys Karriere als Berater. Zunächst durfte er seine Dienstreisen weiterhin bei seinem früheren Arbeitgeber abrechnen. Auch andere Kosten, etwa für die Einrichtung eines

Büros, landeten anfangs noch bei Siemens. Sogar das Personal, das bei Schelsky's AUB arbeitete, bezog sein Gehalt nach wie vor offiziell von Siemens – zehn Jahre lang, bis 2001. Bei einem Salär von über 120000 DM im Jahr als gelernte Sekretärin dürften Nachfragen aus deren Richtung eher die Ausnahme geblieben sein. Aber gilt das auch für die Siemens-Betriebsprüfer? Warum wurden diese nicht hellhörig? Die dicksten Finanzspritzen von Siemens im Umfang von über 30 Mio. Euro wurden durch tatsächlich nicht erbrachte Beratungs- und Schulungsleistungen zwischen 2001 und 2006 abgerechnet. Nach Revision wurde Schelsky schließlich 2014 wegen Betrug und Steuerhinterziehung zu einer Haftstrafe von vier Jahren verurteilt. Siemens dagegen musste neben allen Bußgeldern und ausländischen Strafzahlungen allein in einer Sparte wegen fingierter Betriebsausgaben Steuernachzahlungen von 179 Mio. Euro in Deutschland berappen – ganz zu schweigen von Verfahren gegen über 300 Personen. Es nimmt schon Wunder, dass das hunderte Millionen schwere Schmiergeldsystem und ein Fehlverhalten so großen Ausmaßes bei der Betriebsprüfung übersehen werden konnte.

Betriebsprüfer sind laut Betriebsprüfungsordnung verpflichtet, Verdachtsmomente an die Steuerfahndung weiterzureichen. Im § 10 heißt es: «Ergeben sich während einer Außenprüfung zureichende tatsächliche Anhaltspunkte für eine Straftat (§ 152 Abs. 2 StPO), deren Ermittlung der Finanzbehörde obliegt, so ist die für die Bearbeitung dieser Straftat zuständige Stelle unverzüglich zu unterrichten. Dies gilt auch, wenn lediglich die Möglichkeit besteht, dass ein Strafverfahren durchgeführt werden muss.» Diese Formulierung verpflichtet Betriebsprüfer schon relativ früh, Hinweise an die Straf- und Bußgeldsachenstelle weiterzugeben – denn die Schwelle eines begründeten Verdachts muss ausdrücklich nicht erreicht worden sein. Stattdessen genügt bereits die Möglichkeit, dass ein Strafverfahren erforderlich ist. Diese Mitteilung wird in Form von «Rotberichten» vorgenommen, in denen im Unterschied zum «Grünbericht» nach der Betriebsprüfung möglicherweise strafrechtlich relevante Sachverhalte festgehalten werden.

In der Praxis jedoch sind Rotberichte eine Rarität. Oft fehlt die Sensibilität für die strafrechtliche Relevanz. Aber manche Betriebsprüfer fertigen diese auch deshalb fast nie aus, weil sie das Klima einer Betriebsprüfung deutlich beeinträchtigen würden. Zudem wird ein möglicher «Rotbericht» gern als Druckmittel in den Verhandlungen mit dem Unternehmen eingesetzt. Dadurch können zweifelhafte steuerliche Standpunkte leichter durchgedrückt werden, um letztlich ein möglichst hohes Mehrergebnis einzufahren.

Gelegentlich kommt es zwischen Betriebsprüfung und Steuerfahndung zu richtigen Reibungsverlusten, weil sich die Prüfer durch deren Auftreten kontrolliert und gestört fühlen. Einem Insider zufolge komme oft Unwohlsein auf, wenn die Steuerfahndung etwa im Rahmen von Korruptionsverfahren auf große Schmiergeldzahlungen stoße, da man möglicherweise dieses Thema bewusst vermieden habe, um das Klima nicht zu belasten. Dennoch wäre es verkehrt, die Verantwortung für einen bisweilen laschen Steuervollzug allein den Betriebsprüfern in die Schuhe zu schieben. Denn wenn Betriebsprüfer mutig Positionen beziehen – was nicht selten vorkommt –, dann werden sie schnell zum Spielball der Politik. Einem Betriebsprüfer etwa fiel bei der Prüfung eines großen inländischen Unternehmens auf, dass dem Geschäftsführer bei einer gesellschaftsrechtlichen Konstruktion zur Steuervermeidung ein Fehler unterlaufen war. Im Laufe der Prüfung wurden Nachzahlungen in Millionenhöhe festgesetzt, die den anderen Gesellschaftern aufgefallen wären und diese kaum erfreut hätten. Also stattete der Geschäftsführer dem Abteilungsleiter des Finanzministeriums im entsprechenden Bundesland einen Besuch ab und machte dort seinem Ärger über die Finanzbeamten Luft, die ihn persönlich in Schwierigkeiten brächten. Der Abteilungsleiter zitierte daraufhin die Finanzbeamten zu sich, um ihnen zu einer anderen Sicht der Dinge zu verhelfen. Damit waren die Nachzahlungen aus dem Weg geräumt.

Man kann sich vorstellen, dass Widerstand seitens der Finanzbeamten an dieser Stelle schnell zu hässlichen Szenen und Schicksalen führen kann. Eine Strategie mancher Betriebsprüfer, um im Konflikt zwischen Gewissen und Steuerrecht einerseits und den Anweisungen Vorgesetzter andererseits nicht einfach einzuknicken, ist das Beharren auf eine schriftliche Anweisung durch den Vorgesetzen im konkreten Fall. Beamte haben das Recht, sich bei Zweifeln an der Rechtmäßigkeit einer Anweisung an den nächsthöheren Vorgesetzten zu wenden und auf einer schriftlichen Bestätigung der Anweisung zu bestehen (§ 63 BBG sowie § 36 BeamtStG). Nur bei Gefahr im Verzug haben Landesbeamte anders als Bundesbeamte kein Recht, eine Anweisung schriftlich einzufordern. In jedem Fall ist diese Strategie für den Beamten riskant. Er muss in Kauf nehmen, dass in der Personalakte eine negative Bewertung Eingang findet und einer Beförderung im Wege steht. Andererseits hat sich schon so manche Anweisung mit fragwürdiger Rechtsgrundlage und Zielrichtung damit in Luft aufgelöst. Alternativ leisten die Betriebsprüfer der mündlichen Anweisung Folge, machen aber einen Aktenvermerk, damit sie bei einer etwaigen Kontrolle durch den Rechnungshof aus dem Schneider sind. Rechnungshöfe aber dürften nur äußerst selten die Ressourcen haben, um diese Aktenvermerke aufzuspüren, ganz zu schweigen vom notwendigen steuerrechtlichen Durchblick, diese Sachverhalte richtig einzuordnen.

Auch internationale Unternehmen dürfen sich politischer Unterstützung bei fragwürdigen steuerlichen Methoden sicher sein. Erst kürzlich geriet ein Novize der Bundesbetriebsprüfung zufällig in tiefstes politisches Fahrwasser. Bei einer inländischen Tochtergesellschaft eines ausländischen Konzerns sollte er den Warenbestand prüfen. Normalerweise ist dieser Prüfbereich dröge und wird meist dann anberaumt, wenn man dem Unternehmen gar nicht wehtun möchte. Ihn aber machte stutzig, dass das Unternehmen keinerlei Vorräte mehr hatte. Was dann ans Licht kam, war alles andere als Inventur-Klein-Klein: Die Vertriebsgesellschaft, die Produkte des ausländischen Unternehmens hierzulande verkauft hatte, sollte zu einem Verkaufsagenten abgeschmolzen werden. Der Unterschied: Eine Vertriebsgesellschaft ist Eigentümerin der Waren, die sie verkauft, ein Verkaufsagent aber nicht. Damit erkannte der Prüfer, dass es sich um eine steuerliche Funktionsverlagerung ins Ausland handelte, die hierzulande besteuert werden muss. Somit wurden auch hier Millionen fällig. Unterdessen unterhielt sich die Unternehmensleitung mit den Abteilungsleitern der Steuerbehörden zweier Bundesländer. Ausgekungelt wurde, dass im Gegenzug zu einer größeren Investition des ausländischen Mutterkonzerns im anderen Bundesland die Funktionsverlagerung steuerlich nicht mehr als solche anzusehen sei. Die Abteilungsleiter sprachen, und das Steuerrecht bog sich.

Auch Ferrero soll nach Angaben des Spiegel und des Stern in Deutschland über viele Jahre in den Genuss besonderer steuerlicher Behandlung gekommen sein und war eine Quelle im Schwarzgeldsystem, das mit der CDU-Spendenaffäre ab Dezember 1999 aufgedeckt wurde. So spendete das Ferrero-Werk im mittelhessischen Stadt Allendorf in den 1980er und 1990er Jahren alljährlich 50000 bis 100000 DM an die hessische CDU, insgesamt eine Summe von ungefähr 1 Mio. DM. Das Geld wurde in bar an den Landessschatzmeister der hessischen CDU übergeben. Gleichzeitig soll Ferrero für sein Werk in Stadt Allendorf über mehrere Jahre eine viel zu niedrige Gewerbesteuervorauszahlung geleistet haben. 1995 etwa soll das Unternehmen statt der rechnerisch fälligen 50 Mio. DM nur 9,8 Mio. DM gezahlt haben. Das Rechnungsprüfungsamt, so die Berichte der beiden Zeitschriften, deckte diese Praxis 1996 auf, und Ferrero zahlte flugs 50 Mio. DM nach. Dennoch hätte Ferrero auf diese Weise einen Zinsgewinn von geschätzt 13 Mio. DM eingefahren, der zulasten der Gemeinde und des Kreises gegangen wäre. Alle Beteiligten streiten natürlich einen Zusammenhang zwischen Parteispenden und geringen Gewerbesteuervorauszahlungen ab.

Ob wegen solcherlei Erwägungen auch die Obersteuervermeider Starbucks und IKEA nach München gezogen sind, bleibt vorerst Geschäfts- bzw. Steuergeheimnis. Ende 2012 verlegte Starbucks seinen Sitz von Essen nach München. Die IKEA Distribution-Services Gesellschaft wurde 2014 von Dortmund nach München verlegt. Das riesige IKEA-Auslieferungslager in Dortmund gehört zu dieser Gesellschaft, die bis Juni 2014 in Form einer GmbH operierte und heute als

Kommanditgesellschaft auftritt. Eine außergewöhnliche bayerische «Flexibilität» bei den Verrechnungspreisen kommt als Erklärung für die Verlagerung des Sitzes durchaus in Frage, denn Steuerexperte Karl-Martin Hentschel von Attac hat in seiner umfassenden Recherche zu IKEA herausgefunden, dass das Auslieferungszentrum in Dortmund unter anderem «alle europäischen IKEA-Einrichtungshäuser mit kleinvolumigen Artikeln und Aktivitätswaren versorgt». Welche Steuerbeamten können «die Preise von über 12 000 Artikeln kontrollieren [...], die zwischen über 1000 Herstellern und Zuliefererfirmen [...] in mehreren Stufen intern verrechnet werden»? Im vollständigen Wortlaut heißt das Bayerische Finanzministerium «Bayerisches Staatsministerium der Finanzen, Landesentwicklung und Heimat». Im Licht des föderalen Steuerwettbewerbs wird der tiefere Sinn dieser merkwürdigen Kombination erst richtig deutlich.

Nicht zuletzt in der Causa Hoeneß tauchten Ungereimtheiten auf. Das Finanzamt sieht sich dem Vorwurf ausgesetzt, dass es sich vor dem Skandal offenbar nicht für Transfers von knapp 17 Mio. Euro in die Schweiz interessiert habe. Denn die Betriebsprüfer schauten sich wegen deklarierter Devisengeschäfte mehr als einmal die Bücher von Hoeneß an und besuchten ihn dazu in dessen Villen. Der Stern stellt die offenkundige Frage: «Wollte niemand wissen, ob die Millionen in der Steueroase Schweiz Gewinne abwarfen?» Offenbar nicht. Die Staatsanwaltschaft München bemüht sich um Schadensbegrenzung, indem sie behauptet, dass aufgrund der nicht vorhandenen Vermögenssteuer nur die Zuwächse steuerlich relevant seien: «Was mit den Beständen passiert, ist [...] nicht, beziehungsweise nur ganz ausnahmsweise interessant. [...] Das war hier nicht der Fall.»

Außerdem sind Finanzamtsvorsteher oft mehr am statistischen Schein als an der Wirklichkeit interessiert. Die Anzahl abgearbeiteter Fälle ist beförderungsrelevant und wird zum Fetisch erhöht. Auch das Mehrergebnis wird frisiert, mitunter dadurch, dass Neulinge der Betriebsprüfung einfach aufzufindenden Mehrergebnissen auf den Leim gehen, die statistisch zwar für einen schönen Schein, aber unter dem Strich nicht für mehr Steuern sorgen. Zum Beispiel besteht eine Finte der Unternehmen darin, zu Beginn eines dreijährigen Prüfungszeitraums etwa die Vorräte mit zehn Millionen zu niedrig zu bewerten. Der Betriebsprüfer entdeckt das, freut sich, dass er ein statistisches Mehrergebnis eingefahren hat, und schaut den Rest der Prüfung weniger gründlich hin, den Blick innerlich schon auf die nächste Prüfung zur Statistikerfüllung gerichtet. Am Ende des Prüfungszeitraums, zwei Jahre ab Unterbewertung der Vorräte, ist das Lager freilich längst leer, die Artikel sind natürlich verkauft worden. Die Unterbewertung hätte also über den gesamten Prüfungszeitraum überhaupt keinen fiskalischen Effekt gehabt, denn spätestens beim Verkauf der unterbewerteten Vorräte hätte sich die Fehlbewertung von allein behoben. Zwischen den Veranlagungsjahren einer Betriebsprüfung wird so munter hin- und her verlagert, und all das findet Eingang in den statistischen Schein eines ach so hohen Mehrergebnisses.

Wahrheitsfindung und Steuerrechtspflege werden dabei nachrangig. Betriebsprüfer beklagen sich immer wieder über die Personalnot und die hausinterne Rechtsabteilung des Finanzamts. Von dort würde zunehmend auf jedwede Auseinandersetzung verzichtet, sofern der Fall nur kompliziert ist und der Steuerzahler dem aufwändig argumentierenden Prüfbescheid widerspricht. Die wertvollen Arbeitsstunden, die der Betriebsprüfer zur Begründung einer mutigen Position aufwendet, lösen sich beim ersten Anflug von Gegenwind in Luft auf. Man kann sich denken, wie sich eine solche rückgratlose Haltung der Rechtsabteilung auf die Motivation engagierter Prüfer auswirkt.

Aber nicht nur auf Seiten der Finanzämter und Betriebsprüfer gibt es Probleme. Auf der anderen Seite klafft ebenfalls eine Kompetenzlücke: Strafrichter, Staatsanwälte und selbst die meisten Richter an Finanzgerichten sind Lichtjahre davon entfernt, sich in die Details etwa von Verrechnungspreisunterlagen und -regeln derart einzuarbeiten, dass sie einen Prozess riskieren würden. Bevor sie den Abtransport halber Lastwagen voller Akten und deren Auswertung verantworten wollen, werden sie sich sehr gut überlegen, ob sie den Fall aussichtsreich, aber auch zügig, werden abarbeiten können. Wenig anderes dürfte einen durchschnittlich steuerlich bewanderten Staatsanwalt so sehr von einem Strafverfahren abschrecken, als die Aussicht vor Anklageformulierung zunächst viele Tausend Seiten an Bilanzen und Dokumentationen zu durchforsten. Analog gilt das für Finanzgerichte bei Verrechnungspreisfällen. Keine der beiden Seiten rechnet mit einem «guten» Urteil, zu schwammig und komplex ist die Rechtslage.

Absprachen, Deals und ähnliche Steuerzuckerli mit Nebenwirkungen

Luxemburg-Leaks sorgte im Jahr 2014 für Schlagzeilen und Entrüstung. Die ans Licht gezerrten Steuervereinbarungen zwischen Unternehmen und Luxemburger Steuerbehörden überschritten oft die Grenze zum Skandal, aber bislang nur selten jene zur Illegalität. Zu kompliziert und zu schwach scheinen die internationalen Steuerregeln oder nationalen Gesetze, um selbst solch groben steuerlichen Missbrauch zu unterbinden. Lediglich die EU-Kommission ordnete im Oktober 2014 die Amazon-Steuergestaltung in Luxemburg vorläufig als illegale staatliche Beihilfe ein. Oder mangelte es mancherorts schlicht an politischem Willen, näher hinzusehen und zu prüfen?

Wolfgang Schäuble jedenfalls sperrte sich mit edler Gesinnung gegen das Angebot aus Luxemburg und den Niederlanden, alle Absprachen mit deutschen Unternehmen sofort dem deutschen Fiskus zu übersenden. Statt sich mit kurzfristigen Behelfslösungen abspeisen zu lassen, drängte er lieber auf den großen Wurf auf EU-Ebene, wo alle solche Absprachen nach seinen Plänen künftig automatisch ausgetauscht werden sollen. Am 18. März 2015 legte die EU-Kommission dafür erstmals einen konkreten Vorschlag auf den Tisch, der frühestens ab 1. Januar 2016 umgesetzt werden wird. Nebeneffekt der Zögerlichkeit Schäubles ist freilich, dass Deutschland bis heute keinerlei neue Daten zur Auswertung aus Luxemburg und den Niederlanden erhalten hat – im Unterschied zu Frankreich und Belgien, die nicht zu stolz waren, das Angebot auszuschlagen. Das eine zu tun, ohne das andere zu lassen, muss Herrn Schäuble prinzipienlos vorgekommen sein.

Ob es ähnlich dubiose Vereinbarungen auch in Deutschland gäbe, fragte sich damals kaum jemand. Nur zwischen den Zeilen konnte man dem Interview etwa mit dem niederländischen Finanzminister Dijsselbloem Beunruhigendes entnehmen. Im Gegenzug zum Angebot an Finanzminister Schäuble, alle Absprachen mit deutschen Firmen zu übermitteln, äußerte der Minister die Hoffnung, auch umgekehrt informiert zu werden: «Ich biete dies den deutschen Behörden an und hoffe, dass ich im Gegenzug deren Absprachen mit niederländischen Unternehmen bekomme.» Ist diese Forderung des niederländischen Amtskollegen letztlich gar die eigentliche Erklärung für Schäubles Haltung?

Ein BMF-Merkblatt von 2006 beteuert emphatisch, dass «Steuervereinbarungen zwischen einem Steuerpflichtigen und den deutschen Finanzbehörden […] nach deutschem Steuerrecht unzulässig» seien. Stattdessen wird auf die Möglichkeiten durch das APA («advance pricing agreement») verwiesen. Zuständig ist das Bundeszentralamt für Steuern in Bonn. Dessen Aufgabengebiet umfasst die Mitwirkung an der «Erteilung verbindlicher Vorabzusagen über Verrechnungspreise zwischen international verbundenen Unternehmen (APA, § 5 Abs. 1 Nr. 5 FVG)». Hier ist immerhin geregelt, dass alle Vorabanfragen im Zusammenhang mit Doppelbesteuerungsabkommen über das Bundeszentralamt laufen müssen. Sollte das nicht genügen, um zu verhindern, dass eine Sonderbehandlung von Konzernen à la Luxemburg-Leaks unentdeckt bleibt? Wer näher hinsieht, verheddert sich schnell im Gestrüpp föderaler Fußschlingen und juristischer Winkelzüge.

Dem Merkblatt des BMF zufolge kann ein Steuerpflichtiger über das Bundeszentralamt gegen eine Gebühr von 20000 Euro beantragen, dass eine bestimmte Verrechnungspreismethode für bestimmte Transaktionen für die Zukunft akzeptiert wird. Der Gegenstand von APAs ist auf die Wahl der Verrechnungspreismethode beschränkt. Andere Inhalte

dürfen in den APAs nur unter strengen Bedingungen vereinbart werden. Deutschland einigt sich dann mit dem ausländischen Staat vorab auf die steuerliche Behandlung, um Doppelbesteuerung und Konflikten um die Aufteilung der Steuerbasis vorzubeugen. Gelingt eine Einigung, dann erhält das
Unternehmen über sein örtliches Finanzamt eine Vorabzusage
über ebendiese Frage mit einer Laufzeit von 3–5 Jahren.

Einseitige APAs, ohne dass eine ausländische Steuerbehörde eingeschaltet wird, scheinen in Deutschland hingegen
die große Ausnahme zu sein. Weil durch diese Vereinbarungen regelmäßig die zwischenstaatliche Verteilung der Steuerbasis berührt wird, sind APAs nach deutschem Recht nur
nach vorheriger Absprache mit den betroffenen Steuerbehörden dieser anderen Staaten zulässig. Das gilt jedenfalls dann,
wenn mit dem betreffenden Staat ein Doppelbesteuerungsabkommen mit Verständigungsklausel besteht. Gibt es dieses
nicht, dann können die Landesfinanzbehörden im Einver-
nehmen mit dem Bundeszentralamt auch einseitige Vereinbarungen treffen. So weit die Theorie. Nun zur Praxis.

Luxemburg hat es bis 2011 schlicht unterlassen, Daten für
die EU-Statistik zu APAs zu übermitteln. Doch auch
Deutschland hatte noch für die Statistik des Jahres 2011 das
Feld «unilaterale APAs» vornehm leer gelassen – genau wie
Luxemburg. In den beiden folgenden Jahren meldete Deutschland ebenfalls null unilaterale APAs. Auch bilaterale APAs
gab es in Deutschland Ende 2013 offiziell gerade einmal 21,
2006 waren davon acht in Kraft. Doch wie verlässlich sind
diese Zahlen? Ende 2012 behauptete Luxemburg, es seien sage
und schreibe zwei unilaterale APAs in Kraft. Ein Jahr später,
Ende 2013 wuchs diese Zahl auf stolze 119. Die über 500 Steuervereinbarungen, die durch Luxemburg-Leaks bekannt wurden, sollen überwiegend zwischen 2002 und 2010 getroffen
worden sein. Keine davon scheint statistisch als unilaterales
APA erfasst worden zu sein, obwohl zum Beispiel die Vereinbarung mit Amazon laut EU-Kommission eindeutig Verrechnungspreise zum Inhalt hatte. Könnte es ein ähnliches Dunkelfeld in Deutschland geben?

Während nur wenig bilaterale APAs in Deutschland in

Kraft sind, werden deutlich mehr angefragt. Bei 28 Anfragen wurden acht APAs im Jahr 2010 festgelegt, 2009 waren es bei 26 Anfragen nur vier APAs. Diese Zahlen deuten darauf hin, dass es alles andere als einfach ist, sich mit anderen Staaten in Verrechnungspreisfragen einig zu werden. Diese Schwierigkeit dürfte mit dafür sorgen, dass die Kosten und Risiken eines abgelehnten APAs gescheut werden und stattdessen andere Wege gesucht werden, gewünschte steuerliche Ergebnisse zu erzielen. Das Risiko bei APAs ist immer, schlafende Hunde zu wecken. Denn ob das APA von der Steuerbehörde genehmigt wurde oder nicht – sie weiß nun um eine künftige Verrechnungspreisfrage und wird die Augen offen halten. Also pokert man lieber und hofft, dass strittige Praktiken oder andere, einseitige Vereinbarungen unentdeckt bleiben.

Indem Unternehmen so offensichtlich auf bilaterale APAs verzichten, werden Konflikte um die angemessene Verteilung der Steuerbasis in die Zukunft verschoben. Die Streitschlichtungsverfahren der Steuerabkommen sollen es – falls doch jemand im anderen Land Anstoß nimmt – dann im Nachhinein richten. Das zeigt die wachsende Anzahl ungelöster Streitfälle in Konflikten um die Verteilung der Steuerbemessungsgrundlage. Die Statistiken über diese Verständigungsverfahren sind einschlägig: Die Anzahl der ungelösten Streitfälle steigt deutlich an. Innerhalb der EU beispielsweise, wo Konflikte noch relativ einfach zu lösen sein sollten, hat sich diese Anzahl von 2006 bis 2013 von 74 auf 492 Fälle mehr als versechsfacht. Deutschland war im Jahr 2013 Streitpartei in 232 dieser Fälle. Statistiken auf OECD-Ebene sprechen eine ähnliche Sprache: Die Anzahl der offenen Verständigungsverfahren in OECD-Mitgliedsstaaten verdoppelte sich fast von 2006 bis 2013 (von 2352 auf 4566). Deutschland war zum Jahresende 2013 Partei von 858 offenen Verständigungsverfahren. Auch hier hat sich die Zahl seit 2006 (476 Fälle) fast verdoppelt.

Nicht zuletzt die geringen Fallzahlen gemeldeter APAs für Deutschland werfen die Frage auf, ob international tätige Unternehmen nicht auf anderem Wege doch Steuervereinbarungen mit dem deutschen Fiskus auch über Fragen von Verrechnungspreisen treffen können. Das deutsche Steuerrecht kennt mindestens drei weitere rechtliche Türen, die dafür in Frage kämen, weil sie die Regelung von Verrechnungspreisfragen nicht ausdrücklich ausschließen. Zum einen gibt es die verbindliche Auskunft (VA) nach § 89 Abs. 2 Abgabenordnung (AO). Sie betrifft «die steuerliche Beurteilung von genau bestimmten, noch nicht verwirklichten Sachverhalten». Durch das Jahressteuergesetz 2007 wurden diese VA kostenpflichtig (ab 19.12.2006) mit 1 % des Gegenstandswertes. Daneben gibt es die Möglichkeit verbindlicher Zusagen (VZ) nach § 204–207 AO im Anschluss an eine Außenprüfung. Dabei kann die steuerliche Behandlung eines in der Außenprüfung dokumentierten Sachverhalts auf Antrag des Steuerpflichtigen für die Zukunft verbindlich festgelegt werden. Der zulässige Zeitraum ist anders als beim APA nicht eingegrenzt.*

Vorraussetzung einer VZ ist eine sogenannte tatsächliche Verständigung (TV) über schwierig zu ermittelnde Sachverhalte. Solche Verständigungen finden während einer Betriebsprüfung regelmäßig statt und sind bisher nicht gesetzlich geregelt, aber in der Rechtsprechung allgemein anerkannt. Sie sollen Einigkeit über bestimmte «Tatsachen» (daher der Name «tatsächliche» Verständigung) oder Sachverhalte festhalten. Aber es ist auch möglich, mit einer TV eine steuerrechtliche Bewertung vorzunehmen, wenn eine Sachverhaltsfrage untrennbar mit ihr verbunden ist. So kann zum Beispiel festgehalten werden, dass sich die Bandbreite dokumentierter Verrechnungspreise von X bis Y erstreckt und dass das Unternehmen zur Festsetzung seines internen Verrechnungspreises die Methode Z gewählt hat. Ob die Methoden, die Bandbreiten und der vom Unternehmen gewählte Preis angemessen sind, scheint zwingend mit dieser Frage verknüpft. Somit könnten auch diese Fragen von einer TV abgedeckt sein. In einer juristischen Dissertation zum Thema heißt es im Jahr 2009: «Lediglich eine Verständigung über reine Rechtsfragen hält der BFH nach wie vor für unzulässig.»

Überhaupt scheint sich die Rechtsliteratur weitgehend darüber einig zu sein, dass Verrechnungspreisfragen von allen drei unilateralen Instrumenten für steuerliche Zusagen behandelt werden. Zwar nennt der Anwendungserlass für die AO als Ablehnungsgrund für eine VZ: «wenn sich der Sachverhalt nicht für eine verbindliche Zusage eignet (z. B. zukünftige Angemessenheit von Verrechnungspreisen bei unübersichtlichen Marktverhältnissen)». Damit scheint die VZ bei Verrechnungspreisfragen nur erschwert möglich, unmöglich aber ist sie damit noch lange nicht. Es bleibt nämlich offen, was unter «unübersichtlichen Marktverhältnissen» zu verstehen ist. Damit stehen Unternehmen, aber auch Betriebsprüfern und den Landesfinanzbehörden beträchtliche Ermessensspielräume zur Verfügung, die nicht ungenutzt bleiben dürften.

Selbst wenn ein Finanzamt im Alleingang im Bereich Verrechnungspreise Zusagen macht oder Auskünfte erteilt, geht es kein großes Risiko ein. Obwohl das BMF-Merkblatt von 2006 als verbindliche Spezialregelung für die Verwaltung Vorrang haben sollte, also alle Verrechnungspreisauskünfte und -zusagen über das Bundeszentralamt für Steuern laufen müssten, hat ein Verstoß keine ernsten Folgen. Die rechtswissenschaftliche Literatur scheint das Merkblatt als eine Meinung neben vielen anderen zu behandeln und ihr kein großes Gewicht beizumessen. Die Wirkung eines BMF-Merkblatts ist im Vergleich zu Gesetzen eher schwach. Bei vermuteten Verstößen droht dem Finanzamtsvorsteher im schlimmsten Fall eine Geschäftsprüfung durch das Landesfinanzministerium. Das sieht dieser nicht gerne, weil es seine Beförderungschancen nicht unbedingt erhöht. Wenn bei dieser Aktendurchsicht Fehlverhalten tatsächlich ans Licht kommt, kann es zu einer beamtenrechtlichen Beanstandung führen, bei gravierenden Verstößen auch zu einem Disziplinarverfahren. Das aber ist äußerst selten und gerade bei politischer Rückendeckung auch sehr unwahrscheinlich. Betriebsprüfer machen in aller Regel nur auf Druck von oben großzügige Steuergeschenke. Wenn also auch innerhalb Deutschlands mit Verrechnungspreisabsprachen Standortpolitik betrieben werden sollte, dann dürften politische Leitungsebenen eher mit von der Partie sein – wie in Luxemburg auch.

Dabei steht außer Zweifel, dass die Finanzbehörden zumindest einiger Bundesländer gern bereit sind, auch in Verrechnungspreisfragen einseitige Vereinbarungen mit Unternehmen zu treffen. Erst kürzlich hat Michael Hendricks, Partner der wohl einflussreichsten Steueranwaltskanzlei Deutschlands, Flick Gocke Schaumburg, bestätigt, dass TV und VZ regelmäßig von manchen Bundesländern für Vereinbarungen über Verrechnungspreise genutzt werden. Er schreibt: «Im Bereich der Verrechnungspreise ist es regelmäßig ohne weiteres möglich, die in Rede stehenden steuerlichen Rechtsfolgen durch Einigung auf entsprechende Tatsachen zu justieren.» Kann ein Unternehmen verlässlich planen, wo die Schmerzgrenze des Finanzamtes innerhalb der enormen Spanne zulässiger Verrechnungspreise erreicht ist, dann ist es leicht, die steuerliche Bemessungsgrundlage ins Ausland zu verschieben. Auf den mageren Gewinn wird dann in Deutschland ein ordentlicher Steuersatz bezahlt und der Anschein in den Bilanzen und Statistiken ist gewahrt.

Die Sorge um den Steuerschein ist allerdings relativ jung. In den 1990er Jahren hatten sich führende deutsche Manager noch damit gebrüstet, keine nennenswerten Ertragssteuern mehr in Deutschland zu bezahlen. Jürgen Schrempp, der damalige Chef von Daimler-Benz, sagte etwa im April 1996 vor Abgeordneten beiläufig, dass sein Unternehmen mindestens bis zum Jahr 2000 keinen Cent Ertragssteuern mehr in Deutschland bezahlen werde. BMW-Finanzchef Doppelfeld erläuterte bei der Vorstellung des Konzernabschlusses von 1992, als BMW gerade einmal noch 31 Mio. DM Ertragssteuern in Deutschland entrichtete, dass der Steuereinbruch in Deutschland auf ein Zehntel innerhalb von zwei Jahren kein Zufall sei: «Wir versuchen die Aufwendungen dort entstehen zu lassen, wo die Steuern am höchsten sind, und das ist im Inland.» Heute dürfte diese Offenherzigkeit einer gewissen Besorgnis um den guten Ruf gewichen sein. Also ist es opportun, die steuerlichen Kniffe diskreter abzuwickeln. Daher nehmen viele Konzerne heute die Verschiebung von Teilen der Steuerbasis ins Ausland lieber geräuscharm vor.

Da kommt es äußerst gelegen, dass die Entdeckungswahrscheinlichkeit jener Verrechnungspreisabsprachen gering ist. Ein Finanzbeamter des Landes müsste ein bestimmtes Vorgehen als problematisch erkennen und sich zu einer Meldung gegenüber dem BMF entschließen. Seinen eigenen Brötchengeber beim Bund zu verpfeifen, dürfte der Beamtenlaufbahn jedoch kaum förderlich sein. So halten bislang alle Finanzämter gegenüber dem Bundeszentralamt für Steuern dicht, auch wenn es neben den zitierten Quellen Insider gibt, die von solchen Fällen berichten. Demnach würden häufig im Rahmen einer Betriebsprüfung tatsächliche Verständigungen auch im Bereich der Verrechnungspreise getroffen, die mit verbindlichen Zusagen kombiniert werden können und somit in die Zukunft wirken. Diese werden nicht gemeldet. Nicht zuletzt, weil eine Meldung unterbleibt, kann eine solche Zusage dazu führen, dass entweder der deutsche Fiskus auf Kosten anderer Staaten profitiert, oder aber dass mit großzügiger steuerlicher Behandlung Unternehmen ins Land gelockt werden.

Die Bundesregierung jedenfalls antwortete im Dezember 2014 ausweichend auf eine Frage der Grünen-Bundestagsfraktion, ob die Bundesregierung ausschließen könne, dass einzelne Länderfinanzbehörden Absprachen mit Unternehmen über steuerliche Sonderbehandlungen gemacht haben. Es sei nicht erlaubt eine «‹Absprache› über die Höhe der Steuerschuld» zu treffen und es lägen «keine Hinweise vor, dass einzelne Länderfinanzbehörden von den bestehenden Rechtsvorschriften abgewichen sind», war die Antwort. Im Dezember 2014 verlangte die EU-Kommission von allen EU-Mitgliedsstaaten Informationen über die Praktiken bei steuerlichen Vereinbarungen. Am 8. Juni 2015 forderte sie Deutschland auf, steuerliche Vereinbarungen für weitere Ermittlungen herauszugeben, um zu prüfen, ob auch hierzulande illegale staatliche Beihilfen geflossen seien. Der Vorsitzende des TAXE-Sonderausschusses, Michael Theurer, rief Wolfgang Schäuble dringend zur Kooperation mit dem Ausschuss auf. Ob die EU-Kommission auch die Bundesländer wegen möglicher illegaler staatlicher Beihilfen gründlich unter die Lupe nehmen wird, war bis Juni 2015 noch offen. Innerhalb Deutschlands jedenfalls dürften der Steuerkrieg und die Interessen einzelner Bundesländer einer Aufklärung im Wege stehen.

Es versteht sich von selbst, dass in Deutschland keine der vier steuerlichen Verständigungsarten (TV, VA, VZ oder APA) veröffentlicht werden. Wie die Schneedecke in einer Winterlandschaft bedeckt das Steuergeheimnis alle Verständigungen und schluckt alle Geräusche. Der Kontrast zu anderen Staaten ist auch hier enorm. Die USA etwa zeigen, dass es auch anders geht. Während die Praxis sogenannter *tax rulings* (vergleichbar mit deutschen VA) in den 1940er Jahren an Fahrt aufnahm, wuchs auch die Besorgnis über deren Folgen. Ihre Geheimhaltung stieß unter anderem im Kongress auf Kritik, weil sie Günstlingswirtschaft und verdeckte Einflussnahme erlauben würde. Daher kündigte die US-Steuerbehörde 1952 an, einen guten Teil der *tax rulings* künftig anonymisiert zu veröffentlichen. Dieser Selbstverpflichtung aber ist die Steuerbehörde nicht nachgekommen. Auch wenn die Anzahl der veröffentlichten Vereinbarungen von 86 im Jahr 1952 auf 662 im Jahr 1970 angestiegen ist, so blieb der Veröffentlichungsanteil in den fünf Jahren vor 1972 jeweils unter 3 %.

Gleichzeitig hatten die unveröffentlichten Vereinbarungen gravierende steuerliche Implikationen. Eine einzige unveröffentlichte Vereinbarung im Jahr 1962 führte etwa zu einer Steuerersparnis von 56 Mio. US-Dollar. Millionenschwere Deals waren auch sonst keine Seltenheit. Weil nur wenige Insider im Milieu der Steuerjuristen und der Beratungsindustrie Einblicke in diese Form des «Privatrechts» hatten, wurden diese zum Nachteil aller anderen privilegiert. Denn die Steuerbehörde griff bei Anfragen oft auf schon bestehende Auskünfte zurück. Obendrein konnte eine Überprüfung der Entscheidungs- oder Verhandlungsprozesse durch die breite Öffentlichkeit nicht stattfinden. Einige wenige große Wirtschaftsprüfungskanzleien hatten untereinander eine exklusive, private Bibliothek dieses Steuerrechts aufgebaut und waren so im Vorteil gegenüber kleineren Kanzleien.

Die Nichtregierungsorganisation Tax Analysts zog aufgrund des Informationsfreiheitsgesetzes 1972 gegen die US-Steuerbehörde vor Gericht, um die Veröffentlichung dieser «*private letter rulings*» zu erreichen. Die Steuerbehörde verlor den Prozess, und so wurden per Gesetz seit 1977 alle Entscheide drei Monate nach deren Abschluss veröffentlicht, unter Löschung jeglicher Information, anhand derer der Steuerzahler identifiziert werden könnte. Die APAs hingegen wurden in den USA 1991 eingeführt und sind dort nach wie vor geheim. In den Jahren 2006 und 2007 waren ca. 30 solcher APAs in den USA in Kraft.

Selbst Belgien veröffentlicht seit 2003 *rulings* anonymisiert. In dem Land streiten seit Jahrzehnten politische Kräfte verbissen darüber, ob die aktive Steueroasenvergangenheit abgeschlossen oder wiederbelebt werden sollte – die *rulings* aber sind öffentlich. Obwohl in besonderen Fällen Ausnahmen von der Veröffentlichung vorgesehen sind, so ist die Bilanz doch beachtlich: von 3267 Steuervereinbarungen zwischen 2007 und 2013 wurden 3164 veröffentlicht. In einer Parlamentsdebatte erläuterte 2011 der Chef der Kommission, welche diese *rulings* vereinbart, dass künftig ausnahmslos alle Einzelfälle veröffentlicht würden und in der Vergangenheit nur dann darauf verzichtet wurde, wenn die Spezifika eines Falles Rückschlüsse auf das Unternehmen zugelassen hätten und die Anonymität so nicht mehr gewährleistet gewesen wäre. Inzwischen würden selbst diese Fälle in zumindest stark geraffter Form veröffentlicht. Deutschland hingegen ist einmal mehr auch in dieser Hinsicht Schlusslicht bei der Transparenz – dem Steuergeheimnis und dem Föderalismus sei Dank.

Angesichts der Steueroasenstrategie mancher Bundesländer, durch wenig Personal in den Prüfdiensten der Finanzämter Unternehmen das Leben leicht zu machen, ist zu erwarten, dass alle verfügbaren Instrumente genutzt werden, um Unternehmen ins Land zu locken oder hier zu halten. Die Beraterliteratur, Rechtsprechung und Einzelfälle legen nahe, dass es auch bei Verrechnungspreisen regelmäßig zu Absprachen zwischen Finanzamt und Unternehmen kommt, ohne dass diese jemals an die Bundesebene gemeldet werden. Diese Intransparenz ist der Nährboden, auf dem steuerliche Sonderabsprachen gedeihen können, wie man sie aus Luxemburg kennt. So können Landesregierungen den innerdeutschen Steuerkrieg bisher weitgehend unbehelligt fortführen.

6. Abgründe der deutschen Steuerjustiz

Mit der Hausdurchsuchung bei Klaus Zumwinkel, dem Vorstandsvorsitzenden der Deutschen Bundespost, im Februar 2008 und seiner Festnahme begann ein neues Kapitel in der Bekämpfung der Steuerhinterziehung. Zwar gerieten mit den Enthüllungen über geheime Stiftungen des Liechtensteiner Treuhänders Batliner auch schon früher prominente Steuerhinterzieher ins bundesweite Rampenlicht. Doch im Februar 2008 waren die TV-Kameras live dabei. Man hätte die Szenen leicht mit einer Reality-Fernsehshow verwechseln können, bei der Kamerateams Polizisten auf einer Streife begleiten. Doch hier ging es nicht um die in solchen Shows für gewöhnlich zu besichtigenden sozialen Randmilieus. Stattdessen sah sich ein Teil der höchsten gesellschaftlichen Kreise Deutschlands plötzlich an den Pranger gestellt.

Außerdem flossen erstmals staatliche Gelder zum Erwerb von Bankdaten. Das löste einen Dominoeffekt aus. Hinweisgeber ausländischer Banken meldeten sich in den Folgejahren bei deutschen und anderen Steuerbehörden mit Unterlagen, die Beweise für Straftaten im großen Stil enthielten, vorwiegend Steuerhinterziehung. Meist gegen Geld und manchmal eine neue Identität in einem Zeugenschutzprogramm halfen die Hinweisgeber, das bis dahin sakrosankte Bankgeheimnis der Schweiz und Luxemburgs zu schleifen. Viele unter ihnen handelten auch oder allein aus Gewissensgründen, wie etwa Antoine Deltour, der die Luxemburg-Leaks ins Rollen brachte und ohne Geld zu nehmen die Steuertricks von PricewaterhouseCoopers ans Licht brachte.

Die Allmacht des Steuergeheimnisses

Bei den verschiedenen Steuerstrafverfahren gegen Prominente in den letzten Jahren vergessen wir schnell, dass die Berichterstattung beinahe immer auf Indiskretionen aus den Banken,

der Politik oder der Steuerstrafjustiz zurückzuführen sein
dürfte. Oder sollten wir besser Hinweisgeber sagen? Bis heute
ist ungeklärt, weshalb das ZDF früh morgens bei der Hausdurchsuchung Zumwinkels schon informiert war. Gleich zwei
Lecks dürfte es im Fall Uli Hoeneß gegeben haben. Ein Stern-
Journalist rief bei dessen Bank Vontobel in der Schweiz an,
und erkundigte sich nach den Konten eines namentlich unge-
nannten deutschen Fußball-Spitzenvertreters. Woher hatte
der Stern-Reporter die entsprechende Information? Es muss
einen Hinweisgeber im Umfeld der Bank Vontobel oder einen
Vertrauten von Hoeneß selbst gegeben haben, der die Zeitschrift informierte. Hoeneß wurde von der Bank über die Anfrage in Kenntnis gesetzt und damit brach hektische Betriebsamkeit aus – schließlich musste mit einer Veröffentlichung in
der nächsten Ausgabe des Stern zwei Tage später gerechnet
werden. Deshalb bereitete Hoeneß in verhängnisvoller Eile
eine Selbstanzeige vor, die dann später im Verfahren als un-
gültig eingestuft wurde.

Noch am 17. Januar 2013, an dem Hoeneß' Steuerberater
die Selbstanzeige eingeworfen hatte, kursierte die Nachricht
darüber in der Finanzverwaltung und erreichte das Bayerische
Finanzministerium. Die Staatsanwaltschaft München übernahm den Fall und informierte eine Woche später den bayerischen Ministerpräsidenten Horst Seehofer über das Verfahren. Am 20. März 2013 wurde dann die Villa von Hoeneß
durchsucht und ein Haftbefehl gegen Kaution außer Kraft
gesetzt. Erst am 18. April 2013 erfuhren zunächst lokale
Medien von dem Vorgang. Kurz darauf bestätigte Hoeneß die
Selbstanzeige auf Medienanfragen. Wieder muss es ein Leck
gegeben haben, Hoeneß erstattete Anzeige gegen Unbekannt wegen Verletzung des Steuergeheimnisses. Der Kreis
der «Mitwisser» war aber mittlerweile so groß geworden, dass
niemand rekonstruieren konnte, woher die Information
stammte.

Im Oktober 2013 brachte Hoeneß eine zweite Strafanzeige
auf den Weg, als ihm der Stern Auszüge eines Steuerbescheids
seiner Wurstfabrik vorlegte, in dessen Besitz die Zeitschrift
nur über die Finanzverwaltung gekommen sein konnte. So

wurde es der Staatsanwaltschaft München im weiteren Verlauf der Berichterstattung über Hoeneß zu bunt. Sie begann eine Maulwurfsjagd. Am 23. Januar 2014 ließ sie ein Rechenzentrum der Finanzverwaltung und ein Finanzamt durchsuchen, in der Hoffnung einen Datenlieferanten zu identifizieren. Im August 2014 wurden die Ermittlungen ergebnislos eingestellt, zu groß sei die Zahl derer gewesen, die Zugriff auf die Daten hatten. Der bayerische Fiskus versprach bessere Schutzmaßnahmen einzubauen, um unprotokollierte Akteneinsichten künftig zu verhindern.

Während in anderen Staaten, etwa in denen Skandinaviens, die Steuererklärungen aller Bürger einsehbar sind, gilt in Deutschland ein strenges Steuergeheimnis, das es in vielerlei Hinsicht durchaus mit dem Bankgeheimnis der Schweiz aufnehmen kann. Unter Androhung einer Gefängnisstrafe darf nichts von jenen Angaben, die ein Bürger oder ein Unternehmen gegenüber den Steuerbehörden macht, nach außen dringen. Damit kann sich Deutschland international mit notorischen Verdunkelungsoasen messen. Denn die Allmacht des Steuergeheimnisses macht nicht einmal vor dem Gerichtssaal halt. Selbst im Steuerstrafverfahren ist es aufgrund von § 172, Nr. 2 Gerichtsverfassungsgesetz (GVG) möglich, die Öffentlichkeit aus dem Gerichtssaal zu verbannen: «Das Gericht kann für die Verhandlung […] die Öffentlichkeit ausschließen, wenn ein wichtiges […] Steuergeheimnis zur Sprache kommt, durch dessen öffentliche Erörterung überwiegende schutzwürdige Interessen verletzt würden.» Das Bundesjustizministerium teilte auf Anfrage mit: «Ob in einem Steuerstrafverfahren die Öffentlichkeit zur Wahrung des Steuergeheimnisses auszuschließen ist, steht im Ermessen des Gerichts.»

Falls der Richter einem entsprechenden Antrag des Beklagten oder seines Anwalts stattgibt, kann ein Steuerstrafverfahren daher vollkommen an der Öffentlichkeit vorbei geführt werden. Falls nicht zufällig ein Journalist während der ersten zehn Minuten eines Gerichtsverfahrens im Gerichtssaal sitzt, wenn die Namen der Beschuldigten verlesen werden, dann bleibt der Name eines Steuerstraftäters ebenso wie sämtliche Details der Tat hinter den Mauern des Gerichts versiegelt. Auf die Frage, wie üblich es denn sei, dass Journalisten bei Steuerstrafverfahren zugegen sind, antwortete ein Richter, dass dies selten vorkomme. Denn die normalen Steuerstrafverfahren zeichnen sich u. a. durch das langwierige und langweilige «Verlesen endloser Zahlenkolonnen» aus. Die üblichen Fälle seien «Steuerhehlerei von Zigarettenschmugglern, der Steuerbetrug mittels Subunternehmer und Scheinrechnungen oder Schwarzarbeit». Das schrecke normale Zuhörer wie Journalisten für gewöhnlich ab.

Die Frage nach der Praxis in deutschen Gerichten kann wie so oft nur schwer beantwortet werden. Weder das Bundesjustizministerium noch irgendeines der 16 Landesjustizministerien wissen, wie oft die Öffentlichkeit aus Steuerstrafverfahren ausgeschlossen wird. Genauso uninformiert waren 16 stichprobenartig angefragte Landgerichte in Deutschland – keines gab an, über den Ausschluss der Öffentlichkeit wegen des Steuergeheimnisses Statistiken zu führen oder verlässliche Informationen zu haben. Aus der Flut üblicher Steuerhinterziehungsfälle jene herauszusuchen, die von öffentlichem Interesse sind, ist für Journalisten aber auch wegen einer anderen Wirkung des Steuergeheimnisses schwierig. Denn Landgerichte veröffentlichen die Hauptverhandlungstermine für Steuerstrafverfahren im Internet höchstens mit den Vornamen der Angeklagten.

Aber das Steuergeheimnis hat nicht nur die Macht, die Öffentlichkeit aus dem Gerichtssaal zu verbannen. Es kann auch die Veröffentlichung rechtmäßiger Urteile und deren Begründungen verhindern. Beinahe wäre genau dies auch beim Urteil gegen Uli Hoeneß geschehen. Es erging am 13. März 2014, und bis Ende Oktober war noch kein Anzeichen dafür erkennbar, dass die bayerische Justiz es veröffentlichen würde. Die Versuche eines Journalisten und eines Strafrechtswissenschaftlers, das Urteil zu bekommen, wuchsen sich zu einer solch einprägsamen Odyssee aus, dass beide jeweils einen Artikel in der Rechtszeitschrift Myops publizierten. Professor Grasnick bemühte sich viele Monate vergeblich. Er wurde zwischen Gericht und Staatsanwaltschaft mehrfach hin- und hergereicht und erhielt noch nicht einmal eine Ablehnung seines Ersuchens. Denn dagegen hätte er immerhin gerichtlich vorgehen können.

Die FAZ spricht von der «Münchner Methode: erst die Zuständigkeit verneinen, dann von Pontius zu Pilatus schicken, schließlich Vorschriften der Strafprozessordnung gegen die herrschende Meinung auslegen, zum Schluss eine schriftliche Verweigerung verweigern». Am Nachmittag des 28. Oktober, dem Tag an dem die FAZ den eben zitierten Artikel veröffentlichte, hatte die Bild-Zeitung online eine Notiz, wonach die Urteilsbegründung Anfang November veröffentlicht werden sollte. Es war derselbe Tag, an dem Professor Grasnick gegen die Pressesprecherin des Münchener Landgerichts eine Dienstaufsichtsbeschwerde eingereicht hatte. Die Erklärung der Justiz für die verzögerte Veröffentlichung: Man hätte Hoeneß' Anwälten den Entwurf des anonymisierten, gekürzten Urteils vorgelegt und um Stellungnahme gebeten, die Frist sei nun verstrichen. Obgleich es kein Mitspracherecht der Verteidigung gäbe, «erscheine es sinnvoll, die Beteiligten vor der Veröffentlichung des schriftlichen Urteils anzuhören, schließlich spiele in diesem Strafverfahren auch das Steuergeheimnis und spielten Persönlichkeitsrechte eine Rolle, da sei eine sorgfältige Abwägung geboten». Professor Grasnick hingegen vermutet, dass dieses Verfahren Teil einer Absprache, eines «erweiterten Deals» zwischen den Prozessbeteiligten war.

Die Öffentlichkeitspflicht von Gerichtsurteilen ist laut Bundesverwaltungsgerichtsentscheid von 1997 eine «verfassungsunmittelbare Aufgabe der rechtsprechenden Gewalt und damit eines jeden Gerichts». Anfragen von Privatpersonen an das Gericht sollten demnach in der Regel genügen, um das Interesse der Öffentlichkeit anzuzeigen und somit eine Veröffentlichung zu erwirken. Weshalb also kann das Steuergeheimnis sogar bei Gerichtsurteilen für Geheimhaltung sorgen? Manche Juristen argumentieren gern, dass die Abgabenordnung gegenüber der allgemeinen Publizitätsverpflichtung vorrangig sei, weil das Steuerrecht spezifischer ist. Ob diese Einschätzung vor Gericht Bestand haben würde, ist ungeklärt. Es scheint so, als würden Gerichte in aller Regel nur so lange mauern, bis ernsthafte rechtliche Schritte unternommen werden. Das aber dürfte genügen, um einen Großteil der Steuerstrafurteile sowie Bußgeldbeschlüsse der Öffentlichkeit vorzuenthalten. Gerichtsprozesse über die Herausgabe von Gerichtsurteilen sind eine Rarität – höchstens eine Handvoll Journalisten können es sich bei großem Interesse an einem konkreten Fall überhaupt leisten, auf Herausgabe zu klagen, geschweige denn ein langwieriges Revisionsverfahren durchzufechten. Die meisten anderen dürften viel früher aufgeben.

Bei den Recherchen für dieses Buch machte ich eine ebensolche Erfahrung mit der bayerischen Justiz. Beim Landgericht Nürnberg-Fürth wollte ich Einblick in das jüngste Urteil gegen Wilhelm Schelsky vom 3. November 2014 nehmen, den Herrn über die Marionetten-Gewerkschaft bei Siemens und Co. Das Gericht verwies mich telefonisch zunächst an die Staatsanwaltschaft. Von dort wurde mir mitgeteilt, dass Urteile nicht öffentlich seien, und ich es wenn dann nur mit einem schriftlichen Antrag versuchen könne, der notfalls auch gefaxt werden dürfe. Als Antwort auf mein gefaxtes Ersuchen vom 3. Dezember 2014 erhielt ich am 12. Dezember 2014 die lapidare Antwort, dass wegen des Steuergeheimnisses leider keine Urteilsabschrift übersandt werden könne. Noch zwei weitere Briefwechsel blieben erfolglos, das Urteil müsse so geschwärzt werden, dass es nicht mehr verständlich wäre. Später teilte mir ein Richter desselben Landgerichts mit, dass dort im letzten Jahr überhaupt keine Veröffentlichung von Urteilen in Steuerstrafsachen stattgefunden habe. Die Geheimhaltung von Steuerstrafurteilen ist offenbar zumindest in Bayern Staatsräson.

Genau wie bei der Frage nach dem Ausschluss der Öffentlichkeit, so zucken die Justizministerien Deutschlands auch bei der Frage der Öffentlichkeit von Steuerstrafurteilen ahnungslos mit den Achseln. Weder die Landesjustizministerien noch das Bundesjustizministerium führen solche Statistiken. Eine bundesweite Statistik über die Anzahl der jährlich wegen Steuerhinterziehung (§ 370 AO) Verurteilten gibt es ebenfalls nicht. Während die Destatis-Rechtspflegestatistik üblicherweise detaillierte Angaben über ergangene Urteile für jeden

Paragraphen des Strafgesetzbuches macht, werden die Straftaten der Abgabenordnung nicht näher aufgeschlüsselt.* Auch
auf Ebene der Landesjustizministerien existieren keine detail-
lierteren Statistiken zu dieser Frage. Ähnlich unergiebig sind
die bruchstückhaft veröffentlichten Auszüge der Steuerstraf-
sachenstatistik des Bundesfinanzministeriums.* Auf diese
Weise können keine belastbaren Aussagen über die Anzahl
von Freiheitsstrafen ohne oder mit Bewährung bei Steuerhinterziehung getroffen werden. Ob die Bandbreite der tatsächlich verhängten Strafmaße bei Steuerhinterziehung den rechtlich möglichen Rahmen abbildet, kann so nicht festgestellt
werden. Im Jahr 2013 wurden allerdings nach den Aufzeichnungen des Bundesfinanzministeriums *weniger* Steuerstrafverfahren mit Urteilen abgeschlossen als im Jahr 2004, als die
Aufzeichnungen begonnen wurden. Im Gefolge der Daten-
CD-Ankäufe scheint es also zu keiner nennenswerten Steigerung der Urteile oder Freiheitsstrafen gekommen zu sein.

An deutschen Finanzgerichten herrscht dieselbe Diskretion
wie in Steuerstrafsachen. Wenn bei einer Betriebsprüfung
Sachverhalte strittig sind oder Unternehmen gegen einen
Steuerbescheid klagen, dann finden diese Prozesse an Finanzgerichten statt. Anders als beim Strafverfahren *muss* ein Finanzgericht dem Antrag eines Prozessbeteiligten zum Ausschluss der Öffentlichkeit nachgeben. In der Finanzgerichts-
ordnung heißt es wörtlich: «Die Öffentlichkeit ist auch
auszuschließen, wenn ein Beteiligter, der nicht Finanzbehörde
ist, es beantragt» (§ 52 FGO, Nr. 2). Dieser Schritt ist heute
weit verbreitet und bei Finanzgerichtsverfahren üblich. Als
allererstes beantragt der Anwalt der privaten Prozesspartei
den Ausschluss der Öffentlichkeit. Dadurch hat sich eine Art
Steuer-Geheimgerichtsbarkeit in Deutschland herausbilden
können. Man bleibt gern unter sich und ist froh, keine unlieb-
samen Zuhörer dulden zu müssen.

Ein Beobachter von Finanzgerichtsverfahren bestätigt diese
Erfahrung. Der Steuerprozess eines Prominenten ging jüngst
vollkommen an der Öffentlichkeit vorbei. Nach Antrag des
Prominenten-Anwalts wurden als erster offizieller Akt sämtliche Zuschauer und -hörer aus dem Gerichtssaal geworfen.

Ein Journalist war nicht darunter. Auch das Urteil wurde nicht veröffentlicht. Dabei ging es um die Bewertung von Auslandssachverhalten, die durchaus beispielhafte Auswirkungen für ähnliche Fälle hätte haben können. Der Steuerpflichtige bekam Recht und schrammte an einer saftigen Nachzahlung vorbei. Die Hemmschwelle, wegen fragwürdiger steuerlicher Positionen einen Prozess anzustrengen, dürfte so besonders bei Unternehmen und Wohlhabenden deutlich sinken.

Wie bei den Steuerstrafverfahren gibt es keinerlei verlässliche statistische Auskünfte darüber, wie viele Verhandlungen vor dem Finanzgericht öffentlich sind, oder wie viele Finanzgerichtsurteile veröffentlicht werden. Der Referent für Presse- und Öffentlichkeitsarbeit am Bundesfinanzhof, dem obersten deutschen Finanzgericht in München, kann keine robuste Auskunft geben. Ihm sind die Kriterien nicht bekannt, nach denen Finanzgerichtsurteile veröffentlicht werden: «Zur Praxis der Veröffentlichung von Urteilen des BFH kann ich nur so viel sagen, dass die meisten Urteile veröffentlicht werden» – immerhin. Auch das Bundesfinanzministerium kennt den Anteil der veröffentlichten Urteile an den im Jahr 2013 knapp 40 000 Finanzgerichtsurteilen deutschlandweit nicht. Manchen allerdings geht das Steuergeheimnis noch nicht weit genug. Weil es immer wieder vorkommt, dass auch auf der Ebene der «einfachen» Finanzgerichte Urteile veröffentlicht werden, wird der Ruf nach einer gesetzlichen Regelung laut, die «dem Steuergeheimnis im Zweifelsfall den Vorrang vor der Publizität einräumen» solle.

Nicht wenige der veröffentlichten Finanzgerichtsurteile stoßen in Fachkreisen jedoch auf harsche Kritik. Ein überraschendes und weithin umstrittenes Urteil des ersten Senats des Bundesfinanzhofes vom 17. Juli 2008 etwa schränkte die Besteuerung sogenannter stiller Reserven bei deren Überführung in ausländische Betriebsstätten ein. Bei stillen Reserven handelt es sich um Betriebsvermögen, dessen Marktwert über dem Bilanz- bzw. Buchwert liegt, wie zum Beispiel Maschinen, Grundstücke und Immobilien, Aktienpakete oder Patente. Weil die Bundesregierung schon 2006 eine eindeutige

Rechtsgrundlage geschaffen hatte, konnte die neue Rechtsprechung nur auf Fälle vor 2006 angewandt werden. Weil jedoch der Rechtsstreit schon 1995 begonnen wurde, waren viele Altfälle anhängig und betroffen. So sorgte der BFH mit einem einzigen umstrittenen Urteil für Steuermindereinnahmen, die sich leicht auf mehrere Milliarden Euro belaufen haben dürften. Es besteht also ein erhebliches Interesse daran, dass diese Urteile lückenlos öffentlich zugänglich sind.

Das Steuergeheimnis eignet sich aber auch generell dafür, unbequemen Anfragen aus dem Weg zu gehen. So geschehen etwa bei einer Nachfrage zu einer löblichen Initiative des hessischen Finanzministers Thomas Schäfer. Er versprach im August 2013, eine Arbeitsgruppe aus «zehn hochqualifizierten Juristinnen und Juristen aus dem Bereich der Unternehmensbesteuerung und den Betriebsprüfungsstellen» zu bilden, um «hochspezialisiertes Expertenwissen zu Steuerminimierungsmodellen aufzubauen». Das hört sich zunächst einmal sehr gut an und scheint äußerst sinnvoll. Auf eine einfache Anfrage vom November 2014 nach dem Stand und der Arbeit der Task-Force wirft das Finanzministerium jedoch Nebelkerzen. In der schriftlichen Antwort war das Bemühen offenkundig, die Existenz und Einsatzfähigkeit der Task-Force mit keinem Wort ausdrücklich zu bestätigen. Stattdessen wurde die Auskunft wegen des Steuergeheimnisses und bedeutsamer strategischer Überlegungen verweigert. Denn laut dem hessischen Finanzministerium würden auch abstrakte Mitteilungen «eventuelle Rückschlüsse auf die Arbeitsweise der betreffenden Stellen [zulassen], was wiederum eine Vermeidungsstrategie auf Seiten der Steuerkriminalität und aggressive Steuergestaltungen ermöglichen oder fördern könnte». Weil die Anfrage nur allgemeiner Natur war, liegt der Schluss nahe, dass die Task-Force niemals, oder höchstens nur für kurze Zeit hessische Behördenrealität geworden sein dürfte. Weshalb sonst könnte eine lapidare Auskunft über die Existenz der Task-Force Steuervermeidern in die Hände spielen?

Doch nicht nur hier mutet das Steuergeheimnis an wie mittelalterliche Burgmauern, die jeden Einblick ohne Erlaubnis Seiner Durchlaucht verwehren. Es muss auch als Begründung dafür herhalten, dass grundlegende Analysen und Berichte zu Hinterziehungsmethoden nicht angefertigt werden können. Besonders im Hinblick auf Selbstanzeigen und die vielen Daten-CDs, die verschiedene deutsche Steuerverwaltungen angekauft haben, liegt ein immenser pädagogischer und regulatorischer Schatz brach. Das Bundesfinanzministerium gestand im September 2012, dass es über das Ausmaß der CD-Ankäufe und die Selbstanzeigen nicht Bescheid weiß und entsprechende Informationen der Presse entnimmt. Anders als etwa in Frankreich oder den USA veröffentlicht keine deutsche staatliche Stelle systematische Querschnittsstudien über die Methoden, derer sich Steuerkriminelle oder Unternehmen bedient haben, um Milliarden ins Ausland zu verschieben. Weder deutsche Finanzbehörden, noch der Rechnungshof, die Bafin oder die Finanzausschüsse des Bundestags oder der Landtage haben dies versucht. Folglich bleiben auch die Erkenntnisse, die für die künftige Prävention von Straftaten und für verbesserte Risikoauswahl für Prüfungen genutzt werden könnten, an der Oberfläche und finden höchstens als Einzelfälle in Schulungsmaterial mit begrenzter Reichweite Eingang. In Frankreich etwa kam durch parlamentarische Untersuchungen im Rahmen von Swiss-Leaks ans Licht, dass bei über 1200 Konten der HSBC-Privatbank der Beruf des angeblichen Konteninhabers mit «HSBC-Angestellter» angegeben wurde. Das ist bei einer auf große Vermögen spezialisierten Bank zwar nicht gerade plausibel, aber möglich. Für wahrscheinlicher hält der Untersuchungsbericht jedoch, dass diese Personen als Namensgeber für unbekannte Dritte herhielten, vor allem in jenen Fällen, wo einzelnen Angestellten Vermögen von über 100 Millionen Euro zugeordnet waren. Diese Art von Einblick wäre nicht möglich geworden, hätten nicht französische Abgeordnete diese Untersuchungen gezielt vorangetrieben.

Wer es positiv sehen möchte: Immerhin ist das deutsche Steuergeheimnis noch nicht so schlimm wie Geheimhaltungsgesetze anderswo. Auf den Kaiman Inseln kann man schon dafür ins Gefängnis wandern, dass man nach Informationen fragt, die vom Bankgeheimnis abgedeckt sind. Und in Japan hat die Abe-Regierung ein Geheimhaltungsgesetz eingeführt, dass bereits eine Gefängnisstrafe vorsieht, wenn Journalisten nach Informationen fragen, die als Staatsgeheimnis eingestuft wurden.

Man ist in Deutschland gewohnt, mit dem Finger auf Griechenland zu zeigen. Die Steuerstrafjustiz dort steht hierzulande in dem Ruf, keinen Finger gegen reiche und mächtige Griechen zu krümmen – wohl nicht ganz zu Unrecht. Schließlich sprach die IWF-Chefin Lagarde im September 2014 davon, dass sie Todesdrohungen erreicht hätten, nachdem sie im Mai 2012 kritisiert hatte, dass die Privilegiertesten in Griechenland versuchten, ihrer Steuerpflicht zu entgehen und mehr Anstrengungen in dieser Hinsicht gefordert hatte. Sie muss es wissen, denn noch als Finanzministerin Frankreichs überreichte sie dem griechischen Finanzminister Papakonstantinou im Jahr 2010 eine Liste mit ca. 2000 Namen reicher Griechen mit Konten bei der HSBC-Privatbank, die weitgehend undeklarierte Vermögen enthalten dürften. Im März 2015 wurde Papakonstantinou wegen Urkundenfälschung verurteilt, weil er von der Liste Namen seiner Verwandten entfernt hatte. Im Oktober 2012 gestand der nachfolgende Finanzminister Evangelos Venizelos, dass die Liste zwar nicht verloren gegangen sei, aber in einer Schreibtischschublade ignoriert wurde. Im Oktober 2012 schließlich wurden die Namen der Liste in einem griechischen Magazin veröffentlicht, woraufhin der Herausgeber verhaftet, und kurz danach freigesprochen wurde. Strafverfolgung wegen der Daten hat es in Griechenland offenbar bis Ende 2014 nicht gegeben.

Die Offenheit der IWF-Chefin ermutigte andere. Damals noch Oppositionsführer, erklärte Alexis Tsipras, der aktuelle griechische Ministerpräsident, im September 2014, dass er ähnliche Drohungen erhalten habe, als er das Thema der Steuerhinterziehung auf dem Hochpunkt der Finanzkrise 2012 angesprochen hatte. Auch der Chef der griechischen Zentralbank, Giannis Stournaras, erklärte, dass ihm zwei Projektile in der Post übersandt wurden, als er als Finanzminister und Nachfolger von Venizelos versuchte, prominente Steuerflüchtige festzunehmen. Ebenfalls im September erklärte Leandros

Rakintzis, Generalinspekteur der öffentlichen Verwaltung in Griechenland, dass «Hürden» ihn an der Verfolgung prominenter Steuerhinterzieher gehindert hätten. Noch im Juni 2014 nahm der Generalsekretär für Steuereinnahmen, Haris Theoharis, seinen Hut. Als neugewählter Abgeordneter im griechischen Parlament erzählte er offen über die Hintergründe seines Rücktritts vom Juni 2014. Zum einen waren da die Bedrohungen durch Briefe und Anrufer in seinem Büro, die ihm ausrichten ließen, «es würde nur 5000 Euro kosten seine Beine zu brechen». Zum anderen erhielt er massiven politischen Druck, gegen bestimmte große Fische nicht vorzugehen.

Dass angesichts dieser Zeugnisse einiges im Argen liegt, dürfte wenig strittig sein. Ob aber selbstgerechte Entrüstung Deutschland gut zu Gesicht steht, ist eine andere Frage. Denn der Umgang mit Hinweisgebern oder dem Datenmaterial von Banken ist hierzulande ebenfalls mit vielen Fragezeichen zu versehen. Das Steuergeheimnis wirkt mit dem Föderalismus wunderbar zusammen, um Verantwortlichkeiten zu verwischen. Die Presse stört obendrein nicht zu sehr, denn die dürftigen Details, die nach außen dringen, taugen nicht für konkrete kritische Berichte. Es ist paradox: Die deutsche Besessenheit von Datenschutz und Steuergeheimnis, die den Bürger vor Staatswillkür schützen soll, lässt am Ende die Spekulationen wuchern, was sich alles unter der glatten Oberfläche verbergen mag. Oder sollte in der Rechtsprechung alles in Butter und Klassenjustiz in Deutschland ein Fremdwort sein?

Deutsche Justiz – ein Buch mit sieben Siegeln

Auch jenseits von Steuersachen gibt es in der deutschen Justiz eine ungewöhnliche Scheu, Gerichtsurteile zu veröffentlichen. Dabei sprechen wir nicht über die verständlichen Einschränkungen etwa bei Urteilen gegen Minderjährige oder bei Sexualdelikten. Die Veröffentlichung eines Urteils ist hierzulande die große Seltenheit. Konkrete Zahlen aber sucht man vergeblich. Weder das Bundesjustizministerium noch die

Wissenschaft haben zur lapidaren Frage nach der Anzahl veröffentlichter Gerichtsurteile eine Antwort. Die jüngste Studie dazu stammt wohl aus dem Jahr 1998. Demnach wurden im Zeitraum zwischen 1987 und 1993 je nach Gerichtsbarkeit nur zwischen 0,24 und 4,95% aller Gerichtsurteile deutschlandweit veröffentlicht. Inzwischen dürfte der Anteil veröffentlichter Urteile wegen des Internets wohl gestiegen sein, aber ob sie bei 5, 10 oder 50% liegt, bleibt unbekannt. Bis heute werden die meisten Urteile in Deutschland in Fachzeitschriften veröffentlicht. Auch bei juris, das sich als zentrales elektronisches Rechtsportal in Deutschland etabliert hat, liegen längst nicht alle Urteile im Volltext vor – dies habe auch «urheberrechtliche Gründe».

Was beim Steuergeheimnis gilt, trifft für die selektive Veröffentlichung von Urteilen ebenfalls zu. Das Justizministerium bestätigte, dass statistische Auswertungen etwa zur Häufigkeit entdeckter Tatmuster bei der Geldwäsche oder Mafiadelikten so nicht möglich sind. Fallanalysen bleiben auf ihre anekdotische Wirkung beschränkt, ohne systematische Erkenntnisse gewinnen zu können. Politik, Wissenschaft und Strafverfolgungsbehörden tappen im Dunkeln. In der Justizstatistik tauchen immer nur jene Urteilsbegründungen mit dem höchsten Strafmaß auf. Dadurch ist es nicht möglich, robuste Aussagen etwa über den Erfolg von Fahndungsmaßnahmen oder das entdeckte Ausmaß der Geldwäsche oder Mafiazugehörigkeit zu tätigen. Auch Wirkungsanalysen etwa der Geldwäschebekämpfungsmaßnahmen sind auf Ebene der Justiz unmöglich.

Es gibt jedoch auch in Deutschland Ausnahmen. Der Bundesgerichtshof ist vorbildlich. Er veröffentlicht auf seiner Internetseite kostenfrei alle Urteilsbegründungen von Entscheidungen, die nach dem 1. Januar 2000 ergangen sind. Aber auf die Frage, wie die Veröffentlichungspraxis in anderen Instanzgerichten aussehe, hat auch der BGH keine Antwort. Außerdem waren im Jahr 2013 nur 37% der 10 000 Urteile des BGH in juris veröffentlicht worden. Im Kontrast zu den USA wirkt das äußerst mau. Dort gibt es PACER (Public Access to Court Electronic Records), ein elektronisches System zum Auffinden von Dokumenten aller Gerichte in den USA. Sobald Anklage erhoben wurde, wird dort eine große Breite an Informationen öffentlich zugänglich gemacht. Alle Strafverfahren seit Januar 2004 sind dort dokumentiert – von begründeten Ausnahmen abgesehen.

Die Datenlage im deutschen Justizwesen hingegen würde einem Anarchisten Freudentränen in die Augen treiben. Anekdoten und Gerüchte können so wunderbar gedeihen und Blüten treiben. Wer wiederholt beim Schwarzfahren für 60 Euro erwischt wurde, wandert in den Knast. Wer aber hunderttausende Euro hinterzogen hat, scheint schlimmstenfalls – falls Zuschauer da sein sollten – mit einer Bewährungsstrafe davonzukommen. Die Intuition, dass «die da oben» besser wegkommen als Ladendiebe oder notorische Schwarzfahrer oder Schwarzarbeiter, bleibt deshalb weitgehend genau das: ein Gefühl, dessen Wahrheitsgehalt nicht überprüft werden kann. Der ehemalige Generalstaatsanwalt von Schleswig-Holstein, Professor Dr. Heribert Ostendorf, stellte schon 1991 fest: «Die Strafverfolgungsorgane funktionieren bei der Kriminalität der Schwachen, sie funktionieren weniger bei der Kriminalität der Mächtigen.» Ob die Fälle Hoeneß und Zumwinkel je ohne Indiskretionen bekannt geworden wären, ist eine offene Frage. Die andere lautet: Wären sie überhaupt vor Gericht gelandet?

So wirken die verschiedenen Enthüllungsgeschichten, von Offshore-Leaks bis Swiss-Leaks wie ein Fanal. In Ländern, in denen mehr Details aus der Justiz bekannt sind, schäumen die Wogen hoch, wenn die Öffentlichkeit erfährt, dass etwa aufgrund der HSBC-Daten in Großbritannien nur eine Person strafrechtlich verfolgt wurde und die Geldstrafen sowie Nachzahlungen im Vergleich zu anderen Ländern äußerst gering ausfielen. In Frankreich hingegen wurden 50 Personen angeklagt und im Verhältnis zu Großbritannien mehr als doppelt so viel Geld von den Steuersündern eingesammelt. Im ersten abgeschlossenen Prozess wurde Arlette Ricci, Erbin einer Parfum-Dynastie, im April 2015 zu drei Jahren Haft verurteilt, davon zwei auf Bewährung. In Indien wurde bei 600 verdächtigen Personen bereits im Jahr 2011 gegen 15 Anklage erhoben, insgesamt 300 Anklagen werden vorbereitet.

Und Deutschland? Die Bilanz ist im Großen und Ganzen unbekannt. Im NDR-Film zu Swiss-Leaks werden an einer Stelle die Mehreinnahmen verschiedener europäischer Länder durch die HSBC-Daten vorgestellt. Im Gegensatz zu den meisten anderen Ländern liegen diese Informationen in Deutschland nicht vor. Das BMF erklärt: «Ein gesonderter Ausweis dieser Fälle ist [...] nicht möglich. Erkenntnisse über die Verfahrenserledigungen liegen nicht vor.» Weil Deutschland nichts für die Daten bezahlt hat, wird laut Steuerfahndung auf eine ordentliche Buchhaltung verzichtet. Ausgerechnet Deutschland, das Land des Maschinenbaus, der Präzisionsingenieure und der Buchhalter hat als einziges Land keine verlässliche Statistik darüber, was aus den Daten wurde.

Noch nicht einmal die Gesamtzahl der Personen, über die Daten nach Deutschland gelangten, darf als gesichert gelten. Die Süddeutsche Zeitung berichtet davon, dass im Oktober 2010 HSBC-Daten von 1136 Personen mit deutscher Herkunft auf dem Tisch der Wuppertaler Steuerfahnder landeten. Diese waren vom Hinweisgeber Hervé Falciani über den französischen Fiskus und das Bundeszentralamt für Steuern zu den versierten Wuppertaler Experten weitergeleitet worden. Die Staatsanwaltschaft Bochum spricht von ca. 1200 Fällen. Durch Swiss-Leaks wurde dann 2015 bekannt, dass beinahe doppelt so viele Personen mit Deutschlandbezug in den Daten zu finden sein sollen, mehr als 2100. Die zuständige Staatsanwaltschaft und Steuerfahndung beteuern, nichts von diesen zusätzlichen Daten geahnt zu haben. Schon hier haben wir den festen Boden gesicherter Tatsachen verlassen, aber das Terrain wird noch unübersichtlicher.

Über die strafrechtlichen Folgen bleibt das meiste im Dunkeln. Die Bank und ihre Mitarbeiter jedenfalls kamen bis 2015 völlig ungeschoren davon, es wurden keine Ermittlungen wegen Beihilfe eingeleitet. Die Erklärung der Staatsanwaltschaft lautet, dass sie keine Anhaltspunkte für Beihilfe der Banken in den Daten gefunden hätte. Argentinien, Belgien und Frankreich haben die Bank inzwischen angeklagt. In den USA hätte die HSBC wegen Geldwäschevorwürfen beinahe die Bank-lizenz verloren und musste 1,9 Mrd. US-Dollar Strafe zahlen. Weil sie die Bank nicht verfolgen ließ, musste sich die Chefin der britischen Steuerverwaltung HMRC, Lin Homer, im Februar 2015 im Rechnungsausschuss des britischen Unter-hauses äußerst scharfe Fragen gefallen lassen. Im selben Monat, fünf Jahre verspätet, forderte Vizekanzler Sigmar Gabriel öffentlichkeitswirksam eine Strafverfolgung der Ban-ker, nachdem Swiss-Leaks zu viele Wellen machte. Bis August 2015 war von neuerlichen Ermittlungen in Deutschland nichts bekannt.

Auch wenn man nur sehr wenig über die weiteren straf-rechtlichen Ergebnisse im Zusammenhang mit der HSBC in Deutschland weiß, deutet alles darauf hin, dass auch die Bank-kunden äußerst glimpflich davongekommen sind. Gezielte Nachfragen bei der Staatsanwaltschaft Bochum ergeben ein Puzzle, bei dem für die Fälle jenseits Nordrhein-Westfalens alle Teile fehlen. Ca. 950 Fälle wurden noch vor einer einge-henden Prüfung an die zuständigen Staatsanwaltschaften oder Steuerfahndungen am Wohnsitz der Bankkunden zur Prü-fung weitergeleitet. Dieser Weg wurde laut Staatsanwalt-schaft Bochum im Unterschied zu früheren Auswertungen gewählt, weil die HSBC-Daten keine komplizierten Offshore-Konstrukte oder Stiftungen enthielten. Darum hätte es keinen Grund gegeben, diese Daten zentral in Bochum zu analysie-ren wie bei Batliner und den meisten LGT-Fällen geschehen. Um die Verfahren trotz der deutschlandweiten Wohnsitze an sich zu ziehen, hätte die Bochumer Staatsanwaltschaft die Bank wegen Beihilfe anklagen müssen. Übrig blieben so an-fänglich 261 Fälle mit Bezug zu Nordrhein-Westfalen, die in Bochum bearbeitet wurden.*

Strafrechtlich ist die Bilanz in Nordrhein-Westfalen mau, Haftstrafen ohne Bewährung gab es nicht, noch nicht einmal eine einzige Anklage wurde bis zum März 2015 erhoben. Auch in den 2 noch offenen Fällen ist das sehr unwahrschein-lich. 151 Verfahren wurden nach § 170 StPO eingestellt – ent-weder weil eine gültige Selbstanzeige eingegangen war oder die Konten ordentlich deklariert waren. Gegen sechs Personen wurden die Verfahren gegen Geldauflagen von insgesamt 85 400 Euro (§ 153a StPO) eingestellt, und gegen zehn Personen wurde das Verfahren wegen Geringfügigkeit (§ 153 StPO) eingestellt. Nur in zwei Fällen wurden Strafbefehle ausgestellt (§ 407 StPO). 90 Verfahren wurden an andere Staatsanwaltschaften abgegeben, weil etwa die Konteninhaber verzogen oder verstorben waren, und nun die Erben in einem anderen Bundesland leben und diesen ein Erbschaftssteuerverfahren droht. In der Summe ergibt das 261 Verfahren.

Im Unterschied zu Nordrhein-Westfalen fehlen für den Rest der Republik jegliche belastbaren Informationen. Eine Hochrechnung bringt im Vergleich mit Indien wenig Schmeichelhaftes für die deutsche Justiz. Wenn die NRW-Justiz und Steuerfahndung, die im innerdeutschen Vergleich als wenig zimperlich mit Vermögenden gilt, exemplarisch für den deutschen Umgang mit den HSBC-Daten steht, dann hat Indien eine höhere Strafverfolgungsquote als Deutschland. Ob Deutschland besser als Großbritannien abschneidet, wo aus 6000 Fällen nur eine Anklage resultierte, kann nicht beantwortet werden. Zur Erinnerung: In Frankreich waren nur 0,2 % der Konten (6 aus 3000 überprüften) korrekt gemeldet und versteuert.

Und ewig lockt der Deal

Der juristisch unbedarfte Durchschnittsdeutsche wird sich fragen, wie es sein kann, dass aus so vielen Ermittlungsverfahren so wenig öffentliche Anklagen werden. Die Feinmechanik der deutschen Justizmühlen ist wahrhaftig für Laien kaum verständlich. Denn zur Intransparenz im deutschen Rechtsstaat trägt neben dem Steuergeheimnis und der bestenfalls zögerlichen Veröffentlichungspraxis auch die Tendenz bei, öffentliche Gerichtsverfahren mit Absprachen zu verkürzen oder durch Strafbefehle und Geldauflagen ganz zu vermeiden. Die beiden letzten Kniffe sind nur bis zu einer gewissen Höchststrafe möglich. Deals aber – formal Verständigungen genannt – können jederzeit, sogar schon im Ermittlungsverfahren, stattfinden. Dann wird die Mauschelei Programm, und das Licht der Öffentlichkeit wird von vornherein vermieden. Ein Insider verrät, dass es in manchen Fällen schon bei einer Hausdurchsuchung zu ersten Verhandlungen kommt, etwa «wir rücken das belastende Material raus, aber im Gegenzug gibt es nicht über 2 Jahre auf Bewährung».

Dabei sind Verständigungen (§ 257c StPO) und sogenannte Erörterungen unterschiedlicher Couleur erst seit 2009 in allen Stadien des strafrechtlichen Erkenntnisverfahrens (Ermittlungs- plus Gerichtsverfahren) rechtlich zulässig. Die Verfahren sollten beschleunigt und der Ressourcenknappheit sowie der hohen Arbeitsbelastung der Gerichte begegnet werden. Christoph Frank, der Vorsitzende des Deutschen Richterbundes, beklagt allgemein, dass die Staatsanwaltschaften «unter betriebswirtschaftlich bedingtem Erledigungsdruck» stehen. In der Praxis waren Absprachen jedoch schon lange gang und gäbe. Nach einem Verfassungsgerichtsentscheid formulierte der Bundesgerichtshof im Jahr 2005 Mindestanforderungen solcher Absprachen und einen Auftrag an die Regierung, gesetzgeberisch zu handeln. So sind heute auch noch während der Hauptverhandlung Deals rechtlich erlaubt, unterliegen aber strengen Bedingungen. Nach § 257c StPO müssen Verständigungen über den Fortgang des Verfahrens in der Hauptverhandlung bekannt gegeben werden. Bestandteil einer solchen Verständigung soll immer ein Geständnis sein, und im Gegenzug kann ein Rahmen für das Strafmaß festgelegt werden.

In Abgrenzung dazu sollen sogenannte Erörterungen nur vorläufige, unverbindliche Besprechungen zwischen den Prozessparteien sein. Die Grenzen zur Verständigung über den Prozessausgang sind in der Praxis aber fließend. Eine informelle Erörterung des Verfahrens ist schon im Ermittlungsverfahren zulässig (§ 160b StPO), müsste aber aktenkundig werden. Dasselbe gilt im sogenannten Zwischenverfahren (§ 202a StPO), nachdem die Anklageschrift beim Gericht eingegangen ist und die Richter über die Eröffnung eines Hauptverfahrens samt öffentlicher Hauptverhandlung entscheiden. Auch im Hauptverfahren sind solche Erörterungen zulässig (§ 257b), gehören aber ins Protokoll der Hauptverhandlung (§ 273, Abs. 1).

Der Beliebtheit der Absprachen haben diese rechtlichen Vorgaben von 2009 keinen Abbruch getan. Das belegt eine Studie von Professor Karsten Altenhain der Universität Düsseldorf über die Häufigkeit und Transparenz der Absprachen aus dem Jahr 2012, die im Auftrag des Bundesverfassungsgerichts erstellt wurde. Darin berichteten über drei Viertel der befragten Richter, Staatsanwälte und Verteidiger, genauso oft zu dealen wie vorher auch. Strafverteidiger gaben an, dass vor jedem dritten Strafurteil eine Absprache stand, nach Aussage der Richter und Anwälte trifft das auf ein Fünftel der Urteile zu. Um die Pflicht, Verständigungen nach § 257c in der Hauptverhandlung zu verlesen und ins Protokoll aufzunehmen, scheint sich kaum ein Richter oder Staatsanwalt zu scheren. Die besagte Studie zeichnet ein erschreckendes Bild über das Ausmaß der Intransparenz und Gesetzesuntreue. Jeder dritte Amtsrichter und jeder siebte Richter am Landgericht hält sich bei Absprachen nie an das Gesetz, sondern nutzt informelle Wege. Drei Viertel beachten bei Absprachen überwiegend nicht das Gesetz, inklusive der Pflicht, diese wenigstens ins Protokoll aufzunehmen. Beinahe die Hälfte aller Richter gibt an, in den Urteilsgründen nicht auf die Absprache hinzuweisen, und jeder dritte gesteht, schon einmal Absprachen nicht in der Hauptverhandlung offengelegt zu haben. Hingegen erinnerten sich drei Viertel aller befragten Verteidiger diesen Fall schon einmal erlebt zu haben.

Entsprechend hat das Bundesverfassungsgericht in einem Urteil vom März 2013 erhebliche Vollzugsdefizite bei den Absprachen erkannt und eine Änderung des Verhaltens aller Akteure angemahnt. Künftig kann gegen Urteile, bei denen die Spielregeln für Absprachen nicht eingehalten werden, Revision eingelegt werden. Die Frage jedoch ist, wer die Nichteinhaltung melden soll. Auch wenn Absprachen in aller Regel zugunsten des Beklagten ausgehen, dürften Staatsanwaltschaften wenig Interesse haben, denn auch bisher haben sie ja fleißig mitgespielt. Der Strafverteidiger Ali B. Norouzi bringt es auf den Punkt: «Der illegale Deal ist ein Kind der Kumpanei. Wenn sich alle Beteiligten an eine informelle Absprache halten, dann lässt sich das auch in der Revision beim Bundesgerichtshof nicht aufklären. Dafür bräuchte man ja einen Verteidiger oder Staatsanwalt, der ausschert und sagt: Es stimmt nicht, was hier dokumentiert ist.» So erwarten die meisten Juristen, dass auch weiterhin fleißig gedealt wird und die Vorgaben weitgehend ignoriert werden.

Erst im Februar 2015 legte das Verfassungsgericht nach und hob einen Beschluss des Bundesgerichtshofes auf. Letzterer hatte entschieden, dass ein Urteil rechtskräftig sei, obwohl dem Richter ein kleiner Fehler in Bezug auf die Transparenzerfordernisse unterlaufen sei. Während einer Verhandlungspause beim Landgericht Braunschweig fand ein gescheiterter Verständigungsversuch nach § 257c statt, den der Richter in der Hauptverhandlung zwar mitteilte, aber es versäumte, den «wesentlichen Inhalt» des Gesprächs während der Hauptverhandlung wiederzugeben.

In der Begründung des Urteils greift das Verfassungsgericht historisch weit zurück bis hin zur Aufklärung, wo der Grundsatz der Kontrolle der Justiz durch die Öffentlichkeit wurzelt: «Es wurde also als Rechtsposition des Volkes empfunden, von den Geschehnissen im Verlauf einer Gerichtsverhandlung Kenntnis zu nehmen und die durch die Gerichte handelnde Staatsgewalt einer Kontrolle in Gestalt des Einblicks der Öffentlichkeit zu unterziehen.» Diese Prinzipien fänden ihre Fortführung im Grundgesetz, im Rechtsstaatlichkeitsprinzip und der Demokratie. Heute gilt entsprechend: «Die Öffentlichkeit kann ihre Kontrollfunktion nur ausüben, wenn sie die Informationen erhält, die zur Beurteilung der Angemessenheit einer etwaigen Verständigung erforderlich sind. Nur so bleibt der gerichtliche Entscheidungsprozess transparent und die Rechtsprechung auch in Verständigungsfällen für die Allgemeinheit durchschaubar.»

Ob angesichts dieser starken Worte Richter klein beigeben und künftig in den sauren Apfel der Dokumentation oder gar wochenlanger Arbeit zur Niederschrift revisionsfester Urteilsbegründungen beißen werden, sei dahingestellt. Denn die Arbeitsüberlastung der Gerichte ist nicht der einzige Grund für Absprachen, auch die Aussicht auf eine langwierige und umfangreiche Beweisaufnahme bei schwieriger Beweislage schreckt ab. Der Aufruf des Verfassungsgerichts droht daher selbst im Falle verbesserter Ressourcenausstattung der Justiz bei manchen Richtern und Staatsanwälten auf taube Ohren zu stoßen.

Transparency International sieht den Deal im Strafverfahren auch aus anderen Gründen kritisch: «Denkbare Gefahren sind die Verständigungen und Deals aus Zeitdruck, die zu Lasten der Beweisführung gehen könnten. Des Weiteren werden möglicherweise Informationen hinsichtlich Schmiergeldzahlungen, Konten, Namen der Bestechungszahler und -empfänger sowie die Korruptionssysteme nicht ausermittelt bzw. nicht veröffentlicht oder es könnte die Messlatte des Anfangsverdachts immer höher gelegt werden.» Dass die bei Korruptionsfällen drohenden Gefahren auch für Geldwäsche und Steuerhinterziehung gelten, liegt auf der Hand. Die zitierte Studie der Universität Düsseldorf nimmt keinerlei Unterscheidung einzelner Deliktsgruppen vor. Eine frühere Studie kommt zum Ergebnis, dass Absprachen bei Drogen- und Wirtschaftsdelikten am weitesten verbreitet seien. Ob der Deal im Steuerrecht vielleicht noch häufiger stattfindet, lässt sich anhand der Studie aber nicht beantworten, auch wenn es naheliegt. Eine solche empirische Untersuchung hat es in Deutschland wohl noch nie gegeben.

Die Prozessabkürzung durch Absprachen ist jedoch nur eine zweitrangige Erklärung für die wenigen Verurteilungen aufgrund der Daten-CDs. Wichtiger dürften in der Praxis die Möglichkeit der strafbefreienden Selbstanzeige sein sowie die Möglichkeit, Verfahren gegen Geldauflage (§ 153a StPO) oder Strafbefehle (§ 407 StPO) einzustellen. Ein Strafbefehl kann ergehen, wenn der Angeklagte geständig und bereit ist, die Strafe zu akzeptieren. So etwa geschehen im Fall des Schraubenfabrikanten Würth. Wer also ein großes Interesse daran hat, dass Details des Falls nicht öffentlich verhandelt werden, ist mit dem Strafbefehl gut bedient, denn es wird allerhöchstens – falls die Medien Schlange stehen sollten – eine äußerst knappe Zusammenfassung veröffentlicht.

Sobald eine Haftstrafe von über einem Jahr auf Bewährung droht, ist ein Strafbefehl allerdings nicht mehr möglich, Geldauflagen können offiziell sogar nur da zum Einsatz kommen, wo gar keine Haftstrafen drohen. Genau dort liegt jedoch oft das Problem. Denn der gerichtsfeste, lupenreine Nachweis einer mit Haftstrafe bedrohten Tat ist – zu Recht – zeitaufwändiger und mit einiger Unsicherheit über den Ausgang behaftet. Somit haben die Prozessparteien besonders bei wohlhabenden Beklagten einen Anreiz, statt des langwierigen Nachweises schuldhaften Verhaltens eher eine schnelle Einigung mit einer möglichst hohen Geldauflage zu verhandeln – und Richter und Staatsanwälte haben einen großen Ermessensspielraum bei der Frage, ob eine Haftstrafe droht oder nicht. So wurde zum Beispiel der Korruptionsprozess gegen den Formel-1-Chef Bernie Ecclestone im August 2014 gegen eine Geldauflage von 100 Mio. US-Dollar eingestellt, was nur unter der Annahme möglich war, dass ihm keine Haftstrafe drohte. Ein Strafbefehl, der bei schwereren Taten greift und Bewährungsstrafen bis zu einem Jahr erlaubt, hätte eine solch hohe Geldzahlung nicht zugelassen. Die Geldstrafe eines Strafbefehls richtet sich nach dem Tagessatz, also wie viel der Täter heute täglich ungefähr verdient, höchstens aber 30 000 Euro. Die höchste Anzahl der Tagessätze beträgt 360, bei Gesamtstrafenbildung bis zu 720 (§§ 40 + 54 StGB). Damit ergibt sich eine Höchststrafe von 10,8 bzw. 21,6 Mio. Euro – deutlich unter den gängigen hohen Geldauflagen für Vermögende. Die Gerichte und Staatsanwaltschaften dürften so in der Versuchung stehen, Kasse statt Gerechtigkeit zu machen: «Formel-1-Chef Bernie Ecclestone kauft sich frei», titelte der Tagesspiegel nicht von ungefähr.

Auch andere Schlaglichter auf die strafrechtlichen Auswirkungen der Prozesse um Bankdaten enthüllen eine magere Bilanz. Bei den Batliner-Daten aus dem Jahr 2000 ist wegen Steuerhinterziehung keine Haftstrafe ohne Bewährung verhängt worden. Auch bei den LGT-Fällen sind keine Haftstrafen ohne Bewährung bekannt geworden, zumindest nicht in Nordrhein-Westfalen. Der prominenteste Angeklagte, Klaus Zumwinkel, kam mit Bewährung davon. Die Staatsanwaltschaft Bochum führte insgesamt rund 1550 Ermittlungsverfahren, von denen 445 Verfahren an die Staatsanwaltschaften am Wohnsitz abgegeben wurden – entweder weil eine Gefängnisstrafe drohte oder weil die Beschuldigten sich nicht auf den Deal, eine hohe Geldauflage, einlassen wollten. Der Ausgang dieser Verfahren ist weitgehend unbekannt. In Nordrhein-Westfalen beendete die Staatsanwaltschaft Bochum 553 Verfahren vor öffentlicher Anklageerhebung mit einer Geldauflage (§ 153a StPO) und 61 wurden wegen Geringfügigkeit eingestellt. In 439 Fällen lagen Selbstanzeigen vor, und im Dezember 2014 waren noch 36 Verfahren offen. In Nordrhein-Westfalen wurden insgesamt 16 Personen angeklagt, von denen neun jedoch durch Strafbefehl ohne öffentliche Verhandlung beendet wurden. Öffentlich Anklage wurde in nur sieben Fällen erhoben.

Seit dem 2. August 2012 haben Richter und Staatsanwälte einen weiteren Vorwand für die extrem großzügigen Urteile. An diesem Tag verkündete das Amtsgericht Nürnberg, dass aus einem einzelnen bewiesenen Kontostand über ein nichtdeklariertes Vermögen zu einem zurückliegenden Stichtag keine Steuerhinterziehung gefolgert werden könne. Es handelte sich um ein Stiftungskonto im Rahmen der Liechtensteiner LGT-Bankenverfahren. Während die restlichen Jahre für die Festsetzung der steuerlichen Nachzahlungen geschätzt werden können, seien stärkere Beweise für ein Strafverfahren nötig, um die Unschuldsvermutung zu überwinden. Schließlich hätten die Beschuldigten ihr Vermögen auch in Immobilien anlegen können und dann keine Zinsen erwirtschaftet. Auch wenn dieser Fall von den Angeklagten leicht hätte belegt werden können und bei aufwändigen Stiftungs- und Verschleierungsstrukturen absurd klingen mag – das beschuldigte Ehepaar schwieg eisern und die Staatsanwaltschaft verzichtete sogar darauf, Revision einzulegen. Weil typische Daten-CDs manchmal nur die Kontostände einzelner zurückliegender Jahre enthalten, lässt sich nach dieser Interpretation ohne weitere Beweise nicht einmal die Steuerhinterziehung für die Kapitalerträge dieses einen dokumentierten Jahres belegen. Die bei einem Strafverfahren erforderliche objektiv hohe

Wahrscheinlichkeit der Tatbegehung sahen die Richter nicht als gegeben an, sie sprachen lediglich von einer gewissen Wahrscheinlichkeit. Dabei zitierte das Bundesverfassungsgericht schon 1991 in einem Urteil eine Studie des Bundesrechnungshofes, aus der hervorgeht, dass 1984/85 selbst bei inländischen Geldanlagen eine Hinterziehungsquote von 75 % gegolten hat. Wenn man die angekauften Daten-CDs tatsächlich einer systematischen Auswertung unterzöge, wäre eine «objektiv hohe Wahrscheinlichkeit» für eine Straftat wohl kaum mehr zu leugnen.

Einige Fälle der Daten-CDs ergaben bei Prüfung Hinweise auf Steuerhinterziehung beim Entstehen des dokumentierten Vermögens, wie etwa verschwiegene steuerpflichtige Kursgewinne an der Börse oder Erbschaftssteuerfälle. Dann steigen die beweisbaren Hinterziehungssummen, und es kommen auch Haftstrafen in Betracht. Weil die Ermittler für weitere Beweise über die Auslandsvermögen und -einkünfte jedoch auf Amts- bzw. Rechtshilfe aus der Schweiz angewiesen sind, drohen Steuerstrafverfahren mit Auslandskonten ohne Mithilfe der Beschuldigten steckenzubleiben. Denn auch wenn die Schweiz seit 2010 formell bei Steuersachen kooperiert, sieht die Praxis noch heute oft anders aus. Besonders bei Verfahren, die aufgrund von CDs oder Hinweisgebern ins Rollen gebracht wurden, mauern die Schweiz und Luxemburg wie ehedem – ganz unbeeindruckt davon, dass der Ankauf und die Verwendung der Daten-CDs höchstrichterlich in Deutschland abgesegnet wurden und die OECD die Länder für diese Praxis rügt.

Um nicht zu riskieren, die Strafkammer durch einzelne festgefahrene Verfahren zu blockieren, wird also oft gegen Kooperation, etwa Beischaffung der Bankunterlagen aus den Nachbarstaaten, eine Einstellung des Verfahrens gegen Geldauflage oder höchstens einen Strafbefehl in Aussicht gestellt. Eine Haftstrafe ohne Bewährung ist da ein rotes Tuch und wirkt auf die Beteiligten eskalierend – und daran hat offenbar keine Prozessseite ein Interesse. Die geräuscharme Abwicklung möglichst vieler Fälle scheint gegenüber der Wahrheitsfindung weitaus höhere Wertschätzung zu genießen.

Auch die Handlanger in den Banken bzw. den Kanzleien wurden in aller Regel nur zur Kasse gebeten, manchmal die Banken selbst. Im Jahr 2011 waren zwei Verfahren gegen Julius Bär und Credit Suisse durch Zahlungen von 50 bzw. 149 Mio. Euro eingestellt worden, im Jahr zuvor jenes gegen LGT und dessen Banker wegen des Verdachts auf Beihilfe zur Steuerhinterziehung, wieder gegen 50 Mio. Euro insgesamt. Dabei ist die Schuld der ausländischen Banker meist kaum von der Hand zu weisen. Im Fall der LGT und Zumwinkel rieten sie offen zu Konstruktionen, die Steuerhinterziehung ermöglichten. Zumwinkels Finanzberater wiesen ihn 1985/86 bei einem Treffen auf die Möglichkeit hin, «dass bei ausländischen Geldanlagen der Anfall der deutschen Einkommensteuer [...] durchaus vermieden und damit der Gewinn maximiert werden könne». Laut den Finanzberatern müsse man «nicht zwangsläufig bereits versteuerte Gelder und Einnahmen ein zweites Mal versteuern».

Im Beschluss über die Geldbuße gegen Credit Suisse heißt es gleich zu Beginn, es werde eine Geldbuße festgesetzt, «weil ein vertretungsberechtigtes Mitglied der erweiterten Geschäftsleitung eine Straftat begangen hat, durch die Pflichten, welche die Gesellschaft treffen, verletzt worden sind und durch die gleichzeitig die Gesellschaft bereichert werden sollte». Weiter kann man von Tarnkonten, Versicherungsmänteln und den Schwarzgeldtransfers durch Bankmitarbeiter lesen. Die Vorwürfe wurden von der Bank abgestritten, obgleich sie eine saftige Millionenbuße leistete. Gegen die Veröffentlichung des Beschlusses beschwerte sich der Anwalt der Credit Suisse beim Justizministerium in Düsseldorf, weil dadurch Geschäftsgeheimnisse bekannt gemacht würden. Daraufhin verschwand dieser aus den offiziellen Kanälen, blieb aber im Internet und in einer exklusiven Fachzeitschrift weiterhin abrufbar. Zuletzt wurden im Juli 2014 Ermittlungen wegen Beihilfe gegen die Bank UBS gegen Zahlung von 300 Mio. Euro eingestellt. Die Staatsanwaltschaft Bochum verweigerte allerdings die Veröffentlichung des Bußgeldbeschlusses. Konkret würden die zur Schätzung des Abschöpfungsanteils bei der Geldbuße angestellten Berechnungen Geschäftsgeheimnisse berühren. Auf meinen Einwand hin, dass es sich bei diesen Zahlen lediglich um Informationen aus öffentlich zugänglichen Bilanzen handele, und man obendrein Passagen schwärzen könne, wurde ich auf die Entscheidung der Behördenleitung verwiesen, den Beschluss – insbesondere aufgrund der Vorgeschichte in Düsseldorf mit der Credit Suisse – nicht zu veröffentlichen. Die Behörde untersteht letztlich dem Generalstaatsanwalt in Hamm, der wiederum dem nordrhein-westfälischen Justizminister untersteht. An dieser Episode wird einmal mehr die Einflussmöglichkeit der Bankenwirtschaft und die Hasenfüßigkeit mancher Regierungsstellen offenkundig, sobald Geschäfts- oder Steuergeheimnisse von Unternehmen argumentativ in Stellung gebracht werden. Statt einer sorgfältigen Abwägung der Situation wird reflexartig pariert.

Diese offensichtliche Verknüpfung der Einstellung von Strafverfahren gegen Bankmitarbeiter oder -vorstände einerseits, und von hohen Bußgeldern gegen die Bank andererseits, wirft brisante Fragen auf. Der Vorwurf eines strafrechtlichen Ablasshandels steht im Raum: Kann das Unternehmen tatsächlich Straftaten eines Vorstandsmitglieds quasi stellvertretend dadurch sühnen, dass es tief ins Portemonnaie zu greifen bereit ist? Dass etwa die Credit Suisse jegliche Schuld von sich weist, nährt diesen Verdacht nur. Auch im Fall des UBS-Bußgelds hat die Staatsanwaltschaft Bochum nebst der Höhe des Bußgelds gegen die Bank gleichzeitig die Einstellung der Verfahren gegen «die beschuldigten Mitarbeiter der Bank» verkündet. Ein leitender Mitarbeiter musste außerdem zusätzlich eine Geldauflage von 250000 Euro bezahlen. Dass die Bank selbst und ihre Zahlkraft in einem solchen Deal eingebunden sind, liegt auf der Hand.

Diese Geldauflagen und Bußgelder dürften keinem der Beteiligten wirklich wehtun. Selbst wenn der Banker 250000 Euro letztlich selbst stemmen muss und sie nicht über Boni oder andere Kanäle von der Bank zurückerstattet werden, erfordert diese Zahlung kaum nennenswerte oder gar schmerzhafte Anpassungen des Lebensstils eines langgedienten Bankers. Auch die Bank wird wenig Anreiz haben, einen echten Kulturwandel einzuleiten. Schließlich bemessen sich die Bußgelder auch an der Anzahl und Schwere der entdeckten Straftaten. Da ein Großteil der Taten unentdeckt bleiben dürfte, rechnet sich der *Status quo* allemal. Der Vorstand wird sich gut überlegen, ob er unkalkulierbare Verluste riskiert, indem er sich wirklich von einer Nichtwisserkultur und dem Schwarzgeld verabschiedet, oder lieber berechenbare Bußgelder alle paar Jahre in Kauf nimmt – zumal Investitionen in neue Sicherheitstechnik zur Verhinderung weiterer Lecks steuerlich abzugsfähig sind.

Diese Praxis dürfte Otto Normalverbraucher als ethisch unverantwortlich einleuchten. Wer möchte Bankvorstände schon mit einer faktischen Immunität vor Strafverfolgung ausstatten? Die Tolerierung oder gar Förderung von Straftaten wird so zum naheliegenden Geschäftsmodell, dessen Risiken berechenbar bleiben und als Kosten sauber bewertet in die Ertragsplanung mit einfließen – zumindest solange man einige Sicherheitsvorkehrungen beachtet. Oberstes Prinzip eines Vorstands müsste demnach sein, nicht zu viel zu wissen. Ansonsten könnte es doch zu teuer oder rechtlich schwierig werden, ihn mit einer Geldauflage gehen zu lassen. Hinweise darauf, dass Bankvorstände gerade nicht über brisante Entwicklungen auf dem Laufenden sein wollen, gibt es durchaus. Ein Anthropologe, der sich über zwei Jahre unter Banker in London gemischt hat, beschreibt das so: «Niemand will es wissen. Leute aus dem Backoffice, dem Controlling, haben mir gesagt: Die Chefs tun alles, um nichts mitzukriegen. Sobald sie etwas wissen, sind sie verantwortlich.»

Eine Alternative für die deutsche Justiz hätte so aussehen können, wie es die USA mit der UBS vorgemacht haben: die im Verlauf von Selbstanzeigen (bzw. in den USA eines Hinweisgeber-Belohnungsprogramms) gewonnenen Informationen systematisch auswerten und für Ermittlungen gegen Banker nutzen, dann Bankangestellte festnehmen lassen und im Verhör weitere Informationen über deren Hinterziehungsbeihilfe gewinnen. Am Ende hätte die Forderung nach Herausgabe aller deutschen Kundendaten gegenüber der Bank stehen können, und dieser Forderung hätte mit einem drohenden

Entzug der Banklizenz oder täglich anschwellenden Gewinn-abschöpfungen Nachdruck verliehen werden können. Der USA gelang es mit dieser Strategie, das als unüberwindbar geltende Schweizer Bankgeheimnis zu knacken und über 4000 Kundendaten von der UBS zu erhalten. Letztlich bahnten die USA damit auch allen anderen Staaten – inklusive Deutschland – den Weg zu Schweizer Bankdaten.

Die UBS war nur eine unter vielen Schweizer Banken, die ins Visier der US-Justiz gerieten. Ende 2013 wurde die Gesamtzahl der Haftbefehle gegen Schweizer Banker auf 40–50 geschätzt. Die Privatbank Wegelin wurde im Januar 2012 angeklagt und löste sich nach einer Strafzahlung im Jahr 2013 auf. 106 Schweizer Banken hatten sich danach auf ein Programm der US-Justiz eingelassen, bei dem ihnen der Verzicht einer Strafverfolgung nur gegen umfangreiche Aufdeckung von US-Konten in Aussicht gestellt wurde. Diese verschiedenen Verfahren führten 2014/15 dazu, dass die USA die Geldspur aus diesen Banken in andere Steueroasen nachvollziehen und weitere Ermittlungen einleiten konnten – ein Ende dieser konsequenten Verfolgung ist nicht in Sicht.

Sicher wird dieses Vorgehen in den USA durch verschiedene rechtliche Besonderheiten gefördert. So werden dort Hinweisgeber anteilig aus dem zusätzlichen Steueraufkommen belohnt, wie Bradley Birkenfeld, der über 100 Mio. Dollar für seine Mitwirkung am UBS-Fall erhielt. Der Unterschied zur deutschen Selbstanzeige liegt auf der Hand: In den USA kann Straffreiheit bei weitreichender Kooperation unter strengen Bedingungen zusätzlich gewährt werden. In Deutschland reicht es, die von Steuerberatern professionell und wohlkalkuliert ausgefüllten Unterlagen in den Briefkasten zu werfen. Ein anderer Unterschied liegt im fehlenden Unternehmensstrafrecht in Deutschland. Auch wenn dieses geholfen hätte, Banken direkt unter Druck zu setzen – Voraussetzung war es sicher nicht für ein rigoroses und systematisches Vorgehen gegen die Helfer in den Banken und die Schwarzgeldkonteninhaber selbst.

In Deutschland gilt seit 2002 die bandenmäßige Steuerhinterziehung als Vortat zur Geldwäsche. Insofern könnte die systematische Beihilfe durch verschiedene Bankmitarbeiter und deren Kunden als bandenmäßige Steuerhinterziehung einen Verdacht auf Geldwäsche begründen. Geldwäsche gilt anders als Steuerhinterziehung als Verbrechen. Demnach wäre die Einstellung wegen Geringfügigkeit (§ 153 StPO), gegen Geldauflage (§ 153a) sowie durch einen Strafbefehl (§ 407) nicht mehr möglich gewesen. So hätten die Ermittlungsbefugnisse deutlich ausgeweitet werden können. Der staatsanwaltliche – oder politische? – Wille indes hat zu einem solchen Schritt offenbar gefehlt.

Im Fall Hoeneß hat die Staatsanwaltschaft immerhin einen internationalen Haftbefehl gegen seinen Schweizer Banker beantragt. Jürg H., Devisenchef und Vorstandsmitglied der Bank Vontobel, wurde in Polen Ende Oktober 2014 verhaftet. Obwohl er seinen Reisepass abgeben, eine Kaution von 240 000 Euro bezahlen und sich bei der Polizei alle zwei Tage melden musste, setzte er sich Ende November erfolgreich in die Schweiz ab. Ob eine solche Flucht auch dann möglich gewesen wäre, wenn der Haftbefehl durch die US-Justiz statt von der deutschen beantragt worden wäre? Ähnliche Pannen der Justiz geschehen in Deutschland immer wieder. Als es im April 2010 zu einer Razzia bei der Deutschen Bank kommen sollte, wurden Mitarbeiter der Bank am Vorabend gewarnt – von wem ist bisher unbekannt. Die Staatsanwaltschaft hat damals Ermittlungen aufgenommen, die jedoch bis Februar 2015 keine Hinweise in Richtung eines Tatverdächtigen ergeben haben.

Auch im Fall von Gustl Mollath, der 2003 und 2004 Strafanzeigen gegen die Hypovereinsbank und die Geschäfte seiner Frau erstattete, legte die Nürnberger Staatsanwaltschaft die Hände in den Schoß. Sie bügelte seine detaillierten Ausführungen zu Schwarzgeldtransfers in die Schweiz mit diesen Worten ab: «Aus den Angaben ergibt sich kein hinreichender Tatverdacht, vielmehr sind die Ausführungen des Beschuldigten nicht ernst zu nehmen.» Dass sich in Deutschland aber ein Staatsanwalt wegen Strafvereitelung im Amt verantworten müsste, ist noch seltener als eine Sonnenfinsternis. Beobachtet man jedoch, wie schnell die Nachricht von Uli Hoeneß'

Selbstanzeige in politische Kreise weitergeleitet wurde, dann erhärtet sich der böse Verdacht möglicher politischer Einflussnahme auf die Strafverfolgung. Besonders wenn man um eine weitere Spezialität des deutschen Justizwesens weiß.

Weisungen für den Staatsanwalt

Neben der Kultur der Geheimhaltung gerichtlicher und bürokratischer Prozesse gedeiht im deutschen Staat noch ein weiterer hartnäckiger Spross, der seine Wurzeln im obrigkeitsstaatlichen Preußen hat. Die Justizminister Deutschlands haben nach § 146 und § 147 Gerichtsverfassungsgesetz (GVG) gegenüber den Generalstaatsanwälten eine Weisungsbefugnis, die sogar im Einzelfall eingesetzt werden kann. Damit kann der Justizminister faktisch alle Staatsanwälte in seinem Einzugsbereich in konkreten Ermittlungsverfahren anweisen weiter zu ermitteln oder aber die Ermittlungen aufgrund dürftiger Verdachtsmomente einzustellen. Der Ermessensspielraum besonders beim Anfangsverdacht und zu Beginn von Ermittlungen ist dabei enorm und öffnet politischer Einflussnahme Tür und Tor. Weil Staatsanwälte Beamte sind, sind sie in die übliche streng hierarchische Organisation eingebunden. Die formale Befehlskette läuft vom Justizminister zum Generalstaatsanwalt, von dort zu den Oberstaatsanwälten und weiter bis zu jedem kleinen Rädchen der Staatsanwaltschaft. Der Brandenburger Generalstaatsanwalt Erardo Rautenberg, ausgewiesener Kenner der Materie, nennt die Abhängigkeit von der Politik den «Geburtsfehler» der Staatsanwaltschaft.

Zwar findet man heute kaum Staatsanwälte in Deutschland, die je eine Weisung erhalten haben wollen. In einer Dokumentation aus dem Jahr 2002 werden jedoch zahlreiche Fälle der subtilen Einflussnahme der Politik auf die Staatsanwaltschaft nachgewiesen. Weil jeder Staatsanwalt mit ungeduldigen Fragen der Vorgesetzten bis hinauf ins Kabinett rechnen muss, kann eine Haltung vorauseilenden Gehorsams gut gedeihen. Offene Kommunikation ist dafür der beste Nährboden. Also berichten Staatsanwälte ihren Justizministern von all jenen Strafsachen, die geeignet scheinen, deren Interesse zu wecken. Je näher man in der Hierarchie am Generalstaatsanwalt steht, desto stärker wird der Sog. In manchen Bundesländern ist diese Kommunikation rechtlich festgeschrieben. Niedersachsen etwa verlangt in einem Erlass von 2007 von Staatsanwälten, dass sie dem Justizministerium über Strafsachen berichten, «die in rechtlicher oder tatsächlicher Hinsicht von außergewöhnlicher Bedeutung sind».

Obendrein können Minister Wünsche, Ratschläge oder Bitten äußern, welche zwar von niemandem als Weisung verstanden werden wollen, aber im Schatten des formalen Weisungsrechts ihre Wirkung nicht verfehlen. Denn wie schon bei der Betriebsprüfung schreibt auch hier der Vorgesetzte die Beurteilung für die Laufbahn und erfordern auch mündliche Anweisungen den Gehorsam des Beamten. Nur wenn ein Staatsanwalt schwerwiegende Bedenken an der Rechtmäßigkeit einer Anweisung hat, darf er höhere Vorgesetzte einschalten bzw. auf einer schriftlichen Anweisung bestehen. Deshalb begibt sich ein Staatsanwalt zwangsläufig aufs Glatteis, will er zwischen angeblich völlig unverbindlichen Bitten und den Gehorsam einfordernden Weisungen seines Vorgesetzten unterscheiden. Dann lieber gleich an den Lippen des Ministers kleben, um ja nichts zu verpassen. Staatsanwälte, denen die Karriere am Herzen liegt und die auf Nummer sicher gehen wollen, greifen gern zu «Absichtsberichten», mit denen sie die Reaktionen der Vorgesetzten vorab austesten, um ja nichts «falsch» zu machen. Erardo Rautenberg bestätigt in seiner Untersuchung der deutschen Staatsanwaltschaft aus dem Jahr 2012 die politischen Einflussnahmen. Sie seien «in einzelnen Fällen [...] nicht zu leugnen und zum Teil gut dokumentiert».

Zuletzt wurden besonders im Zusammenhang mit der CDU-Spendenaffäre und den Terroranschlägen vom 11. September 2001 skandalöse Einflussnahmen der Politik auf Ermittlungen bekannt. Der Widerstand dagegen veranlasste den Deutschen Richterbund im Jahr 2003, einen Gesetzentwurf zur Reform der Staatsanwaltschaft vorzulegen. Auch auf internationaler Ebene trifft das Weisungsrecht im Einzelfall auf wenig Verständnis. Dessen Abschaffung fordert etwa die Parlamentarische Versammlung des Europarats – in einer Untersuchung zu politisch motiviertem Missbrauch der Strafjustiz. Im Roland Rechtsreport 2014, einer repräsentativen Umfrage unter 1700 Richtern und Staatsanwälten in Deutschland, befürworteten 83 % der Befragten die Abschaffung der Weisungsbefugnis zur Sachbehandlung im Einzelfall. Für 50 % hat die Abschaffung eine sehr hohe Priorität. Auch wenn das Weisungsrecht des Justizministers an die Staatsanwälte seit langem kontrovers diskutiert wird – bisher hat sich an der Rechtslage nichts geändert. Während dies im Ausland Unverständnis hervorruft, dürften sich erlauchte Finanzkreise weltweit mit dieser Regelung im deutschen Rechtssystem noch ein wenig sicherer fühlen. In allerletzter Instanz bleibt schließlich der Hebel über Justizminister und Staatsanwälte, um allzu ernste Konsequenzen abzuwenden.

Wer um die Möglichkeiten der politischen Einflussnahme auf die Strafjustiz weiß und sich Auswertungen über Urteile in Steuerstrafverfahren ansieht, kann leicht eins und eins zusammen zählen. Bei Prominenten wird Steuerhinterziehung kaum ernsthaft geahndet. Das Strafmaß ist in den bekannten Fällen meist überaus moderat. Boris Becker etwa verurteilte die Münchener Justiz im Jahr 2002 nur zu einer Geldstrafe – bei einer Hinterziehungssumme von 1,7 Mio. Euro, und der Springreiter Paul Schockemöhle kam 1996 bei einer Steuernachzahlung von knapp 11,6 Mio. Euro mit einer Bewährungsstrafe von elf Monaten davon – strafmildernd wirkte eine umstrittene Selbstanzeige. Der Bundesgerichtshof klärte in einem Grundsatzurteil vom 2. Dezember 2008, dass Steuerhinterzieher bei einer hinterzogenen Summe von über 1 Mio. Euro nur noch bei «besonders gewichtigen Milderungsgründen» mit einer Gefängnisstrafe ohne Bewährung davon kommen sollen. Die Regel müsse eine Gefängnisstrafe ohne Bewährung sein. Außerdem klärten die Richter, dass ein besonders schwerer Fall immer dann vorliege, wenn die Steuerverkürzung eine Summe von 100000 Euro oder mehr erreicht. In diesen Fällen kann fortan nicht mehr mit einer Geldstrafe gerechnet werden, sondern es soll eine Freiheitsstrafe auf Bewährung stehen, jedoch wieder mit der Einschränkung, dass von dieser Vorgabe bei «gewichtigen Milderungsgründen» abgesehen werden kann. Dadurch ließ der BGH ein Schlupfloch, das Richtern jeden erdenklichen Ermessensspielraum eröffnet.

Der BGH lieferte im Urteilsspruch gleichsam eine Steilvorlage für die Aushebelung seiner Vorgabe, indem er Beispiele zulässiger Milderungsgründe zur Umgehung der Strafschwellen gleich mit hinzufügte. Somit bleibt das Urteil in den Augen mancher Beobachter Augenwischerei, das wenig an der Praxis geändert hat. Laut BGH würde etwa strafmildernd wirken, wenn der Angeklagte überwiegend steuerehrlich war und die «verkürzten zu den gezahlten Steuern» verhältnismäßig gering waren. Damit widerfährt von vornherein all jenen Steuerbetrügern Milde, die per Schwarzgeldkonto im Ausland Steuern hinterziehen. Denn diese werden in aller Regel im Inland immer Steuern bezahlen, die strafrechtlich kaum «hinterziehbar» sind – etwa als Unternehmer oder als Angestellte die Lohnsteuer, die direkt vom Arbeitgeber einbehalten wird. Im Ergebnis ist das eine Blanko-Strafmilderung für Steuerhinterziehung per Auslandskonto, man könnte auch von einem Anreiz für den Kapitalexport sprechen. Obendrein soll die sogenannte Lebensleistung ebenfalls einfließen, die sich reflexhaft – zumindest bei Prominenz – als strafmildernd auswirkt, etwa im Fall Zumwinkel oder Hoeneß. Ein wenig zynisch fragt Gisela Friedrichsen nach der Lebensleistung Zumwinkels: «Die Privatisierung der Post? [...] Sein Geschick, geräuschlos zigtausende Arbeitsplätze zu streichen und dem Bürger einzureden, der Service sei jetzt besser denn je?» Und sie erinnert daran, dass im Steuerstrafverfahren gegen Peter Graf dessen Tochter, Tennis-Ikone Steffi Graf, als strafmildernde Lebensleistung herhalten musste.

Alles in allem dürfte sich das BGH-Urteil in weiten Teilen der Republik als weitgehend symbolische Vorgabe erweisen. Verschiedene mit der Materie Vertraute sagen fast übereinstimmend, dass sich herzlich wenig an der Praxis geändert habe. Und tatsächlich, im Jahr 2012 hob der BGH ein Urteil des Landgerichts Augsburg wegen unvertretbarer Milde auf.

Darin wurde ein Unternehmer wegen Steuerhinterziehung von 1,1 Mio. Euro zu einer Bewährungsstrafe von zwei Jahren verurteilt. Doch wie viele Urteile an Landgerichten wird sich der BGH ansehen, wo er doch selbst nicht einmal weiß, wie viele Steuerhinterzieher im Jahr verurteilt werden?

Vermutlich lässt sich aber kaum ein besseres Beispiel als das Urteil im Hoeneß-Prozess finden, um zu zeigen, wie wenig wirksam das vielzitierte Grundsatzurteil des BGH ist. Zwar hat sich das Gericht nicht dazu verstiegen, eine Bewährungsstrafe auszusprechen. In der Hinsicht dürfte Hoeneß tatsächlich eine große Ausnahme darstellen. Auch wenn er beinahe der einzige bekannte Steuerstraftäter mit Auslandskonto ist, der überhaupt je ins Gefängnis musste, lässt sich daran die Strafscheu in der deutschen Steuerstrafjustiz gut veranschaulichen. Die Strafe gegen Hoeneß wird von vielen Rechtsgelehrten als unvertretbar niedrig bewertet. Walter Grasnick, emeritierter Strafrechtsprofessor, kann nicht erkennen, weshalb sich das Strafmaß mit dreieinhalb Jahren Gefängnis am unteren Rand des möglichen Strafrahmens bei besonders schweren Fällen bewegt. Möglich ist dann eine Gefängnisstrafe zwischen sechs Monaten und zehn Jahren. Obwohl ein großes Ausmaß an verkürzten Steuern unbestritten vorlag, beantragte die Staatsanwaltschaft nur fünfeinhalb Jahre Haft. Dies bewertet Professor Grasnick «angesichts der beträchtlichen Höhe des angerichteten Schadens, der mit zu den schwersten gehört, über die ein deutsches Gericht bislang jemals zu befinden hatte», als kaum hinnehmbar. Bekanntermaßen lag die Summe gerichtsfest belegter, hinterzogener Steuern bei über 28 Mio. Euro. Zum Vergleich: Peter Graf wurde schon 1997 wegen hinterzogener Steuern in Höhe von rund 6,3 Mio. Euro zu einer Freiheitsstrafe von drei Jahren und neun Monaten verurteilt.

Außerdem blieben wesentliche Fragen bei Hoeneß unbeantwortet: Warum sollte Adidas-Chef Louis-Dreyfus ihm 5 Mio. DM geben und für weitere 15 Mio. bürgen? Es bleibt unklar, welche Gegenleistung Hoeneß für dieses Geschäft zu erbringen hatte. Und dass es möglich sein soll, solch hohe Devisengewinne über die Jahre zuverlässig einzufahren, wird obendrein von manchen Experten bezweifelt. Eine Zürcher Anwaltskanzlei vermutet, dass andere Straftaten wie etwa Geldwäsche oder Korruption eine Rolle gespielt haben könnten. Dies würde helfen zu erklären, weshalb die Unterlagen der Bank erst kurz vor Prozessbeginn eingereicht wurden. Damit hatte es die Anklage ungleich schwerer, das Material *en detail* zu sichten – zumindest falls schon eine feste Absprache über Zeitablauf und Ausgang des Verfahrens getroffen worden wäre. Denkbar ist auch ein Deal: Bankunterlagen nur gegen die Garantie allein wegen Steuerhinterziehung zu ermitteln und zu verurteilen.

Auch in anderen Wirtschaftsstrafsachen dürfen deutsche Täter mit außergewöhnlicher Milde rechnen. Freiheitsstrafen wegen Auslandsbestechung gibt es fast nur auf Bewährung und die Geldbußen bleiben im unteren Bereich des Strafrahmens. Das stellte die OECD im dritten Evaluationsbericht zur Umsetzung der «Konvention gegen die Bestechung ausländischer Amtsträger im internationalen Geschäftsverkehr» im Jahr 2011 fest. Außerdem monieren die Korruptionswächter, dass Deutschland keine Details zu den Verfahrenseinstellungen nach § 153a StPO (Geldauflage) veröffentlicht. Die Argumentation Deutschlands im Folgebericht 2013, dass aufgrund verfassungsmäßiger Beschränkungen jene Verfahrenseinstellungen mit Geldauflagen nach § 153a quasi nicht öffentlich gemacht werden könnten, überzeugte die OECD-Arbeitsgruppe nicht. Stattdessen drückte sie ihre Besorgnis über den «Mangel an Taten» in dieser Hinsicht aus und verlangte einen weiteren Bericht für März 2014, der allerdings nicht veröffentlicht wurde. Und obwohl Deutschland mit für deutsche Verhältnisse außergewöhnlich detaillierten Daten aufwartete, mahnte die OECD-Arbeitsgruppe verbesserte Statistiken an. Ob die Ähnlichkeiten zur Intransparenz bei steuerlichen Gerichtsverfahren rein zufällig sind?

Man darf sich durchaus fragen, ob das enorm hohe Vertrauen der Deutschen in die Justiz noch gerechtfertigt ist. Laut Korruptionsbarometer von Transparency International 2013 bewerteten die Deutschen die Justiz als am wenigsten korrupt, gefolgt von Polizei und dem Bildungswesen. Politische

Parteien und die Privatwirtschaft waren die Schlusslichter. Im Lichte all der Intransparenz und Abhängigkeiten im Justizwesen erscheinen Indiskretionen gegenüber den Medien als ein beinahe notwendiges Korrektiv und Ventil für ein übermächtiges Steuergeheimnis und obrigkeitsstaatlichen Dünkel. Es scheint, als hielte sich besonders im Justiz- und Steuerwesen in einigen Köpfen ein hartnäckiger Rest obrigkeitsstaatlicher Gesinnung, der den Bürger eher als Verwaltungsmasse und Störenfried denn als Teilhaber, Serviceberechtigten und Souverän begreift. Dass überall da, wo Menschen in Machtpositionen fernab vom Lichte der Öffentlichkeit handeln, auch problematische Praktiken gedeihen, ist wohl unbestritten.

Das Schicksal der Hinweisgeber

Ende der 1980er Jahre wird bekannt, dass der deutsche Anlagenbauer Imhausen mit Unterstützung der staatseigenen Firma Salzgitter eine Giftgasfabrik an das Gaddafi-Regime in Libyen geliefert haben soll. International wirft das ein schlechtes Licht auf die Bundesrepublik. Der damalige Bundeskanzler Helmut Kohl wiegelt die Sache so gut es geht ab. Doch Staatsanwalt Hans-Heiko Klein geht den Vorwürfen gezielt nach und lässt die Firmenzentrale des Lieferanten durchsuchen. Er sichert die Beweise und inhaftiert den Kaufmann Imhausen-Hippenstiel. Im Verfahren, das am 11. Juni 1990 beginnt, drängt Klein auf die Maximalstrafe wegen Subventionsbetrugs und Steuerhinterziehung, wird aber von seinem Chef zurückgepfiffen. Ein Deal wird unter heftiger Kritik Kleins durchgezogen, Geständnis gegen milde Strafe. Staatsanwalt Klein will weitermachen, die Ermittlungen gegen einen Geschäftsführer von Salzgitter aufgrund einer zweiten Giftgasfabrik weiterführen. Dann kommt das Ende: Zum 3. Oktober 1990 wird Klein gegen seinen Willen versetzt. Der hochgeschätzte Spezialist für Wirtschaftsstrafsachen muss sich fortan Verkehrssündern und Rechtsradikalen widmen. Reden darf er auch zehn Jahre später noch nicht, auf die Frage der Journalisten «Dürfen Sie nicht?» antwortet er «Nicht autorisiert!». Und auf die Frage «Haben Sie so eine Art Maulkorb von ihrem Vorgesetzten bekommen?» sagt Klein: «Müssen Sie den fragen!».

Diese Episode ist exemplarisch dafür, wie Deutschland allzu häufig mit jenen umgeht, die Missstände ans Licht bringen und sich von mächtigen Gegenspielern aus Politik und Wirtschaft nicht einschüchtern lassen. Sie werden aus der Verwaltung gemobbt, geraten aufs behördeninterne Abstellgleis oder werden gar ins Gefängnis oder die Psychiatrie gesperrt. Ähnlich wie klassische Steueroasen mit Hinweisgebern umgehen, etwa Antoine Deltour in Luxemburg oder Rüdi Elmer in der Schweiz, droht auch hierzulande Nestbeschmutzern die ganze Härte des Gesetzes. Die Internetpräsenz des Dokumentationszentrums anstageslicht.de ist voll von schockierenden Schicksalen, die Zweifeln an der Rechtsstaatlichkeit weitere Nahrung geben. Besonders innerhalb der deutschen Justiz und Steuerverwaltung häufen sich jüngst die Beispiele für ungeheuerliche Vorgänge.

Als die Steuerfahndung am 15. Juni 1998 mit dreihundert Beamten die Frankfurter Türme der Deutschen Bank und andere Niederlassungen durchsuchte, traute so mancher Beobachter seinen Augen nicht. Es war unerhört, dass jemand es wagte, den unsichtbaren Rubikon so geräuschvoll zu übertreten, der ansonsten Banken und ihre Kreise in Deutschland umgab. Als 1994 diese Grenze erstmals mit der Durchsuchung einer Filiale der Dresdner Bank in Düsseldorf überschritten wurde, ging die Bank vor Gericht. Aber noch Ende 1994 entschied das Bundesverfassungsgericht gegen die Bank und stimmte der Durchsuchung sowie Beschlagnahmung der Dokumente zu. So begann der Vorspann zur hessischen Steuerfahnderaffäre.

Der Anlass beider Durchsuchungen waren erdrückende Hinweise darauf, dass die Banken ihren Kunden einen besonderen Service angeboten hatten. Mittels sogenannter Tunnelkonten ermöglichten sie es ihrer Kundschaft, der innerdeutschen Zinsabschlagsteuer von bis zu 30% ab Januar 1993 ein Schnippchen zu schlagen. Um keine nennenswerten Zinsen in Deutschland versteuern zu müssen, galt es die DM-Guthaben diskret und ohne Papierspur ins Ausland zu schaffen. Luxemburger Banken wie eine Tochter der Deutschen Bank, aber auch Volks-und Raiffeisenbanken warben 1992 mit unverhohlenen Slogans um Steuerflüchtlinge aus Deutschland, etwa «Reisen bildet, z.B. Kapital» oder «Oh, pardon, wo geht's denn hier nach Luxemburg?». Aber auch die Schweiz, Gibraltar und damals noch Belgien boten sich gerne als Ziel für geschätzte 300 Mrd. DM an, die in dieser Zeit das Weite suchten. Nur der Weg zum Ziel war problematisch: Würde man das Geld einfach überweisen, dann bestünde die Gefahr, dass das Finanzamt Fragen nach dem Verbleib des Vermögens im Ausland stellen würde und im Zweifelsfall die Steuerschuld zum Nachteil der Steuerflüchtigen schätzen könnte.

Also erfanden die Banken eine Möglichkeit, das Geld anders ins Ausland zu bringen. Formell wurde eine Barauszahlung an den Bankkunden gebucht, und eine entsprechende anonyme Bareinzahlung auf ein Transfer-Konto derselben Höhe vorgenommen. Beliebt waren auch Fantasienamen der Einzahler, etwa «Theo Waigel» oder «Helmut Kohl». Tatsächlich wurde das Geld bankintern auf ein Pipeline-Konto geschoben und danach *en bloc*, mit den Geldern vieler anderer Kunden, in die Auslandsniederlassungen der Bank gebucht. Nur per Codewort und bankinterner Software ließen sich die vermeintlich unbedenklichen bankinternen Geldströme einzelnen Kunden zurechnen. Am Ende des Tages hatten die sprichwörtlichen Zahnärzte und Autohändler ihre DM auf Konten der Auslandstöchter derselben Bank verschoben. Pech für sie war noch nicht einmal, dass es einen Mitarbeiter der Commerzbank gab, der bei der Frankfurter Staatsanwaltschaft Anzeige gegen seinen Arbeitgeber wegen Beihilfe zur Steuerhinterziehung erstattet hatte. Diese Anzeige allein nämlich brachte die Justiz nicht in Bewegung. Stattdessen wurde der Deutschen Bank nebst vielen anderen Banken und deren Kunden ein gescheiterter Erpressungsversuch zum Verhängnis.

Ein Commerzbank-Mitarbeiter saß 1995 im Bundeskriminalamt und wollte – ganz unverbindlich und theoretisch – mit dem Beamten erörtern, wie eine Bank sich im Fall einer Erpressung verhalten solle. Der Beamte wurde hellhörig als ihm immer mehr Hintergründe der angeblich hypothetischen Anfrage offenbart wurden. Schließlich leitete er Ermittlungen ein. Robert T., der für ein Jahr als EDV-Spezialist für die Commerzbank Luxemburg arbeitete, wurde am 31. Juli 1995 festgenommen. Er hatte ca. 500 Seiten mit Saldenlisten von Konten deutscher Commerzbank-Kunden entwendet und wollte dafür nun Geld von der Bank sehen. Nach seiner Festnahme an seinem neuen Arbeitsplatz bei einer anderen Bank in Frankfurt am Main machten die Fahnder einen hübschen Fund in seiner Wohnung. 340 Seiten mit etwa 1600 Kundendaten der Commerzbank Luxemburg warteten dort auf Abholung. Nun hatte die Commerzbank ein Problem. Ihre Zentrale wurde im Februar 1996 durchsucht, inklusive Vorstandsetage. Ein Bankmanager drohte einem Fahnder bei der Durchsuchung mit einem bevorstehenden Abendessen mit Bundeskanzler Helmut Kohl.

Aber die Frankfurter ließen sich nicht einschüchtern. Sie entdeckten, dass bundesweit aus rund 700 Filialen der Bank Buchungen auf das Transferkonto eingingen und von dort ins Ausland verschoben wurden. Frank Wehrheim, selbst Steuerfahnder und aus nächster Nähe an den Ermittlungen beteiligt, berichtet in seinem Buch «Inside Steuerfahndung» über verstörende Details. Während der Ermittlungen wurden mehrfach versiegelte Türen von Räumen mit Beweismaterial rechtswidrig geöffnet. Ein TV-Team konnte Banker nach Feierabend in der Bankfiliale Frankfurt Höchst beim Vernichten von Akten filmen – die Aufnahmen verschwanden jedoch aus dem Sender, bevor die Steuerfahndung diese auswerten konnte.

Summa summarum konnten bei der Commerzbank Kapitaltransfers über das Pipelinekonto von 19,4 Mrd. DM nachgewiesen werden, von denen das meiste der Steuerhinterziehung diente. Bis 1999 war es gelungen, davon 13,6 Mrd. DM auch Kunden zuzuordnen. In den meisten Fällen förderten diese Ermittlungen obendrein vorgelagerte Steuerstraftaten zutage – die Transfers wurden meist aus Schwarzgeld getätigt. Knapp 20% der Transfers konnten nicht entschlüsselt wer-

den, die Bank zahlte dafür nach Einigung mit der Staatsanwaltschaft 70 Mio. DM. Dieser Fall löste einen Ermittlungstsunami im ganzen deutschen Bankensektor aus, zahlreiche
Banken wurden deutschlandweit durchsucht. Im Juni 1998
schließlich traf es die Deutsche Bank. 10 000 zusätzliche Einzelfälle aus dem Kundenstamm der Deutschen Bank wurden
damals erwartet. Das Bankenteam der Steuerfahndung Frankfurt hatte genug Material für Jahre weiterer Ermittlungsarbeit.
Lukrativ war das allemal – es gab neunstellige Nachzahlungen
und Anerkennung der Oberfinanzdirektion für die Arbeit.

Bis eines Tages der Gegenwind zu blasen begann. Als Roland Koch im April 1999 Ministerpräsident Hessens wurde
und die CDU-Spendenaffäre im Dezember 1999 zu brodeln
begann, liefen die Ermittlungen zunächst ungestört weiter. Bis
die Fahnder eines Tages im August 2001 eine als geheim eingestufte Amtsverfügung erreichte. Fortan sollte ein steuerstrafrechtlicher Anfangsverdacht bei Geldtransfers ins Ausland
nur noch dann gegeben sein, wenn ein Transfervolumen von
500 000 DM oder Einzeltransfers in Höhe von 300 000 DM erreicht würden. Die offizielle Begründung für die Anweisung
lag in der Personalnot – durch die Bankenermittlungen seien
zu viele andere Fälle liegen geblieben. Diese Ansage bedeutete
faktisch ein Ermittlungsverbot für jene Fälle, bei denen geringere Beträge ins Ausland geschleust wurden, auch wenn ein
dringender Tatverdacht auf der Hand lag. Diese Anweisung
sorgte beim Sachgebietsleiter des Bankenteams, Eckhard
Pisch, für großes Unbehagen. Der Jurist befürchtete nicht nur
erhebliche Steuerausfälle, sondern erläuterte in einem langen
Brief an den Chef des Finanzamts seine Bedenken, dass gegen
die Strafprozessordnung verstoßen würde. In der Justiz war
sogar die Rede von Strafvereitelung im Amt, zu der die Steuerfahnder quasi genötigt würden. Wenige Tage später erhielt
Pisch die Antwort: Versetzung in das Finanzamt Darmstadt,
wo er fortan in der Veranlagung Einkommensteuer Erfahrungen für die Beamtenlaufbahn sammeln sollte.

In der Steuerfahndung sorgte diese faktische Strafversetzung für Entsetzen und Ungläubigkeit. Den Steuerfahndern
wurde eine neue Sachgebietsleiterin vorgesetzt, die allen un

tersagte, ohne ihre Erlaubnis mit Staatsanwälten zu sprechen. Rudolf Schmenger, einem Fahnder aus dem Team, verpasste sie auch intern einen Maulkorb – er durfte nicht mehr mit anderen Kollegen über Ermittlungen sprechen. Es folgte eine Negativbewertung, und dann die Ankündigung disziplinarischer Vorermittlungen. Zum 31. März 2003 erfolgte die Versetzung Schmengers in die Konzernprüfungsabteilung, wo er sich nun um Nullfälle zu kümmern hatte – jene, bei denen bereits im Vorfeld klar ist, dass es keine zusätzlichen Steuereinnahmen geben wird.

Im April 2003 startete ein mutiger Versuch der Fahnder, die weitere Belegschaft für einen offenen Brief an die politische Spitze des Landes zu gewinnen. Darin wurden die offenkundigen Missstände in der Leitung des Hauses diplomatisch angesprochen und um Hilfe ersucht. Die innerhalb kürzester Zeit gesammelten 48 Unterschriften schmolzen dann plötzlich auf 15 zusammen – jemand hatte gegenüber Vorgesetzten geplaudert und auf deren Druck ergaben sich die meisten. Der Brief geriet dann, obwohl er nicht abgesandt wurde, ins Internet. Der Spiegel berichtete im August 2003 von der aufziehenden Affäre, auch davon, dass «drei Konten einer Privatbank in Liechtenstein, über die nach Angaben von Fahndern Prominente Transfers abgewickelt haben sollen» nicht mehr ausgewertet würden. Außerdem stellte die Oberfinanzdirektion Frankfurt eine Neustrukturierung der Finanzämter vor, in deren Verlauf die Frankfurter Steuerfahndung teilweise zerschlagen würde. Fast alle der übrig gebliebenen Unterzeichner wurden in der Folgezeit Ziel von Schikanen und Versetzungen, darunter die Beschäftigung in einer «Geisterabteilung», wo elf ehemalige Fahnder lapidare Fälle von Steuerzahlerbeschwerden bearbeiten sollten. Einen Fall gab es zum Einstand für jeden, dann monatelang nichts mehr – die Fahnder wurden schlicht kaltgestellt. Im weiteren Verlauf der Geschehnisse wurden bis 2008/09 zehn Steuerfahnder aus der Bankenermittlungsgruppe entfernt.

Sechs Fahnder hielten an ihrem Glauben an den Rechtsstaat unbeirrt fest und setzten sich per Petition im Landtag dafür ein, wieder zurück in die Steuerfahndung wechseln zu dürfen.

Vom ersten Untersuchungsausschuss in der Causa fanden nur sechs der 17 Sitzungen teilweise öffentlich statt. Es wurde überhaupt nur einer der von den Versetzungen betroffenen Fahnder geladen. Und dieser eine erlitt just während einer entscheidenden öffentlichen Sitzung eine Amnesie – er konnte sich an nichts mehr erinnern. Kurz darauf wechselte dieser ins hessische Innenministerium, Referat VI, zuständig für Sport und Sportförderung. Einige Tage zuvor hatte er sich im Finanzministerium mit dem zuständigen Abteilungsleiter getroffen, der später Oberfinanzpräsident wurde, fortan mit 12 000 untergebenen Mitarbeitern der Steuerverwaltung.

Die schier unfassbare, unglaublichste Wendung der Geschichte aber traf vier dieser Fahnder. Rudolf Schmenger, Mario und Tina Feser und Marco Wehner ereilte 2006 und 2007 der amtliche Ruf, sich bei Thomas H., einem Psychiater, auf ihre Dienstfähigkeit hin untersuchen zu lassen. Der Termin beim ersten in der Reihe, Rudolf Schmenger, am 31. Juli 2006, dauerte ungefähr eine Stunde, der Befund aber lautete auf lebenslänglich: eine «paranoid querulatorische Entwicklung», die so «chronisch und verfestigt» sei, dass auch «keine Nachuntersuchung» notwendig wäre. Mit dieser Dienstunfähigkeitserklärung wurde Schmenger also zum 1. Januar 2007 gegen seinen Willen in den Ruhestand versetzt, die anderen drei traf es ähnlich.

In anschließenden Rechtsstreitigkeiten musste der Gutachter Thomas H. 12 000 Euro Strafe bezahlen, weil seine Gutachten nicht den fachlichen Anforderungen genügten. In der Urteilsbegründung ist obendrein von Vorsatz die Rede: «Die Verletzung des fachlichen Standards bei der Erstellung der ‹Nervenärztlichen Gutachten› erfolgte nach Überzeugung des Gerichts vorsätzlich.» In den anschließenden Schadensersatzklagen der vier Fahnder gab die Kammer dreien im September 2014 Recht, der Gutachter sollte rund 200 000 Euro Schadensersatz bezahlen. H. kündigte an, dagegen Berufung einzulegen. Würde das Urteil dort bestätigt, könnten die Fahnder Klage gegen das Land Hessen einreichen.

Bis heute und nach zwei Untersuchungsausschüssen ist die Urheberschaft der Anweisung aus dem Jahr 2001 ungeklärt.

Der Roland-Koch-Experte Hajo Schumacher weist in seinem Buch auf die engen Beziehungen zwischen Roland Koch und der Wirtschaft hin. Im Freundeskreis «Wirtschaft für Koch» versammelten sich deutsche Wirtschaftslenker: «Anführer sind Commerzbankchef Müller und Nikolaus Schweikart [...] Dieser Kreis umfasst 40 Bosse, meist aus der Frankfurter Geldwirtschaft [...] Man trifft sich mehrmals im Jahr, Koch lässt kein Treffen aus.» Auf eine Anfrage der SPD zu den Liechtensteiner Steuerakten hatte der hessische Finanzminister Karlheinz Weimar im Februar 2008 eine beruhigende Antwort parat. Die Rede war von 326 Kisten und 357 Ordnern mit Hinweisen auf von Prominenten genutzte Pipeline-Konten nach Liechtenstein, die im Rahmen der Durchsuchungen sichergestellt worden waren. Nach deren Verbleib gefragt, antwortete Weimar, dass alle Fälle abgearbeitet seien – mit einem durchschnittlichen Mehrergebnis von sage und schreibe 208 Euro. Ein Schelm, wer Böses dabei denkt.

Der Hinweisgeberschutz funktioniert in solchen Fällen in Deutschland kaum. Bislang gehen die Betroffenen hierzulande enorm hohe Risiken ein und sind arbeits-, dienst- und strafrechtlichen Konsequenzen meist schutzlos ausgeliefert. In einer Vergleichsstudie der G20-Staaten steht Deutschland an siebter Stelle des schwächsten Schutzes von Hinweisgebern im öffentlichen Sektor. An fünfter und sechster Stelle stehen Russland und Italien, und achter und neunter Stelle Brasilien und Japan. Den besten Schutz bieten Australien, USA, Kanada und Großbritannien. Das wirft ein wenig schmeichelhaftes Licht auf die deutsche Politik und deren Willen zur Korruptionsbekämpfung.

Ähnliche Episoden gab und gibt es in Deutschland in Fülle. So deckte Klaus Förster, Leiter der Sankt Augustiner Steuerfahndung, ab 1975 sukzessive die Flick-Affäre auf, die bis dahin größte deutsche Nachkriegsaffäre. Schon 1975 stolperte er über eine komplexe Liechtensteiner Geldwäschemethode, mittels derer die CDU steuerlich subventionierte Unternehmensspenden ihrer Parteikasse als Finanzspritze zuführte. Schon zu Beginn der Ermittlungen kam es im Düsseldorfer Finanzministerium zu einem Krisengespräch zwischen SPD

und CDU, in dem allen Beteiligten die politische Brisanz der
Ermittlungen bekannt gemacht wurde – denn beide Parteien
hatten Leichen im Keller, auch die FDP wisse schon um die
Ermittlungen. Also sollten diese gestoppt oder zumindest bis
nach der Wahl unter den Teppich gekehrt werden. Klaus Förster remonstrierte jedoch gegen die Anweisungen seiner Vorgesetzten und drohte das Verfahren an die Staatsanwaltschaft
abzugeben, etwa durch eine Selbstanzeige wegen Strafvereitelung im Amt. Darauf hatten seine Vorgesetzten keine Antwort
parat, und so übernahm die Staatsanwaltschaft den Fall im
Juni 1976 und gemahnte Förster kurz darauf, in der Sache
keine weiteren Ermittlungen anzustrengen. Sie begann gegen
neun beteiligte Personen wegen Strafvereitelung im Amt zu
ermitteln.

Friedrich Flick, Großaktionär der Deutschland AG und
Ende der 1960er Jahre unbestritten der reichste Deutsche,
buhlte in diesen Jahren mehrfach um Steuerbefreiungen in
Milliardenhöhe. Es ging um den Verkauf seiner Daimler-
Aktien im Wert von 1,9 Mrd. DM an die Deutsche Bank
aus dem Jahr 1975. Das damalige Einkommenssteuerrecht
erlaubte die Steuerbefreiung bei Reinvestitionen, die «volkswirtschaftlich förderungswürdig» erscheinen. Die Wirt-
schafts- und Finanzminister erkannten sich als befugt, über
solche Geschäfte zu entscheiden. Flick erreichte die Steuerbefreiung, was ihm einen Steuervorteil von knapp 986 Mio. DM
bescherte. Teile der Gewinne investierte er in den Rüstungskonzern Dynamit Nobel. Die Gespräche über die Gewährung
dieser Befreiung fanden just in dem Moment statt, als die
Staatsanwaltschaft 1976 den Fall von Förster übernahm und
ihn um Einstellung seiner Ermittlungen bat.

Nur über Umwege und Zufall – oder war es doch göttliche
Fügung – kam die Steuerfahndung Sankt Augustin im Herbst
1978 auf die Spur eines Klosters der Steyler Missionare, einer
römisch-katholischen Ordensgemeinschaft, das auffällig hohe
Spenden zu verzeichnen hatte. Klaus Förster ließ es schließ-
lich durchsuchen und stieß auf ein ausgetüfteltes Schwarzgeld-
Vermehrungssystem im Dienste von CDU, SPD und FDP.
Der Steyler Pater Schröder hatte eine lukrative Einnahme-

quelle entdeckt. Er stellte Großspendern Quittungen über den fünffachen tatsächlich gespendeten Betrag aus, und zahlte 80% der Summe an die Spender zurück. Mit den Spendenbescheinigungen konnten diese nun oft die Hälfte der Spende vom Finanzamt zurückfordern. Der größte Kunde in diesem steuerfinanzierten Schwarzgeldkarussell war der Flick-Konzern. Zwischen 1968 und 1973 liefen nachweislich 12,3 Mio. DM Spenden des Konzerns über die Klostergesellschaft, von denen 9,8 Mio. DM in bar an Flick zurück flossen. Zwischen 1969 und 1980 spendete Flick «inoffiziell» 8,5 Mio. DM an Politiker und Parteien aus FDP, CDU, CSU und SPD. Förster beantragte im November 1978, auch die Flick-Zentrale zu durchsuchen.

Während sich Klaus Förster zunächst erfolgreich gegen die Versuche seiner Vorgesetzten, seine Ermittlungen zu stoppen, wehren konnte, wurde die Luft spätestens seit der Entdeckung des Klostermodells zusehends dünner. Die Staatsanwälte in Bonn, die wegen Strafvereitelung ermittelt hatten, stellten 1979 ihre Bemühungen geräuschlos ein, nachdem der Justizminister sie zuvor in einem Brief freundlich um nochmaliges Überdenken der Ermittlungsverfahren gebeten hatte. Im Dezember 1979 ist das Schicksal Försters besiegelt, ein fertiger Plan für seine Versetzung liegt auf dem Tisch. Zum 14. Januar 1980 wechselt er als Finanzamtsvize nach Köln-Ost. Aufs Abstellgleis versetzt, quittiert Förster schließlich 1983 den Dienst und arbeitet danach als Steueranwalt.

Die Flick-Affäre erschütterte das Vertrauen Nachkriegsdeutschlands in die politische Dreiparteienlandschaft in seinen Grundfesten. Das Vertrauen wurde auch dadurch wenig bestärkt, dass es zwischen 1981 und 1984 mehrfach Versuche gab, eine Amnestie für die in die Affäre Verwickelten durchzusetzen. Strafrechtlich aber war die Aufarbeitung ein weiteres Beispiel für systematische Straflosigkeit in der Bundesrepublik. Der Anklagepunkt Bestechlichkeit wurde fallen gelassen, übrig blieben Verurteilungen wegen Steuerhinterziehung und Beihilfe. Nahezu alle Zeugen hielten dicht, dem Richter fiel deren «schlechtes Erinnerungsvermögen» auf. Der Flick-Manager Eberhard von Brauchitsch wurde zu einer zweijährigen Bewährungsstrafe sowie einer Geldstrafe verurteilt. Daraufhin verlegte er seinen Wohnsitz nach Monaco. Die ehemaligen Wirtschaftsminister Lambsdorff und Friderichs wurden zu einer Geldstrafe in Höhe von 180000 und 61500 DM verurteilt. Klaus Förster hingegen verlor seine Widerspruchsverfahren vor dem Verwaltungsgericht Köln und vor dem Oberverwaltungsgericht Münster, die Richter vermochten keinen politischen Hintergrund seiner Versetzung zu erkennen. Daran konnte auch der Untersuchungsausschuss nichts ändern, der seinen Abschlussbericht 1986 vorlegte.

Auch bei den LGT-Prozessen bleiben Fragen offen. In der Staatsanwaltschaft Bochum schwelte seit der Hausdurchsuchung bei Zumwinkel vor laufenden TV-Kameras ein behördeninterner Konflikt. Er brach offen aus, als der Staatsanwältin Lichtinghagen unter umstrittenen Umständen am 9. Dezember 2008, fünf Wochen nach Anklageerhebung und kurz vor Prozessauftakt gegen Zumwinkel die Zuständigkeit für die Liechtensteiner LGT-Fälle entzogen wurde. Den Abzug Lichtinghagens, die bereits bei den Batliner-Fällen wertvolle Erfahrungen mit den hochkomplexen Liechtensteiner Rechtskonstrukten sammeln konnte, werteten manche Beobachter als vernichtenden Schlag für die Seite der Anklage. Sie sollte obendrein ins Jugenddezernat wechseln und wehrte sich dagegen.

Es begann eine in großen Teilen öffentlich ausgetragene behördeninterne Schlammschlacht, die unheimliche Kreise zog. Ein Journalist der Süddeutschen Zeitung fiel über Lichtinghagen regelrecht her und ihre Kinder wurden belästigt, ein Wohnungseinbruch zur Einschüchterung bei ihrer Tochter inklusive. Die Justizministerin stützte Lichtinghagen und schlug vor, sie samt ihrer Fälle an die Kölner Staatsanwaltschaft zu verlegen. Als daraufhin neue Vorwürfe aus der Behördenleitung laut wurden, kam es am 16. Dezember 2008 zu einer Krisensitzung im Justizministerium. Generalstaatsanwalt Manfred Proyer eilte herbei, um die Vorwürfe gegen Lichtinghagen zu stützen. Die Süddeutsche Zeitung berichtet, wie sich Ministerpräsident Rüttgers in den Streit eingemischt habe: «Am Rande einer Kabinettssitzung soll er der Ministerin bedeutet haben, dass die 54-jährige Steuer-Staatsanwältin nicht zu halten sei. ‹Der Ministerin ist der Gehörgang erweitert worden›, sagte ein Rüttgers-Vertrauter.» Im Verlauf des Gesprächs habe dann Lichtinghagen selbst vorgeschlagen, zum 1. Januar 2009 als Richterin ans Amtsgericht Essen zu wechseln.

Es liegt auf der Hand, dass allein der Haftbefehl gegen Zumwinkel vielen ein Dorn im Auge gewesen sein dürfte. Die Erledigung auch prominenter Fälle ohne Samthandschuhe passte wohl vielen nicht in den Kram. Lichtinghagen machte sich auch behördenintern wegen ihres forschen, unerschrockenen Auftretens nicht viele Freunde. Außerdem missbilligten einige ihre Praxis, hohe Geldauflagen zu großen Teilen karitativen Zwecken zur Verfügung zu stellen, und diese nicht in erster Linie dem Staatshaushalt zuzuführen.

Der mit den Untersuchungen der Vorwürfe gegen Lichtinghagen betraute Düsseldorfer Generalstaatsanwalt konnte später keine Anhaltspunkte für Rechtsbeugung oder einen Korruptionsverdacht finden. Alle straf- und disziplinarrechtlichen Vorwürfe gegen Lichtinghagen erwiesen sich als nicht haltbar. Zumwinkel wurde schließlich mit zwei Jahren auf Bewährung bestraft und musste eine Million Strafe zahlen – etwas mehr als den Hinterziehungsbetrag.

Gustl Mollath, der von der bayerischen Justiz für viele Jahre in die Psychiatrie gesteckt wurde, ist das letzte bekanntgewordene und wohl schockierendste Beispiel für den Umgang mit Hinweisgebern in Deutschland. Mollath wurde im Februar 2006 zwangsweise – weil er gemeingefährlich sei – in die Psychiatrie eingewiesen und erst am 6. August 2013 freigelassen. Das Urteil im anschließenden Wiederaufnahmeverfahren befand 2014, dass die Einweisung Mollaths unrechtmäßig erfolgte. Seine Frau, die damals bei der Hypovereinsbank tätig war, hatte ihn wegen gefährlicher Körperverletzung und Freiheitsberaubung angezeigt. Das Urteil im Revisionsprozess sah es als erwiesen an, dass Mollath seine Frau bei einer Auseinandersetzung gewürgt, getreten und geschlagen habe. Mollath streitet die Vorwürfe bis heute ab und behauptet, Opfer einer Verschwörung zu sein.

Unbestritten schrieb er in den Jahren 2002 und 2003 mehrere Briefe an die Bank, in denen er detaillierte Angaben über die Schwarzgeldgeschäfte seiner Frau machte. Es handelte sich um verdeckte Vermögenstransfers in die Schweiz, bei denen mehrere Mitarbeiter verbotene Provisionen kassierten und mehrfach gegen das Geldwäschegesetz verstoßen wurde. Die Bank setzte die interne Revision darauf an. Deren 2003 fertiggestellter Bericht stützte Mollaths Version, wurde aber bis 2012 nicht öffentlich. Auf Seite 15 steht unmissverständlich: «Alle nachprüfbaren Behauptungen haben sich als zutreffend herausgestellt.» Darunter ist vermerkt, dass es «nicht auszuschließen» sei, «dass Herr Mollath die Vorwürfe hinsichtlich des Transfers von Geldern von Deutschland in die Schweiz in die Öffentlichkeit bringt» und im Besitz weiterer Unterlagen und Details sei. Auch auf die Gefahr, dass Herr Mollath seine Kenntnisse gegen Geld zu veräußern versuchen könnte, weist der Revisionsbericht hin. Obendrein ist von Schwarzgeldgeschäften einer allgemein bekannten Persönlichkeit die Rede, «die nicht persönlich in Erscheinung treten» wolle. Das Whisteblower-Netzwerk geht davon aus, dass die Bank angesichts des enormen Reputationsrisikos daraufhin in Bezug auf Mollath kaum die Hände in den Schoß gelegt haben dürfte. Die Bank trennte sich diskret und geräuschlos von drei bis vier Mitarbeitern und ermahnte einen weiteren schriftlich. Auf eine Geldwäschemeldung verzichtete sie, «da es sich nicht um deliktische Gelder handeln dürfte». Dass banden- und gewerbsmäßige Steuerhinterziehung damals eine Vorstraftat der Geldwäsche darstellten, scheint bis heute niemanden interessiert zu haben.

Nachdem seine Frau ihn im Mai 2003 angezeigt hatte und es im September zur Verhandlung kam, erstattete Mollath Anzeige gegen seine Frau wegen der illegalen Schwarzgeldgeschäfte. Der Vorsitzende Richter soll Mollath während des Prozesses jedes Mal brüsk unterbrochen und mit Saalverweis bedroht haben, wenn er die Schwarzgeldtransfers ansprechen wollte. Letztlich attestierten die Richter Mollath eine paranoide Wahnvorstellung, aufgrund derer er ab 2006 in der Psychiatrie untergebracht wurde. Erst durch einen Report-

Mainz-Beitrag im Jahr 2011 kam der Justizskandal nach und nach ans Licht.

Ein Rechtsstaat lebt nicht vom Gesetz allein. Wo das Korrektiv der Öffentlichkeit allzu leicht ausgesperrt werden kann, wird ein böser Verdacht genährt. Was verbirgt sich unter der glatten Oberfläche eines scheinbar perfekt funktionierenden Systems? Der Umgang mit Hinweisgebern und die nicht selten ausbleibende Strafverfolgung gerade in Steuersachen müssen eher misstrauisch stimmen. Und das obrigkeitsstaatliche Gebaren der deutschen Justiz macht es verbunden mit dem Steuergeheimnis unmöglich zu überprüfen, ob die Gleichheit vor dem Gesetz in Deutschland noch gilt. Die wenigen vorhandenen Einblicke legen eher das Gegenteil nahe: Wer reich, prominent und mächtig ist, oder besser noch in einer Bank arbeitet, der scheint sich in einer eigenen Rechtssphäre zu befinden.

7. Interessenkonflikt und Co.

2014 war das Jahr der Seitenwechsel in der Bundespolitik. Öffentlichen Anstoß erregte etwa Ronald Pofalla, der nach seinem Ausscheiden als Kanzleramtschef Cheflobbyist bei der Deutschen Bahn wurde. Auch Dirk Niebel, ehemaliger Entwicklungsminister, trat eine ähnliche Position beim Rüstungskonzern Rheinmetall an. Im Seitenwechsel bekannter Politiker erkennen die meisten Menschen einen offensichtlichen Interessenkonflikt, der «regelmäßig das Vertrauen der Öffentlichkeit in die Integrität der Bundesregierung» erschüttert, so Christina Deckwirth von Lobbycontrol. Je kürzer der Zeitraum zwischen zwei Jobs, umso wahrscheinlicher ist es, dass Erkenntnisse und privilegierte Einblicke aus dem ersten Job auch zum Wohle des neuen Arbeitgebers eingesetzt werden. Entsprechend fordern Transparency International und Lobbycontrol seit Langem eine Karenzzeit von drei Jahren – wohlgemerkt zwischen Ausscheiden und der *Einigung* über eine neue Tätigkeit, nicht erst deren Beginn. Im Juli 2015 wurden für Regierungsmitglieder Karenzzeiten von 12 bis maximal 18 Monaten beschlossen und Verstöße sollen nicht einmal bestraft werden.

Der rote Teppich für Seitenwechsler

Im Finanz- und Steuerwesen sind pikante Seitenwechsel heute an der Tagesordnung und scheinen kaum noch für Empörung zu sorgen. 1999 war das anders. Die Geschichte von Reinhard Henkel schlug damals hohe Wellen. Bis 1999 war er Großbetriebsprüfer des Finanzamtes V in Frankfurt. Er soll über die Jahre bei Prüfungen der Commerzbank Steuernachzahlungen von mehreren hundert Millionen DM mitverantwortet haben. Doch zum September 1999 kündigte er und wechselte ausgerechnet in die Commerzbank-Zentrale in Frankfurt. Die Empörung war groß, der damals frischgebackene CDU-Finanzminister Weimar gelobte Abhilfe: Man wolle über den Bundesrat das Beamtenrecht ändern, und «eine Art Konkurrenzklausel» für ausscheidende Beamte einführen. Für solche, die in den Ruhestand gehen, gab es diese bereits.

Ein weiteres Beispiel ist Hanno Berger, gegen den die Generalstaatsanwaltschaft Frankfurt seit 2012 im Rahmen der sogenannten Cum-Ex-Geschäfte wegen Steuerhinterziehung ermittelt. Bevor er sich als der «Kreativste unter Deutschlands Steuergestaltern» einen Namen machte, arbeitete Berger wie Reinhard Henkel beim Finanzamt Frankfurt als Betriebsprüfer für Banken. Ab 1996 wurde er Partner verschiedener Rechtsanwaltskanzleien und beriet seither zahlreiche Banken, zum Beispiel die Dresdner Bank, Deutsche Bank sowie die Commerzbank.

Spektakuläre Einzelfälle? Leider nein. Alles deutet darauf hin, dass auch heute noch diese Art Seitenwechsel alles andere als die Ausnahme darstellen. Insider der Finanzverwaltung bestätigen, dass es solche und ähnliche Fälle zu Hauf gibt. Bei den Steuerberaterexamen sind in aller Regel ehemalige Finanzbeamte mit dabei, die fortan als Berater anheuern wollen. Deutsche Industriekonzerne seien für ihre Steuerabteilungen ständig auf der Suche nach ehemaligen Betriebsprüfern. Obendrein werden die besten Absolventen der Betriebsprüferschmieden der Länder oft schon direkt von den Wirtschaftsprüfungskanzleien aggressiv abgeworben. Woher haben die großen Wirtschaftsprüfungskanzleien aber die Namen und Adressen der besten Studierenden? Da ist es praktisch, dass sich manche Dozenten an den Fachhochschulen gern zu lukrativen Vorträgen von den Firmen einladen lassen. So kann man vortrefflich und natürlich ganz unverbindlich über aussichtsreiche Kandidaten plaudern. Wenn die neuen Betriebsprüfer in den ersten fünf Jahren nach Abschluss der Ausbildung abgeworben werden, dann müssen die Kosten für die Ausbildung in den meisten Bundesländern erstattet werden. In der Regel ist das jedoch kein wirkliches Hindernis, denn die Kosten sind überschaubar. In NRW handelt es sich um einen Maximalbetrag bei Abwerbung direkt nach Ausbildung von 25 000 Euro. Das neue Unternehmen übernimmt diese Kosten gern, wofür gibt es schließlich die Portokasse.

Aber besonders auf Beamte, die bereits ein paar Jahre Berufserfahrung vorweisen können und bei Betriebsprüfungen eine gute Figur machen, haben die Unternehmen es abgesehen. Schließlich können sie sich mögliche Kandidaten für ihre Steuerabteilungen gründlich ansehen, wenn diese über Wochen in ihren Räumen arbeiten und prüfen. Sie haben Einblicke in die gesamten Geschäftsabläufe im Unternehmen, oft auch bei Konkurrenten, und kennen die «Gegenseite» im Finanzamt schon sehr gut. Besonders motivierte und «flexible» Prüfer werden intensiv umworben und geraten schnell in Versuchung, ihr Gehalt durch einen Seitenwechsel schlagartig zu vervielfachen. Die größten Unternehmen lassen sich zumindest die besten, jungen und «zugänglichsten» Prüfer und Finanzbeamte bis zum Zehnfachen des bisherigen Gehalts kosten, besonders wenn diese schon wertvolle Erfahrungen gesammelt haben. Die Summen liegen normalerweise darunter, aber das Drei- bis Fünffache wird oft geboten. Dem Steuergeheimnis sei Dank werden diese Fälle normalerweise jedoch nicht öffentlich.

Dabei sind Seitenwechsel kein vollkommen rechtsfreier Raum. Denn in fast allen Bundesländern sind Betriebsprüfer fast ausnahmslos verbeamtet und unterliegen so dem Beamtenrecht. Dennoch klafft auch über 15 Jahre nach der Ankündigung von Hessens Ex-Finanzminister Weimar in puncto Seitenwechsel noch immer ein schwer nachvollziehbares Loch. Auch wenn das Beamtenrecht je nach Bundesland variiert, gibt das Beamtenstatusgesetz (BeamtStG) einen verbindlichen Rahmen vor. Darin heißt es, dass ehemalige Beamte «mit Versorgungsbezügen» (BeamtStG § 41) bis fünf Jahre nach ihrem Ausscheiden andere Beschäftigungen anzeigen müssen, die mit ihrem bisherigen Dienst zusammenhängen. Bei einem Interessenkonflikt darf der frühere Dienstherr diese untersagen. Der Paragraph schweigt jedoch zu jenen Beamten, die vorzeitig ausscheiden wollen und so auf ihre Versorgungsansprüche verzichten. Wie einhellig aus betroffenen Kreisen verlautet, ist aber genau dieser Verzicht übliche Praxis. In diesem Fall werden die ehemaligen Beamten in der gesetzlichen Rentenversicherung nachversichert, ohne dass sie dabei Beitragsjahre gegenüber normal Angestellten verlieren. Auch wenn der Wechsel in die Rentenversicherung mit finanziellen Einbußen verbunden ist, bleibt es üblich, dass Beamte bei einem lukrativen Angebot aus dem Privatsektor getrost auf ihre Pension verzichten. Denn die finanziellen Einbußen werden vom neuen Arbeitgeber in sein Angebot eingepreist und entsprechend hohe Gehaltspakete samt betrieblicher Altersvorsorge geschnürt.

So verwundert es nicht, dass jedes Jahr mehrere Prüfer die Seite wechseln – das heißt, mitunter direkt in ein vorher geprüftes Unternehmen. Eine für dieses Buch durchgeführte Erhebung unter allen Landesfinanzministerien sowie dem Bundeszentralamt für Steuern offenbart das Ausmaß der Seitenwechsel in der Betriebsprüfung. Allein die Frage sorgte in manchen Finanzministerien für Empörung. So ließ ein Landesamt für Steuern und Finanzen in seiner ablehnenden Antwort auf meine Anfrage nach Daten zur Verbeamtung und den Seitenwechseln verlauten: «Ihre Fragen […] halten wir zudem für geeignet den Betriebsfrieden im LSF [Landesamt für Steuern und Finanzen] zu stören.» Bei den zwölf Bundesländern, die zumindest Teildaten übersandt haben und darum mittels Hochrechnung geschätzt werden konnten, sind zwischen 2008 und 2014 insgesamt 195 Beamte auf eigenen Antrag unter Verzicht auf die Pension ausgeschieden – aller Wahrscheinlichkeit nach, weil sie ein lukratives Angebot aus dem Privatsektor angenommen haben. Im Durchschnitt sind das ca. drei Betriebsprüfer pro Bundesland und Jahr. Mit Abstand am meisten Seitenwechsel wurden in Bayern und Baden-Württemberg registriert, gefolgt von Rheinland-Pfalz und Nordrhein-Westfalen, deren Fallzahlen jedoch nur indirekt ermittelt und hochgerechnet werden konnten.* Seitens des Bundeszentralamts für Steuern wurde mitgeteilt, dass es sich bei deren Fällen «nicht um erfahrene Prüfer/innen, sondern ausschließlich um Anwärter/innen» für die Bundesbetriebsprüfung handele. Mecklenburg-Vorpommern, Niedersachsen, Sachsen und Thüringen übermittelten keine Daten.

Angestellte haben es in der Regel noch leichter, in den Privatsektor zu wechseln. Für sie gilt das Beamtenrecht nicht. In der hessischen Steuerverwaltung sind 25–30% der Mitarbeiter des gehobenen Dienstes Angestellte. Darunter befinden sich jedoch laut hessischem Finanzministerium keine Steuerfahnder oder Betriebsprüfer – diese seien alle verbeamtet. In fast allen anderen Bundesländern sind wie in Hessen alle oder fast alle Betriebsprüfer und Steuerfahnder verbeamtet. Berlin hatte mit 10,75% im Jahr 2014 die höchste Quote an Angestellten bei den Betriebsprüfern, wobei die Quoten in Bremen, Brandenburg, Sachsen und Thüringen noch höher liegen könnten – diese Bundesländer übermittelten diese Daten nicht. Während an der Verbeamtung von Pfarrern und Lehrern eisern festgehalten wird, scheint die Politik bisher das Steuerpersonal als weniger staatstragend zu erachten.

Auch das Steuerberatungsgesetz (StBerG) und dessen § 61 erweisen sich als stumpfes Schwert im Hinblick auf die Seitenwechsel. Nach diesem Paragraphen dürfen ehemalige Beamte und Angestellte der Finanzverwaltung «während eines Zeitraums von drei Jahren nach dem Ausscheiden aus dem öffentlichen Dienst nicht für Auftraggeber tätig werden, mit deren Steuerangelegenheiten sie innerhalb der letzten drei Jahre vor dem Ausscheiden materiell befasst waren». Das hört sich zunächst einmal sehr streng an, ist aber zumindest in der Praxis aus mehreren Gründen Augenwischerei. So behauptet die einschlägige Kommentarliteratur, dass nur bestellte Steuerberater von der Vorschrift betroffen seien. Außerdem führt derselbe Kommentar weiter aus, dass die Vorschrift nur für selbständige Steuerberater gelten würde. Selbst wenn also ehemalige Finanzbeamte eine Zulassung zum Steuerberater haben, soll die Vorschrift für sie nicht gelten, wenn sie für eine Steuerberatungskanzlei arbeiten. Ebenfalls nicht betroffen sind somit Seitenwechsler, wenn sie direkt in einer Firma in der Steuerabteilung angestellt werden (zum Beispiel als «Syndikus-Steuerberater»).

Obendrein dürften die mit der Aufsicht betrauten Steuerberaterkammern an einer Überprüfung der Einhaltung dieses Paragraphen schon deshalb kein Interesse haben, weil sie dazu noch nicht einmal ausdrücklich verpflichtet werden (siehe § 76 zu den Aufgaben der Steuerberaterkammer). Die Bundessteuerberaterkammer bestätigt, dass es bei der Vorschrift zu den Seitenwechseln «keine präventive Aufsicht der Steuerberaterkammern» gäbe, sondern nur bei Anhaltspunkten, wie etwa Mandantenbeschwerden, auf eine Verletzung der Berufspflichten hin untersucht werden kann. Dann kann die zuständige Steuerberaterkammer eine missbilligende Rüge aussprechen (§ 81 StBerG) oder bei schwerwiegenden Verstößen berufsgerichtliche Sanktionen erwirken (§ 90 StBerG). Andere Strafen drohen ohnehin nicht – das Strafgesetzbuch erwähnt das Steuerberatungsgesetz noch nicht einmal, und im Steuerberatungsgesetz selbst wird die Verletzung dieses Paragraphen nicht als Ordnungswidrigkeit geführt (StBerG § 160–164).

Die Verschwiegenheitspflicht versiegelt die Lippen der Steuerberaterkammer Hessens auf die Frage, ob es seit 2008 je Beanstandungen wegen § 61 StBerG gegeben habe. Es scheint niemanden zu interessieren, wie eine ganze Branche mit Interessenkonflikten umgeht. Wir haben es also mit klassischer symbolischer Politik zu tun: Eine Rechtsvorschrift wird erlassen, aber für die Überprüfung ihrer Wirkung interessiert sich niemand. Verstöße werden nicht wirksam bestraft und Daten darüber dringen schon gar nicht nach draußen. Eine solche Handhabung macht einer Bananenrepublik alle Ehre. Transparency International forderte im Februar 2015, dass berufsständische Kammern vom Informationsfreiheitsgesetz abgedeckt und somit künftig auskunftspflichtig gegenüber Bürgeranfragen werden sollen: «Bei Körperschaften des öffentlichen Rechts, die als verlängerter Arm der staatlichen Verwaltung agieren und wirtschaftlich und lobbyistisch tätig sind, bestehen Transparenz- und Kontrolldefizite», heißt es in einer Pressemitteilung.

Dem Problem der Seitenwechsel zwischen Finanzverwaltung und Privatwirtschaft könnte schlicht die Ausweitung der Regelung für Beamten mit Versorgungsbezügen auf alle Beamten Abhilfe schaffen. Obendrein, so ein Vorschlag von Transparency International, sollten Ethikräte öffentliche Empfehlungen darüber aussprechen, ob beantragte Seitenwechsel genehmigt werden sollten oder nicht. Dadurch könnte Kungelei eingeschränkt werden. Schließlich sollten Beamte, die nicht ihrer Anzeigepflicht nachkommen, mit der Abschöpfung des größten Teils ihrer Einkünfte aus der neuen Tätigkeit bestraft werden. Konkurrenzklauseln sind auch in der freien Wirtschaft längst üblich, auch wenn dort normalerweise eine Entschädigung vereinbart wird. Eine Entschädigung aber kommt für Beamten kaum in Betracht – schließlich haben sie sich freiwillig auf Lebenszeit verbeamten lassen und sind somit unkündbar – ein Privileg, für das gewisse Einschränkungen zumutbar sein sollten.

Doch nicht nur Seitenwechsel zwischen Betriebsprüfern und Unternehmen können als Beispiel für die Alltäglichkeit von Interessenkonflikten herhalten. Auch bei der Finanzaufsicht Bafin kommt man schnell ins Staunen. Nach sechs Monaten Pause wechselte 2007/08 Helmut Bauer, erster Direktor bei der Bankenaufsicht in der Bafin, in die Deutsche Bank. Seine neue Zuständigkeit? Er wurde Leiter der Abteilung «Aufsichtsangelegenheiten» – wie praktisch. Als Bafin-Bankenchef hatte Bauer unvergleichlichen Einblick in die Stärken und Schwächen sämtlicher Kreditinstitute in Deutschland. Entsprechend fluchten die Konkurrenten, aber das BMF hatte nach eigener Auskunft keine rechtliche Handhabe gegen den Wechsel.

Diese Sichtweise ist verwunderlich, denn laut Bafin waren vor 2013 alle ersten Direktoren, damit auch Helmut Bauer, verbeamtet. Damit war dieser schon damals aufgrund des Beamtengesetzes verpflichtet, mögliche Interessenkonflikte nach dem Ausscheiden aus dem Dienst zu melden und ggf. autorisieren zu lassen. Die Bafin wiederum verzeichnet zwischen 2007 und 2013 null Meldungen nach § 105 BBG bzw. nach § 69a BBG (vor 2009) ebenso keinen Fall eines Verzichts auf Versorgungsansprüche. Weil für die Direktoriumsebene der Bafin jedoch das BMF verantwortlich ist, kann daraus noch nicht unbedingt auf eine Pflichtverletzung geschlossen werden. Auch das Bundesfinanzministerium führte in seiner Antwort vom Juni 2015 aus: «Es liegen keine Erkenntnisse über derartige Fälle vor.» Auch vermeldet das BMF null bekannte Fälle ausscheidender Bafin-Beamter, die auf die Versorgungsansprüche verzichtet hätten. Damit sieht das schon sehr nach beamtenrechtlicher Pflichtverletzung aus. Das BMF bzw. die Bafin-Leitung hätte diesen Wechsel durchaus untersagen können. In der Zukunft jedenfalls können wechselwillige Leitungspersonen bei der Bafin dieses Problem von vornherein umschiffen. Denn selbst Elke König, Präsidentin der Bafin bis Februar 2015, ist anders als alle ihre Vorgänger von vornherein nicht mehr verbeamtet, sondern angestellt. Damit entfallen die beamtenrechtlichen Einschränkungen des Wechsels zurück in die Finanzwirtschaft.

Schon im Jahr 2003 monierte der IWF, dass im Kontrollgremium der Bafin, dem Verwaltungsrat, 10 der 21 Mitglieder aus den beaufsichtigten Finanzfirmen stammen. Der IWF hielt auch 2011 die Bafin noch für einen zahnlosen Tiger und sah die Gefahr, dass «bestimmten Interessengruppen nachgegeben wird oder rechtliche Vollmachten eng ausgelegt werden [...] Zum Beispiel kann auf manchen Gebieten erst gehandelt werden, nachdem ein Verstoß gegen eine spezifische Vorschrift nachgewiesen wurde.» Ob es danach besser wurde, ist fraglich. Denn Elke König war unmittelbar vor ihrem Wechsel an die Spitze der Finanzaufseher im Jahr 2012 im *International Accounting Standards Board*, einem höchst einflussreichen, aber nicht gerade der Finanztransparenz verpflichteten Gremium. Dessen internationale Standards für Rechnungslegung entfalten weltweite Wirkung und stellen eine bedeutende Ursache für die wenig aussagekräftigen Unternehmensbilanzen dar. Bis 2009 war König Finanzvorstand des Versicherungskonzerns Hannover Rück. In ihrer Zeit dort gab es mehrfach Kontroversen mit der Bafin. Diese habe damals bezweifelt, «ob der Rückversicherer seine Firmenbilanzen transparent genug gestalte. Firmenchef Zeller und König seien deswegen damals auch ermahnt worden», berichtet das Manager-Magazin unter Berufung auf Berliner Finanzministeriumskreise.

Die Schlüsselrolle der Steuerberatungsbranche
im «deep lobbying»

Bei der Durchführung der Vor-Ort-Prüfungen (Sonderprüfungen) der Bafin offenbart sich ein weiterer Interessenkonflikt ersten Ranges. Diese Prüfungen werden häufig ausgelagert, etwa an die großen vier Wirtschaftsprüfungsgesellschaften, also Deloitte, Ernst & Young, KPMG sowie
PricewaterhouseCoopers. Im Jahr 2012 wurden alle 30 geld-
wäschebezogenen Sonderprüfungen von privaten Prüfungsgesellschaften durchgeführt. Zwar bestätigt die Bafin auf
Nachfrage, dass nur jene Gesellschaften den Auftrag erhalten,
«die nicht in einer Geschäftsbeziehung als Berater oder Jah-
resabschlussprüfer zu dem zu prüfenden Institut stehen».
Auch wenn die problematische Anreizstruktur für die Prüfer
dadurch sicherlich abgemildert wird, so dürften die auserko-
renen Prüfgesellschaften dennoch kaum gründlich hinsehen.
Warum auch – schließlich befinden sich die Big Four ständig
auf Kundenjagd, so dass eine Bankensonderprüfung eine will-
kommene Gelegenheit bietet, sich als Geschäftspartner zu
empfehlen. Weil Beratungsmandate in steuerlicher oder allgemein unternehmerischer Hinsicht deutlich lukrativer sind als
das Prüfgeschäft, dürften die Prioritäten der Prüfgesellschaft
feststehen. Mit einer behutsamen und rücksichtsvollen Prüfung kann eine Firma sicher besser punkten als durch ent-
schlossenes Durchgreifen. Das Oligopol der Big Four wird in
Deutschland immer einflussreicher, und gemeinsam mit einigen weiteren Steuerberatungsfirmen und wenigen hochspezialisierten Steuerrechtskanzleien stehen sie im Zentrum eines
Dickichts miteinander verwobener Interessen. Alle 30 Dax-
Unternehmen werden von den Großen Vier geprüft, wobei
KPMG (17) und PwC (9) den Kuchen weitgehend unter sich
aufteilen. 83 % von 160 großen Konzernen in Deutschland
wurden 2011 von den Big Four geprüft, mit steigender Tendenz. KPMG prüft mittlerweile alle Jahresabschlüsse deutscher Finanzkonzerne mit Ausnahme der Commerzbank
(PwC).

Wie viele Klienten gleichzeitig auch Steuerberatung von denselben Firmen in Anspruch nehmen, ist ungewiss. Der Platzhirsch im DAX ist jedenfalls Flick Gocke Schaumburg, die nach eigenen Angaben über zwei Drittel deutscher DAX-Konzerne beraten. Weil aber besonders die Steuerberatungsmandate äußerst lukrativ sind, herrscht ein harter Konkurrenzkampf zwischen den Firmen um die Aufteilung des Kuchens. Verständlich, wenn die Neuen ihre Chancen durch ein allzu gründliches Hinsehen bei Bafin-Aufträgen oder ein strenges Audit der Jahresabschlüsse nicht verspielen wollen.

In Sachen Aggressivität kann den Big Four niemand so schnell den Schneid abkaufen. Sie sind wiederholt und notorisch in den verschiedensten Ländern vor Gericht und leisten Strafzahlungen in Höhe vieler hundert Millionen US-Dollar. PricewaterhouseCoopers musste jüngst 25 Mio. US-Dollar Strafe bezahlen und zwei Jahre auf Beratungsverträge mit Banken in New York verzichten, weil die Prüfer geholfen hatten, einen Geldwäschebericht der Bank Tokyo Mitsubishi UFJ zu frisieren. Die Wirtschaftsprüfer hatten einen Abschnitt im Bericht gelöscht, in dem die Bank erläuterte, wie sie Sonderzeichen verwendet hatte, um automatische Filter bei elektronischen Geldtransfers zu umgehen, inklusive solche zu sanktionierten Staaten. Demnach wurde etwa der Ländername SUDAN zu SUD#AN. Ein Ernst & Young-Partner soll seine Firma Anfang 2014 verlassen haben, weil diese einem Goldhändler in Dubai dabei geholfen haben soll, den Handel mit Konfliktgold zu verharmlosen. Laut Global Witness zeigen die Unterlagen des Ex-Partners, wie die Firma aus einem Audit-Bericht an die Dubaier Regulierungsbehörden Passagen gekürzt hatte, die belegten, wie der Goldhändler verdächtige Transaktionen im Wert von Milliarden US-Dollar verschleierte.

Im britischen Unterhaus gerieten PwC-Berater Anfang 2013 in die Bredouille, als sie eingestehen mussten, dass sie Steuersparmodelle verkaufen, auch wenn diese nur eine 50%-Chance haben, legal zu sein. Entsprechend liegt es auf der Hand, dass diese Modelle nach eigener Einschätzung in der Hälfte der Fälle als illegal eingestuft werden. Es gibt jedoch auch Insider bei PwC, die behaupten, solche Modelle würden bereits bei einer 25%igen Aussicht auf Erfolg vermarktet. Gleichzeitig beraten die Big Four die britische Regierung bei diversen Gesetzen, u. a. bei der erst kürzlich eingeführten Patentbox (KPMG) und bei den Regeln zu *Controlled Foreign Corporations* (d. h. Briefkastenfirmen). Im Fall der Patentbox weisen die Abgeordneten besonders darauf hin, dass KPMG kurz nach Verabschiedung in Broschüren damit warb, wie toll sich die neuen Regeln zum Steuersparen nutzen lassen. Auf Nachfragen der Abgeordneten mussten die Prüfer eingestehen, dass es auch *contingent fees* gibt, eine Art Erfolgsbeteiligung, bei denen sich die Prüfer einen erreichten Steuervorteil mit dem Kunden teilen, d. h. die Prüfer haben einen direkten Anreiz, besonders steuersparende Modelle zu entwickeln. Inwiefern diese Anreize und Praktiken auch in Deutschland Anwendung finden, bleibt ungewiss.

Der Einfluss der Steuerberater beginnt damit jedoch erst. In vielen deutschen Unternehmen gehen Mitarbeiter der Big Four ein und aus und ziehen teils direkt in die Vorstandsetage ein. Ein jüngstes Beispiel ist der Fahrzeugteilehersteller Brose, dessen Leiter der Verrechnungspreisabteilung seit August 2014 direkt von PwC anheuerte. Davor war er dort für sieben Jahre Senior Manager. Auch in der politischen Nachwuchsförderung mischt PwC mit, obwohl man meinen möchte, dass Luxemburg-Leaks die Geschäftspraktiken der Big Four genügend in Misskredit gebracht hätte. Bemerkenswerterweise hat PwC einen guten Draht zum neuen Bundesvorsitzenden der Jungen Union, Paul Ziemiak, der sich im September 2014 in einer Kampfkandidatur durchsetzen konnte. Zumindest im Juni 2014 stand Ziemiak als Werkstudent noch auf der Gehaltsliste von PwC, gemeinsam mit seinen beiden engsten Vertrauten Younes Ouaquasse und Thomas Dautzenberg. Letzterer ist Festangestellter bei PwC und war bis 2010 Geschäftsführer der Jungen Union.

Die Interessenkonflikte zwischen Aufsichtsbehörden und der Finanzindustrie oder Steuerbeamten und Firmen sind offensichtlich. Aber auch beim Finanzministerium sind allzu große Hoffnungen auf weniger Kungelei nicht angebracht.

Ein Beispiel aus der Zeit der Finanzmarkthysterie zwei Jahre vor dem Platzen der Blase veranschaulicht das eindrücklich. Staatssekretär Caio Koch-Weser war im Finanzministerium bis 2005 für das Kreditwesen zuständig und zugleich Vorsitzender des Verwaltungsrates der Bafin. Dennoch schied er im November 2005 problemlos aus dem Staatsdienst aus und wurde ab 2006 nonchalant als «Vice-Chairman» der Deutschen Bank bestellt.

Es lässt sich kaum ein schillernderes Beispiel dafür finden, wie eng die Verflechtung von Finanzindustrie und Politik bisweilen werden kann, als die inzwischen eingestampfte Initiative Finanzstandort Deutschland (IFD). Die IFD wurde auf Anregung des Deutsche-Bank-Chefs Josef Ackermann 2003 durch Siegmar Mosdorf, Staatssekretär im Wirtschaftsministerium, gegründet. Kein Geringerer als der damalige Präsident der Bundesbank, Ernst Welteke, hielt die Eröffnungsrede. Vertreten waren die Bundesbank, das Finanzministerium und die staatliche KfW-Bank ebenso wie die meisten Geschäfts- und Pleitebanken Deutschlands, darunter die Hypovereinsbank, die Bayerische Landesbank und Morgan Stanley. Als assoziierte Mitglieder firmierten neben der US-Pleitebank Lehman Brothers auch Citigroup, Goldman Sachs und JP Morgan. Ziel dieser illustren, jedoch sehr informellen Runde war es «durch innovative Konzepte und Produkte» dem drögen Finanzplatz Deutschland Beine zu machen. Dass an dieser offenkundigen Lobby-Zielsetzung auch staatliche Stellen teilgenommen haben, darf – gelinde gesagt – verwundern: «Die Adressaten der Lobbyarbeit waren also Teil der Initiative», so das deutsche Portal zur Lobbykontrolle, Lobbypedia.

Geradezu tragikomisch wirken im Rückblick die Positionen und Ansichten der IFD. Zunächst half sie dabei, einen Gesetzesentwurf durchzusetzen, der ab 2003 die aus Schuldzinsen stammenden Einnahmen von Zweckgesellschaften von der Gewerbesteuer befreite. Als Zweckgesellschaften bezeichnet man jene juristischen Personen, die von Banken gern zur Auslagerung bestimmter, meist riskanter Geschäfte (Zweck) benutzt werden. Beteiligt an diesem Coup war die True Sale Initiative, eine andere, thematisch zwar engere Lobbyinitiative, deren Mitglieder aber zu einem guten Teil mit der IFD überlappten. Auch im Jahr 2003 gegründet, hatte sie bereits Jahre zuvor bei der Bafin erreicht, dass Banken diese ausgelagerten Zweckgesellschaften für den Handel mit toxischen Wertpapieren gründen durften. Dabei handelte es sich um verbriefte Kreditpakete (Collateral Debt Obligations, CDO) und Kreditausfallversicherungen (Credit Default Swaps, CDS), also jene Sorte von Wertpapieren, die fünf Jahre später für Entstehung und Ausbreitung der Finanzkrise verantwortlich waren. Auch die True Sale Initiative war eine Chimäre aus staatlicher KfW-Bank, Finanzministerium und zwölf Banken aus der Finanz-Verbriefungsindustrie. Die Anwaltskanzleien Freshfields und Linklaters waren Partner der Initiative. Die Ironie der Geschichte: Die Advokaten durften ihre wertvollen, dort gesammelten Erfahrungen auf dem Gebiet der Kreditverbriefungen Jahre später in zwei Gesetzesvorhaben zur Eindämmung der Finanzkrise an die Bundesregierung versilbern.

Zur Gewerbesteuerbefreiung von Zweckgesellschaften gab es 2003 keine parlamentarische Debatte. Der Finanzindustrie gelang es, den Parlamentariern einen gewaltigen Bären aufzubinden. Unter dem Deckmantel verbesserter Finanzierungsbedingungen für Kleinunternehmen und den Mittelstand wurde es mitsamt anderer Änderungen zu einem Gesetzespaket verschnürt, «Kleinunternehmerförderungsgesetz» getauft und einstimmig verabschiedet. Als sich der Wind einige Zeit später, im Juli 2008, gegen die strukturierten Finanzprodukte zu drehen begann, wehrte sich die IFD gegen einen Vorschlag des Baseler Ausschusses für Bankenaufsicht, strengere Auflagen für die Eigenkapitalausstattung beim Handel mit strukturierten Wertpapieren einzuführen – just jenen Produkten also, die zwei Monate später zur Insolvenz von Lehman Brothers führen sollten und das internationale Finanzsystem in die Knie zwangen. Die IFD war überzeugt, dass die Kapitalausstattung «im Großen und Ganzen» ausreiche und deshalb vorerst keine Veränderung notwendig sei. Schließlich hatten deren Bankenmitglieder alle Hände voll damit zu tun, die toxischen Finanzprodukte wie heiße Kartoffeln untereinander herumzureichen.

Der Vertreter des BMF in der IFD, Staatssekretär Asmussen, forderte noch im Jahr 2006, die Rentenversicherung in Deutschland auf verbriefte Wertpapiere («asset backed securities») umzustellen, also genau auf die Anlagekategorie, die zwei Jahre später Deutschland den größten Finanzschaden zu Friedenszeiten beschert hat – nach Schätzungen des Spiegels vom September 2014 insgesamt rund 50 Mrd. Euro. Die Euphorie über die neuen Finanzprodukte teilte damals auch die IFD. In einer Erklärung vom September 2006 priesen Josef Ackermann und Finanzstaatssekretär Mirow die Wohltaten des Handels mit Kreditportfolios und notleidenden Krediten, sie verstiegen sich sogar zur Behauptung, dass die Stabilität im Finanzsystem steigen würde, weil Banken ihre «Bilanzen von problembehafteten Aktiva» entlasten und ein «zusätzliches Werkzeug für ihr Risikomanagement» nutzen könnten. Dass die Berliner Finanzpolitik auch beim Feuerlöschen noch immer durch Scheuklappen glänzte, blieb im Ausland nicht unkommentiert. So bezeichnete der Economist das Krisenmanagement aus Berlin als «legalistische Kleinkariertheit», die vernünftige Politik verhindert habe.

Nachdem die Finanz-Rettungsmaßnahmen bis hin zum Bankenrettungsfonds Soffin im Dezember 2008 von der IFD mitgestaltet wurden und es ihr gelungen war, die schlimmsten Folgen für ihre Klientel abzuwenden, löste sie sich 2011 schließlich offiziell auf. Es überrascht nicht, dass seitdem fast alle Spuren der Initiative aus dem Internet verschwunden sind. Sie hatte ein beachtliches Erbe aufzuweisen. Neben dem erwähnten Einfluss auf die Rettungsmaßnahmen während der Finanzkrise stehen im Stammbuch auch die 2007 eingeführten neuen Möglichkeiten der Immobilienspekulation in Deutschland. Die Gesetzesgrundlage für börsennotierte Immobiliengesellschaften, sogenannte REITs (real estate investment trusts), stammt laut eigener Auskunft aus der Feder der IFD. Als ideologischen Überbau zimmerte Staatssekretär Asmussen für die IFD ein Leitbild, wonach «staatliche Eingriffe in das Marktgeschehen […] sich auf ein Minimum reduzieren» sollten und folgerichtig Selbstregulierung bevorzugt wurde. Eine Mitarbeiterin der DZ BANK, ein IFD-Mitglied, arbeitete derweil für zwei Jahre, von 2005 bis 2007, im Finanzministerium als «Leihbeamtin» mit und war dort mit Grundsatzfragen des deutschen Finanzplatzes betraut. Noch eine Ironie der Geschichte: Der Bankenrettungsfonds Soffin gab zwischen Herbst 2008 und Ende 2012 fast 100 Mio. Euro für externe Berater aus – darunter die Big Four, Freshfields und Linklaters sowie zahlreiche Banken, darunter auch Credit Suisse, UBS, Deutsche Bank, Goldman Sachs, JP Morgan und Morgan Stanley.

Bis in die Klassenräume der Schulen reichten die Ambitionen der eifrigen Mammon-Missionare. Über das Projekt «Kursraum Geld» stellte die IFD seit 2005 per Internetseite ein Angebot speziell für Schüler und Lehrkräfte bereit. Dort konnten Materialien für die Behandlung finanz- und wirtschaftspolitischer Themen im Schulunterricht bestellt und eingesehen werden. Von diesem Projekt lassen sich heute keine Original-Spuren mehr im Internet finden.

Wer denkt, dass mit dem Ende der IFD der Einfluss wirtschafts- und finanznaher Positionen auf das Finanzministerium aufhörte, täuscht sich leider. Das Institut Finanzen und Steuern (IFSt) sorgt seit vielen Jahren dafür, dass wirtschaftsnahe Positionen Eingang in die Steuergesetzgebung finden. Formell ist das Ziel des Instituts, den «Dialog» zwischen Finanzverwaltung, Politik und Wirtschaft wissenschaftlich zu unterstützen, und zur Lösung aktueller Probleme des Finanz- und Steuerwesens beizutragen. Mitglieder des Vereins sind auch hier neben Unternehmen und deren Verbänden (BDI, DIHK) Vertreter des BMF und weiterer Ebenen der Finanzverwaltung sowie Finanzrichter und Parlamentarier. Lobbypedia spricht davon, dass «ein großer Teil der Akteure [...] Verbindungen zum Wirtschaftsflügel der CDU» habe.

Ein Blick in verschiedene Personalien des IFSt erhellt die Umstände des angeblich neutralen Thinktanks. Seit 2010 ist Johanna Hey wissenschaftliche Direktorin, die gleichzeitig Gründungsmitglied eines anderen wirtschaftsliberalen Arbeitgeber-Sprachrohrs, der Initiative Neue Soziale Marktwirtschaft, ist. Obendrein ist sie Beiratsmitglied im Wirtschaftsrat der CDU und Mitglied im wissenschaftlichen Beirat von Ernst & Young. Der geschäftsführende Vorstand ist Berthold Welling, beim BDI zuständig für Steuern. Michael Sell, oberster Steuerbeamter der Republik, sitzt nützlicherweise ebenfalls im Vorstand wie auch Rudolf Mellinghoff, Präsident des höchsten Finanzgerichts. DIHK-Steuerchef Rainer Kambeck rundet den Vorstand ab. Die Bundesregierung aus CDU/CSU und FDP nutzte das IFSt, um 2011 einen Reformvorschlag für das Konzernsteuerrecht ausarbeiten zu lassen. Dass der Steuerabteilungsleiter des Finanzministeriums einem Vorstand angehört, dessen Geschäftsführer der Steuerchef des BDI ist, scheint in der Bundesrepublik völlig normal zu sein. Die Initiative Neue Soziale Marktwirtschaft verfolgt übrigens das Ziel, bereits Kindern im Klassenraum wirtschaftsnahe und -liberale Standpunkte einzupflanzen, erfolgreich weiter. Kostenloses Unterrichtsmaterial vermittelt beispielsweise, dass der Mindestlohn nur für mehr Arbeitslosigkeit sorge. Auch Michael Meister, als parlamentarischer Staatssekretär im Finanzministerium für die Beantwortung von Anfragen des Finanzausschusses und Bundestagsabgeordneten zuständig, sitzt im Kuratorium der IFSt.

Der Austausch zwischen BMF und Finanzwirtschaft oder Steuerberaterindustrie läuft auch abseits dieser institutionellen Bande wie geschmiert. Unter Rot-Grün kam der Personalaustausch zwischen Wirtschaft und Finanzministerium so richtig in Schwung. Mit seiner kuriosen Auffassung einer modernen, offenen Verwaltung flog das erste offizielle Austauschprogramm «Seitenwechsel» 2006 auf. Demnach konnte ein Mitarbeiter etwa der Deutschen Bank wertvolle Arbeitserfahrungen im Ministerium sammeln und hinderliche Berührungsängste abbauen – nebenbei arbeitete er laut Lobbypedia am Investmentmodernisierungsgesetz mit. Selbstredend betonten alle Beteiligten, dass Interessenkonflikte durch den Appell an «gewissenhafte Erfüllung ihrer Obliegenheiten» nebst der Kontrolle durch Vorgesetzte ausgeschlossen würden. Direkten Einfluss auf Gesetzesvorhaben durften immerhin Vertreter der Deutschen Börse AG, der KfW sowie des Bundesverbands öffentlicher Banken nehmen. Sie bearbeiteten «Fragen zur Anwendung und Auslegung sowie Fort-

entwicklung des Kreditwesengesetzes, des Finanzdienstleis-
tungsaufsichtsgesetzes bzw. die gesetzliche Umsetzung der
Finanzmarktrichtlinie».

Seit 2008 gilt eine allgemeine Verwaltungsvorschrift zum
Einsatz externer Personen in der Bundesverwaltung – zumindest auf dem Papier. Darin werden der Wissenstransfer und
der wechselseitige Personalaustausch als Zielsetzung vorgege-
ben. Im Juni 2013 stellte der Bundesrechnungshof fest, «dass
ein wechselseitiger Personalaustausch in der Praxis die seltene
Ausnahme blieb». Entgegen der Vorgaben der Verwaltungsvorschrift aber wurden die erleichterten Bedingungen auch
bei einseitigen Einsätzen angewandt. Demnach konnten
wichtige Regelungen, «die dem Schutz vor unerwünschter
Einflussnahme Dritter dienen sollen, [...] damit nicht greifen». Der Bundesrechnungshof kritisierte obendrein, dass
regelmäßig Personen in Ministerien beschäftigt würden, zu
denen die Ministerien fortgesetzte Geschäftsbeziehungen unterhielten. Zumindest bei einem Teil der Einsätze sieht der
Bundesrechnungshof Personalmangel als ausschlaggebend für
die Beschäftigung externer Kräfte. Außerdem wird die in der
Verwaltungsvorschrift festgesetzte längste Regeleinsatzdauer
von sechs Monaten in der Mehrzahl der Fälle «erheblich»
überschritten, und ein Teil der Einsätze dauerte «sogar länger
als zwei Jahre». Das BMF fällt in der Aufstellung des Bundesrechnungshofes allerdings nicht durch besonders hohe Zahlen
auf, im Gegenteil, seit 2008 sind demnach keine neuen Fälle
vom BMF gemeldet worden. Einiges scheint sich immerhin
zum Positiven gewendet zu haben.

Doch bleibt das Finanzministerium weiterhin auf Tuch-
fühlung mit der Steuerberaterbranche. So beauftragte es die
Wirtschaftsprüfer von KPMG im Juni 2013 mit einer «Mach-
barkeitsstudie zur Einführung eines Selbstveranlagungsver-
fahrens zur Ertragsbesteuerung von Unternehmen». Die
Wirtschaftsprüfer sollten also darüber befinden, ob und wie
gut Konzerne in der Lage seien, ihre Steuerzahlungen selbst
zu berechnen. Das dürfte ordentlich Personal in der Steuerverwaltung sparen und KPMG freuen – schließlich würden sie
in Zukunft Konzernen diese Arbeit nur allzu gerne abneh-

men. In Australien befindet sich genau diese Idee – Sohn des Vaters namens Stellenabbau – schon in der Versuchsphase. Der Beginn eines Pilotprojektes mit anfänglich 32 Firmen wurde am Tag vor Heiligabend 2014 von der australischen Steuerbehörde verkündet.

Das BMF greift regelmäßig und ausgiebig auf die Big Four zurück. Daneben reihen sich eine Menge Banken und Anwaltskanzleien in die Liste der Auftragsnehmer ein. Obendrein nehmen Beamte des BMF sowohl bei den genehmigungspflichtigen als auch bei den nicht genehmigungspflichtigen Nebentätigkeiten die Spitzenposition ein. In keinem anderen Ministerium wird so viel nebenher gejobbt. Die genehmigungsfreien Nebentätigkeiten – also gutachterliche, schriftstellerische, wissenschaftliche oder Vortragstätigkeiten – sind besonders beliebt. Bei so viel Betriebsamkeit jenseits des ministeriellen Tagesgeschäfts bleibt den Beamten für die Teilnahme an anderen Veranstaltungen naturgemäß weniger Zeit. Als die Steueraufsichtsstellen der Bundesländer im Bundesfinanzministerium im September 2013 für drei Tage gemeinsam tagten, ließ sich kein BMF-Vertreter finden, der nicht aus «Zeitgründen» absagen musste. Bei diesem Erfahrungsaustausch der Sondereinheiten «Steueraufsicht» nahmen 2013 erstmals Teilnehmer aller Bundesländer sowie das Bundeszentralamt für Steuern teil – keine unwichtige Tagung in der deutschen Steuerhistorie, möchte man meinen. Ein besseres Beispiel für willentliche Ignoranz seitens des Finanzministeriums kann man wohl kaum finden.

Wie die Nebenjobs in der Praxis aussehen, lässt sich zum Beispiel an verschiedenen Champagner & Kaviar-Kongressen der Steuerberatungsindustrie ablesen. Finanzminister Schäuble kommt seit Jahr und Tag höchstpersönlich für die Eröffnungsrede zum Deutschen Steuerberaterkongress. Und wo der Chef ist, dürfen Beamte natürlich nicht fehlen. 2015 war es der Steuerabteilungsleiter des bayerischen Finanzministeriums, im Jahr zuvor ein Beamter des Bundeszentralamts für Steuern aus dem Bereich Betrugsbekämpfung. Auch beim alle zwei Jahre von der Bundessteuerberaterkammer organisierten Steuerkongress mit den Nachbar-Steueroasen Österreich und Schweiz tummeln sich Beamte gerne. Im Jahr 2015 kommt Achim Pross von der OECD, dort Leiter der Abteilung für Internationale Zusammenarbeit und Steuerverwaltung, neben Michael Wichmann, dem Referatsleiter aus dem BMF, das für Grundsatzfragen von Doppelbesteuerungsabkommen zuständig ist. Auch der Vorsitzende Richter am Bundesfinanzhof, Dietmar Gosch, fehlt nicht. Bei einer Tagungsgebühr von 725 Euro dürften die Rednerhonorare nicht mager ausgefallen sein. 2013 waren bis auf Achim Pross dieselben deutschen Redner aus Justiz und Finanzministerium gebucht.

Erlauchte Steuergesellschaft unter sich

Hinter der zweitägigen Haarmann-Steuerkonferenz der global agierenden Anwaltskanzlei Linklaters aber verblassen die meisten anderen Kongresse. Benannt nach dem Partner der Kanzlei, Wilhelm Haarmann, findet sie alljährlich im Berliner Adlon Hotel statt und versammelt so ziemlich alles, was Rang und Namen hat, aus Deutschland-AG, Steuerverwaltung sowie Justiz. Für zwei Tage werden 1490 Euro Teilnehmerbeitrag fällig – Sektempfang und Galadiner inklusive. Dankenswerterweise wird gleich auf der Willkommensseite des Internetportals darauf hingewiesen, dass die Kosten steuerlich als Fortbildungsveranstaltung abzugsfähig sind. Im Jahr 2015 waren die drei vorgenannten Redner des Dreiländer-Steuerkongresses nebst 18 hochkarätigen anderen aus der deutschen Steuerverwaltung und Justiz als Redner eingeladen.

Also kamen 20 von insgesamt 72 Referenten aus der deutschen Justiz und Verwaltung. Lediglich Christoph Wäger, Richter am Bundesfinanzhof, wies in seiner auf der Konferenzwebseite veröffentlichten Vita darauf hin, dass er in nichtdienstlicher Eigenschaft an der Konferenz teilnimmt. Dabei wären laut «Hausinternen Vorgaben zur Genehmigung von Nebentätigkeiten und zur Anzeige genehmigungsfreier Nebentätigkeiten» des Finanzministeriums alle angehalten, diese Klarstellung vorzunehmen. Keiner der immerhin sieben

Redner aus dem Finanzministerium fühlte sich offenbar dazu bemüßigt. Außerdem soll nach diesen Vorgaben nicht «mit Nennung der Behörde und der dienstlichen Stellung geworben werden». Die Zuständigkeiten waren jedoch bei allen bis auf einen Vertreter des BMF auf der Internetseite enthalten, teilweise sogar mit einer ausführlichen Beschreibung vergangener Projekte. Die Rede ist zum Beispiel von «maßgebender Mitwirkung» oder «federführender Verantwortlichkeit» bei einzelnen benannten Gesetzesvorhaben.

So dürfte es auch kaum dem Zufall überlassen geblieben sein, dass drei der 20 Teilnehmer im Jahr 2015 besondere Zuständigkeit oder Erfahrung im Bereich Erbschaftssteuer vorweisen – schließlich steht bekanntermaßen eine Neuordnung der Erbschaftssteuer nach dem Bundesverfassungsgerichtsurteil vom 17. Dezember 2014 unmittelbar bevor. Sie muss spätestens zum 30. Juni 2016 unter Dach und Fach sein. Es versteht sich von selbst, dass die finanzpolitischen Sprecher aller Fraktionen ebenfalls als Redner geladen waren. So lassen sich schon mal abseits unliebsamer Öffentlichkeit Argumente austauschen und testen, bevor sie dann im Parlament uraufgeführt werden können. Es erübrigt sich darauf hinzuweisen, dass je nach Thema die Vertreter der Big Four oder anderer Steuerkanzleien sowie der Finanzindustrie bei keiner öffentlichen Expertenanhörung im Finanzausschuss des Bundestags fehlen. Somit kann die Begleitung des Gesetzgebungsprozesses quasi von ersten informellen Gesprächen bis hin zum abschließenden Feilschen um letzte Details zahlungskräftigen Kunden aus einer Hand angeboten werden. Kaum jemand wird noch behaupten wollen, dass das Drehbuch für den Gesetzgebungsprozess im Steuerrecht noch im Bundestag geschrieben wird.

Dass sich überhaupt eine solch illustre Riege an Richtern und hohen Steuerbeamten auf die Rednerliste einer solchen Veranstaltung setzen lässt, stößt bei manchen Beobachtern auf Argwohn. Ein Richter am Landgericht etwa fragt rhetorisch unmissverständlich: «Wie soll ich denn unabhängig bleiben, wenn ich mit den gleichen Anwälten, die morgen bei mir im Gerichtssaal sitzen, heute für viel Geld ein paar nette Worte wechsele?» Aus diesem Grund lehnt er bezahlte Vorträge von Richtern bei Unternehmen und Kanzleien ab. Deutsche Bundesrichter kassieren durch Vortragshonorare, Fachzeitschriftenartikel und die Vermarktung ihrer Urteile ein schönes Zubrot. Aus einer Untersuchung der Wirtschaftswoche vom April 2014 geht hervor, dass am Bundesfinanzhof besonders lukrative Nebenjobs locken. Durchschnittlich kassierten die BFH-Richter im Jahr 2012 pro Kopf 28 200 Euro durch ihre Nebentätigkeiten.

Dietmar Goschs Einkünfte dürften jedoch weit darüber liegen, denn laut Gericht wirken nur «einige wenige Richter an sehr erfolgreichen Steuergesetzgebungskommentaren [… mit], die einen außerordentlich hohen Ertrag abwerfen». Obendrein hatte Gosch in 15 Monaten offenbar Zeit für mindestens 16 Vorträge und Diskussionsrunden. Alle am BFH verhandelten internationalen Steuersachen gingen bis 2015 über seinen Tisch – bis er in Pension ging. Den großen Reibach könnte er dennoch erst noch machen: Sein Vorgänger, Franz Wassermeyer, wechselte kurz nach Dienstende als Partner in die Kanzlei Flick Gocke Schaumburg, wo er auf Internationales Steuerrecht spezialisiert ist. Es könnte auch für Gosch die Geburtsstunde eines weiteren massiven Interessenkonflikts werden, der im deutschen Steuerfilz aber niemandem auffallen möchte. Zahlreiche Steuerberater und Juristen aus Steuerkanzleien schreiben an der Kommentierung von Gesetzen entweder als Autor oder Herausgeber mit und üben so einen gewaltigen Einfluss auf die in der Rechtsprechung verwendeten Interpretationen aus.

Zum Beispiel veröffentlichen diverse Partner und Assoziierte von Flick Gocke Schaumburg Kommentare etwa zum Außensteuergesetz, zum Einkommenssteuergesetz, zum Umwandlungsgesetz oder zu den Doppelbesteuerungsabkommen. Darüber hinaus entstammen unzählige Werke zur internationalen Konzernbesteuerung oder zu Verrechnungspreisen der Feder von FGS-Beratern. Im Unterschied zu anderen Rechtsgebieten bestehen aber hier durchaus Interessenkonflikte. Denn die Gesetzeskommentare werden von Richtern bundesweit in ihrer Urteilsfindung herangezogen. Fallen die

Interpretationen ihrer Kommentare aus Sicht der Unternehmensseite großzügig aus, dann können die Berater sicher sein ihre Klientel zu bedienen. Schließlich wird ihre Kanzlei nicht vom Finanzamt in einem Rechtsstreit beauftragt, sondern allein die Privatwirtschaft lockt mit Aufträgen und Mandaten. Kanzleien, Anwälte und Steuerberater vertreten regelmäßig die Interessen von Mandanten gegenüber der Steuerverwaltung vor Gerichten, die dann für die Rechtsfindung im Verfahren just auf Kommentare aus der Feder der beteiligten Streitpartei zurückgreifen. In anderen Rechtsgebieten schreiben Fachanwälte zwar genauso an der Kommentierung von Gesetzen mit und vertreten gleichzeitig Mandanten in diversen Verfahren. Hier aber können die Anwälte sicher sein, immer auf derselben Seite einer Gesetzesinterpretation zu arbeiten. Bei Finanzgerichtsverfahren lauten die Prozessbeteiligten stets Mandant versus Finanzamt. Hand aufs Herz: Wer würde für ein Steuerverfahren nicht einen Anwalt buchen wollen, der durch die Hintertür gleichzeitig an der gewogenen Interpretation der Gesetze durch seine publizistische «Nebentätigkeit» mitwirkt?

Richter am Oberlandesgericht kommen seltener in den Genuss nennenswerter zusätzlicher Einkünfte. Sie prüfen oder korrigieren nebenher für ein besseres Trinkgeld die Arbeit von Studierenden im Rahmen der beiden Staatsexamen. Doch es gibt auch Ausnahmen – ausgerechnet das OLG Hamm führt die Tabelle herausragender Nebeneinkünfte 2012 mit 51 000 Euro an, die ein Richter für ein einziges Schiedsgerichtsverfahren erhielt. In Frankfurt bezog ein Richter 34 350 Euro, in Köln waren es immerhin noch 27 500 Euro. Der Trend geht unmissverständlich in die Richtung zunehmender Nebentätigkeiten von Richtern. Im Jahr 1996 betrug die Quote der Bundesrichter mit Nebentätigkeiten gerade einmal 15 %. Im Jahr 2012 waren es 73 % am Bundesgerichtshof, 97 % am Bundesfinanzhof und jeweils 100 % am Bundesarbeitsgericht und Bundessozialgericht. Dabei ist der Bundesrichterverdienst mit 8700 Euro im Monat kaum ein Hungerlohn, der einen Nebenverdienst nahelegen würde.

An der Rednerliste der Haarmann-Konferenz lassen sich

die Querverbindungen der Steuerberater- und Steuerrechtsindustrie in andere gesellschaftliche Teilbereiche gut studieren. Man nehme zum Beispiel die Hochschulen. Der Organisator und Partner der deutschen Anwaltskanzlei Linklaters, Wilhelm Haarmann, etwa wurde zum Honorarprofessor der Universität Bamberg berufen und ist Dozent an der Goethe-Universität Frankfurt am Main. Zwei weitere Referenten des Haarmann-Kongresses aus den Reihen von Linklaters sind Honorarprofessoren. Auch wenn man einen Blick auf die Wirtschaftsprüfer von PwC wirft, wird man schnell über deren Einfluss auf die deutsche Hochschullandschaft stolpern. Von den zehn Vorstandsmitgliedern sind drei gleichzeitig Honorarprofessoren. Daneben unterhält PwC ein Geflecht ordentlicher Professoren, die auf deren Gehaltsliste stehen dürften – zumindest sind sie mit einer eigenen Email-Anschrift bei PwC erreichbar und werden als Ansprechpartner in Werbebroschüren geführt. Aber auch Flick Gocke Schaumburg hat einen beachtlichen Einfluss auf die Lehre an deutschen Hochschulen und das morgige Denken. In der Liste der Partner befinden sich stolze 14 Honorarprofessoren und zwei vollwertige Universitätsprofessoren. Einige unter diesen, wie auch viele weitere, sind obendrein Gastdozenten bei der Bundesfinanzakademie, der höchsten deutschen Steuerbeamtenschmiede. Ein besonderes Schmankerl sind die «Of Counsel», also jene Angehörigen der Kanzlei, die – vermutlich um dem Anschein möglicher Interessenkonflikte vorzubeugen – nicht als Partner oder assoziierte Partner geführt werden. Dennoch ist der Name oder die Kompetenz des Mitarbeiters so gewichtig für die Kanzlei, dass man diese auf der Internetseite für Werbezwecke erwähnen möchte.

Unter den fünf Of Counseln bei Flick Gocke Schaumburg befindet sich etwa ein pensionierter Referent für Körperschaftsteuer, Gewerbesteuer und Internationales Steuerrecht der Oberfinanzdirektion Koblenz. Offenbar sah weder die Finanzverwaltung noch die Steuerberaterkammer bei diesem Wechsel einen Interessenkonflikt. Eine Of Counsel-Stelle bedeutet übrigens nicht, dass kein Geld fließt. In den USA erhalten Of Counsel durchschnittlich über 200 000 US-Dollar Jahresvergütung. Auch ein Lehrstuhlinhaber für Bilanz- und Steuerrecht sowie Bürgerliches Recht der Universität Köln sowie ein ehemaliger Vorsitzender Richter am Bundesfinanzhof stehen als Of Counsel auf der Liste der Partner der Kanzlei.

Hochschulwatch, eine Initiative von Transparency International und Lobbycontrol, enthüllte Anfang 2015, wie stark der Einfluss der Steuerberater- und Finanzindustrie auf die Universitäten inzwischen geworden ist. So finanzieren die vier großen Wirtschaftsprüfungskanzleien 22 Stiftungsprofessuren in Deutschland. PwC bezahlt fünf Stiftungsprofessuren und sitzt gar in einem Hochschulrat, wo über professorale Berufungen und die Zukunft von Studiengängen entschieden wird. Ernst & Young kann mit acht Stiftungsprofessuren in Deutschland aufwarten, KPMG sponsort fünf Professuren. Deloitte hat nur vier, kann dafür aber in zwei Hochschulräten Einfluss nehmen. Die vier Beraterfirmen finanzieren obendrein verschiedene Kooperationsprojekte mit Universitäten und vergeben Stipendien.

Auch die Finanzwirtschaft ist nicht säumig. An der Universität Frankfurt am Main saß die Deutsche Bank bis 2014 im Hochschulrat, und es gibt dort unzählige Stiftungsprofessuren aus der Finanzwelt, besonders im Wirtschafts- und Finanzbereich: Commerzbank, Dresdner Bank oder die UBS, die gleich zwei Professuren finanziert. Die Commerzbank hat es sogar bis in drei Hochschulräte geschafft. Ob man diese Aktivitäten Lobbyismus nennen oder Abhängigkeiten behaupten darf – darüber wird bisweilen sogar vor Gericht gestritten. Lobbypedia nennt diese Art von Tätigkeiten erweitertes Lobbying (im engl. *deep lobbying*). Gemeint ist «über die Einflussnahme auf Öffentlichkeit oder wissenschaftliche Diskurse indirekt bzw. längerfristig auf die Politik einzuwirken». Kennzeichnend dafür ist die Nutzung von Stiftungen, Denkfabriken oder Universitäten, und die Einflussnahme ist meist umso erfolgreicher, je besser der Anstrich der Objektivität und Unabhängigkeit gewahrt wird.

Die Finanzierungsengpässe an den Hochschulen führen schon lange zur Notwendigkeit, Drittmittel einzuwerben. Wo aber diese Notwendigkeit die Forschung und Lehre immer mehr prägen kann, ist auch klar, dass Anbiederung an finanzkräftige Sponsoren ein Gebot der Stunde und Karrierepflege ist. Kein Wunder, dass die deutsche Wirtschaftswissenschaft international weitgehend als überholt und irrelevant gilt. Während die führenden angelsächsischen Universitäten im Zuge der Finanzkrise eine Krise der neoklassischen Angebotsorientierung und Marktgläubigkeit durchlebten und um alternative ökonomische Theoreme ringen, scheint die Krise Deutschlands Wirtschaftswissenschaften meist genauso wenig zu tangieren wie auch die deutsche Wirtschaft eher von der Krise der übrigen Staaten profitiert. Die Elfenbeintürme ragen hierzulande mancherorts mittlerweile so weit in den Himmel, dass Vorkommnisse weit unten in den empirischen Niederungen kaum noch wahrgenommen werden.

Die weitgehende Straflosigkeit bei systemischer Steuerhinterziehung und Geldwäsche, das Durchwinken fragwürdiger steuerlicher Praktiken großer Konzerne und die Lobgesänge auf den ruinösen Steuerkrieg haben auch mit der Lobbyarbeit der Steuerindustrie und den Verflechtungen zwischen dieser und anderen gesellschaftlichen Teilbereichen zu tun. Ein engmaschiges Geflecht aus wechselseitigen Interessenkonflikten, die geflissentlich übersehen, ignoriert oder geleugnet werden, bereitet den Weg in den Lohn- und Konsumsteuerstaat, der Unternehmen und Wohlhabende vor Steuern verschont. Es ist ein klassisches Beispiel für ein selbstreferentielles, geschlossenes System (Niklas Luhmann), das sich gegenseitig be- und verstärkt, die Außenwelt aber zunehmend autistisch auszublenden trachtet. Dieser Filz könnte sowohl die sinkende Qualität bei den Geldwäsche-Verdachtsmeldungen erklären als auch die auffällig geringen Meldungen der rechtsberatenden Berufe. Das Bundeskriminalamt schrieb 2013 im Hinblick auf Geldwäsche, «dass speziell im Bereich der rechtsberatenden Berufe und Gewerbetreibenden aufgrund der sehr geringen Anzahl von Meldungen ein großes Dunkelfeld anzunehmen ist […] Dieser sogenannte Nichtfinanzsektor ist hiesiger Meinung nach durchaus in der Lage, Geldwäscheaktivitäten zu erkennen und zu melden.»

Die Einflusskanäle der Finanz- und Beratungsindustrie

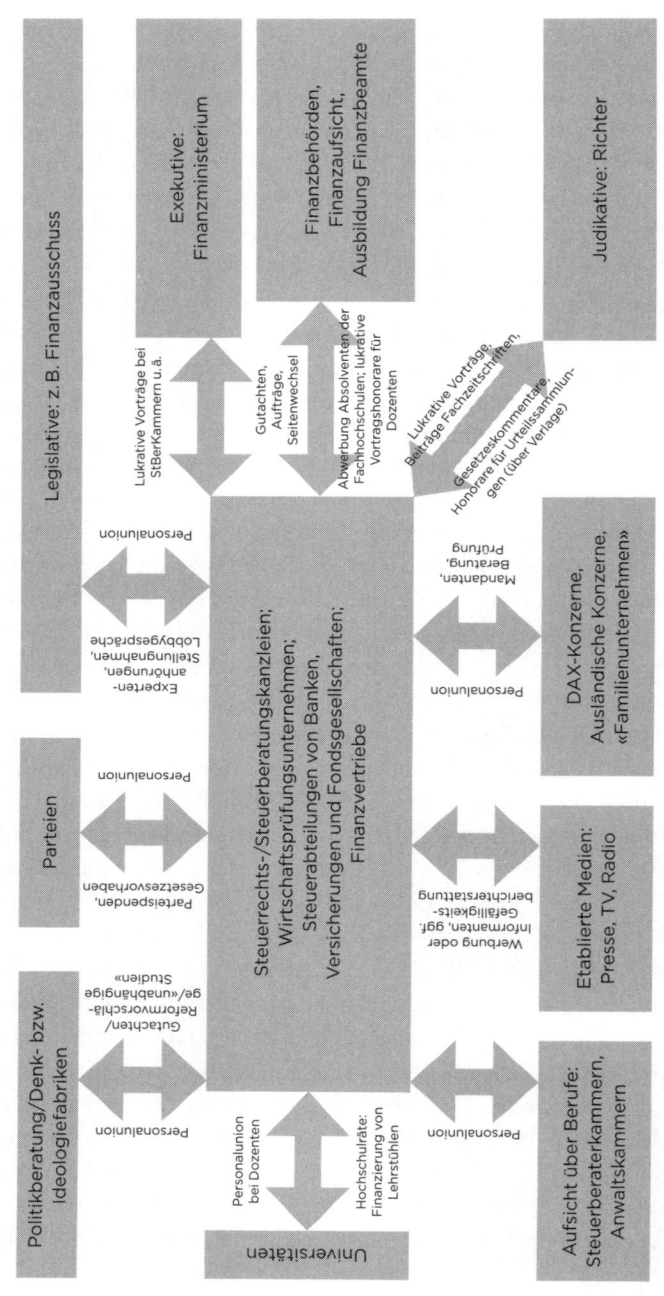

Quelle: Eigene Darstellung

Der Kreis der Einflussnahme durch (Finanz-)Wirtschaft und Steuerberatungs- sowie Steuerrechtsindustrie schließt sich damit, dass die Medien ebenfalls in das Geflecht verwoben sind. Als vierte Gewalt auserkoren auf gesellschaftliche Fehlentwicklungen hinzuweisen, sind sie nicht weniger in Versuchung, sich in den Sumpf hineinzubegeben. Da gibt es zum Beispiel einen ehemaligen Journalisten der Süddeutschen Zeitung, der behauptet, in der Redaktion für Themenschwerpunkte sei überlegt worden, wie man für Anzeigen ausländischer Banken attraktiver werden könne. Aus seiner Perspektive werde «unverhohlene Werbung für Steuerhinterziehung» gedruckt, weil die Zeitung «dafür eine gut bezahlte Anzeige von der Tiroler Sparkasse erhält». Der Tagesspiegel fiel bei seiner Agenda-2015-Konferenz im Dezember 2014 mit einem unlauteren Gemisch aus Journalismus und Lobbyismus auf. Unternehmer konnten für 36 000 Euro Themenpanel kaufen «inkl. Moderation durch Journalisten». In Großbritannien nahm jüngst der Chef des Politikressorts des Daily Telegraph aus Protest gegen die Irreführung der Leser bei der HSBC-Berichterstattung den Hut. Seit Anfang 2013 habe die Bank keine Anzeigen mehr bei der Zeitung geschaltet, nachdem diese über HSBC-Konten in Jersey berichtete. Um den Anzeigenkunden zurückzugewinnen wären fortan kritische Berichte gegen HSBC vermieden worden, nach ungefähr zwölf Monaten sei der Anzeigenkunde zurückgekommen. Der Guardian berichtet ebenfalls über einen von HSBC mitgeteilten Anzeigenstopp kurz vor Veröffentlichung von Swiss-Leaks – allerdings ohne dass der Guardian von der Veröffentlichung abgerückt wäre. In Deutschland dürfte es ähnliche Einflussnahmen über Anzeigenbuchungen geben, die hierzulande nur noch nicht an die Öffentlichkeit gedrungen sind.

Die Bundesrepublik droht unter diesen Vorzeichen immer mehr in den Sumpf der Kungelei abzurutschen. Gedeihen kann dieses Interessengeflecht nur hinter den hohen Burgmauern von Steuer- und Amtsgeheimnis, in einem Klima der Angst. Dort blüht die Hybris, das Gefühl über der Gesellschaft zu stehen und sich die eigenen Taschen rechtmäßig zu füllen. Wo Leistung und Karriere als wichtigster Lebenszweck gelten und sich gesellschaftliche Teilhabe auf die Erwerbstätigkeit reduziert, bestimmt allein der Beruf das Selbstwertgefühl eines Menschen. Gerechtigkeit und persönliche Integrität bleiben als Opfer zurück, denn unter diesen Umständen werden Konformität und Gehorsam gegenüber Vorgesetzten zum Gebot der Stunde.

Die Parallelen zu vorkonstitutionellen Monarchien dürften auch den Fortschrittgläubigsten zu Beginn des neuen Jahrtausends zu Denken geben. Den meisten Fürsten und Königen fiel es schwer, sich an ihre eigenen Gesetze zu halten und Mäßigung zu üben. Schon die Bibel ist voll von Beispielen, wie sich eine korrupte Staats- und Wirtschaftselite auf Kosten der Gesellschaft die eigenen Taschen füllt. Für Steuerausländer mit Geschäften in Deutschland, die etwas zu verbergen haben, sind diese Bedingungen hingegen einladend. Denn mit Unterstützung inländischer Helfer schläft es sich nachts deutlich besser. Sie können darauf zählen, dass ihre deutschen Finanzpartner im Fall unliebsamer Nachforschungen über diverse Hebel in Politik, Finanzaufsicht, Steuerverwaltung und -justiz verfügen. Die gut geölte Lobbymaschine sorgt im Vorfeld verlässlich dafür, dass Gesetzgebung zur Vorbeugung von Interessenkonflikten und zur Ahndung steuerlicher und geldwäscherechtlicher Straftaten verwässert wird. Deshalb verwundert es nicht, dass sich politisch wenig ändert, obwohl Politiker immer wieder beteuern, es werde etwas gegen das Steueroasensystem unternommen.

8. Auf ewig unter Palmen?

Die ersten Abwehrversuche Deutschlands gegen das Verschieben von Gewinnen und Vermögen ins Ausland reichen zurück ins Jahr 1931, als in einer Verordnung die Vermögen und Erträge ausländischer Stiftungen steuerlich den inländischen Stiftern oder anderen Bezugsberechtigten zugewiesen wurden. Damit sollte verhindert werden, dass etwa Vermögen und Erträge Liechtensteiner Stiftungen, die 1926 als Rechtsform eingeführt wurden, nach deutschem Recht unversteuert blieben. Mit dem Außensteuergesetz (AStG) von 1972 wurden dann in einem großen Wurf fünf verschiedene steuerliche Instrumente geschaffen, zur «Verhinderung unangemessener Steuervorteile aus der Nutzung des internationalen Steuergefälles mit dem Ziel, die Gleichmäßigkeit der Besteuerung wieder herzustellen und steuerliche Wettbewerbsverzerrungen zu verhindern». Die Regeln zu den Stiftungen von 1931 wurden praktisch 1:1 in das AStG (§ 15) von 1972 übernommen.

Den Anstoß für das Außensteuergesetz gab die Einführung der *controlled foreign company*-Regeln in den USA im Jahr 1962. Diese erlaubten es, die Gewinne ausländischer Tochtergesellschaften unter bestimmten Voraussetzungen in den USA zu besteuern. Das Gesetz schlug hohe Wellen in alle Himmelsrichtungen. Verschiedene Variationen solcher und ähnlicher einseitiger Steuermaßnahmen wurden in den 1970er Jahren weltweit verabschiedet. Wegbereiter für das Außensteuergesetz war der sogenannte Steueroasenbericht der Bundesregierung vom 23. Juni 1964. Darin wurde mit der Idee geliebäugelt, der Steuerflucht etwas entgegenzusetzen. In den Jahren zuvor war die Empörung über die «auch in der Öffentlichkeit stark beachteten Fälle» der Verlegung des steuerlichen Wohnsitzes bekannter Persönlichkeiten in Steueroasen stark gewachsen. Der Fall Helmut Hortens aus den Jahren 1969–1971 brachte das Fass schließlich zum Überlaufen. Weil § 6 des Außensteuergesetzes von 1972 maßgeschneidert auf den Fall Horten passte, ging es als «Lex Horten» in die Rechtsgeschichte ein. Horten hatte aus der Arisierung jüdischen Eigentums zwischen 1936 und 1939 die Kaufhauskette Horten aufgebaut und stieg nach dem Krieg zu einem der reichsten Unternehmer Deutschlands auf. 1968 schließlich zog er mit seiner Frau ins schweizerische Tessin und verkaufte anschließend zwischen 1969 und 1971 seine Anteile an der Kaufhauskette für 1,2 Mrd. DM – steuerfrei. Der Spiegel schrieb 1984, dass es Horten nie verwunden hätte, «wie seine Landsleute, die Presse und die Politiker, damals über ihn hergefallen sind. Einen Steuerflüchtling nannten sie ihn, dabei war doch alles ganz legal zugegangen.»

Nicholas Shaxson, ein britischer Steueroasenexperte, zeigt in seinem Buch «Schatzinseln», wie die Haltung der USA gegenüber Steuerflucht und Unterbietungswettlauf seit den 1980er Jahren ambivalenter wurde. In einigen Bundesstaaten hatten findige Finanzberater den Gouverneuren Flöhe ins Ohr gesetzt und zunächst erfolgreich an der auch biblisch begründeten Wucherzinsgrenze gefeilt. Indem sie unterschiedliche bundesstaatliche Regeln geschickt gegeneinander ausspielten, fiel die Grenze zuerst in South Dakota im März 1980 und bald darauf in anderen Bundesstaaten. Doch das war nur der Auftakt. Keine sechs Monate nach dem Amtsantritt Reagans wurden unregulierte internationale Finanzgeschäfte durch die *International Banking Facilities* (IBF) in den USA im Juni 1981 erlaubt. Im Jahr 1984 wurde die Quellensteuer auf ins Ausland gezahlte Zinserträge aus US-Staatsanleihen gestrichen. Deutschland geriet direkt danach in den Sog und verzichtete 1984 seinerseits auf die Couponsteuer, die Steuerausländer auf ihre Erträge inländischer Wertpapiere zahlen mussten. Dadurch öffneten sich der Finanzindustrie neue Geschäftsfelder. Wallstreet und das Frankfurter Bankenviertel boomten, schmutziges Geld flutete die Banken und die «Dritte Welt» blutete aus.

Das Eingeständnis, dass weder die verschiedenen Maßnahmen zur Eindämmung der Steuerflucht noch die Teilnahme am Steuerkrieg die erhofften Ergebnisse brachten, führte in den 1990er Jahren zu einem neuerlichen Strategiewechsel. Statt ihres eigenen Glückes Schmied zu sein, entschlossen sich die Staatenlenker gemeinsame Anläufe zu unternehmen. Den Auftakt markierte 1998 die OECD-Initiative gegen den «schädlichen Steuerwettbewerb» (1998–2002), die mit den Steueroasen am Verhandlungstisch weitgehend im Sand verlief.

Den zweiten Anlauf läutete das Kommuniqué des Londoner G20-Gipfels 2009 ein, in dem die Staatenlenker feierlich erklärten, dass die «Ära des Bankgeheimnisses» vorüber sei. Die OECD rief mit dem Global Forum den internationalen Standard ins Leben. Fortan (2009–2012) wurde der Kampf nicht mehr gegen Steueroasen, sondern gegen «unkooperative Jurisdiktionen» geführt. Dieser hielt jedoch kaum, was er versprach. Von vielen notorischen Steueroasen mitentwickelt, war wenig mehr als ein «Scheinstandard» entstanden. So blieben nach einer Untersuchung zweier Wissenschaftler aus dem Jahr 2014 die in Steueroasen verwalteten Vermögen «annähernd unverändert» trotz der vielen hundert neuen Abkommen zur Steuerzusammenarbeit. Es kam lediglich zu einer Verschiebung eines kleinen Anteils der Gelder.

Zu guter Letzt rief die OECD im Juli 2013 wieder mit gewaltigen Worten ihr jüngstes Projekt zur internationalen Konzernbesteuerung ins Leben. Sie versprach in ihrem Aktionsplan zu *base erosion and profit shifting* (BEPS) nicht weniger als «einen Wendepunkt in der Geschichte internationaler Steuerkooperation». Die G20 forderten, die Regeln so zu überarbeiten, dass multinationale Unternehmen dort besteuert werden, «wo diese wirtschaftlich aktiv sind und Wertschöpfung stattfindet». Über die nächsten 30 Monate sollten konkrete Vorschläge erarbeitet werden, wie das zerbrochene System der Unternehmensbesteuerung repariert werde könne. Die Initiative rief mächtige Wirtschaftsakteure und Lobbygruppen auf den Plan, die allesamt eng in den Prozess eingebunden wurden. Die Bilanz der ersten sieben Arbeitsbereiche, die im September 2014 vorgelegt wurde, ist gemischt. Die BEPS Monitoring Group, eine internationale Gruppe unabhängiger Steuerexperten, stellte in ihrer Evaluation der Ergebnisse 2014 fest, dass zwar Fortschritte gemacht wurden, die Zielvorgabe der G20 aber verfehlt wurde. Bis September 2015 werden Vorschläge zu den noch offenen acht Themen des BEPS-Aktionsplanes erwartet. Darunter befinden sich die heiklen und entscheidenden Themen wie Verrechnungspreise und Betriebsstätte, bei denen der Ausgang ungewiss ist. Endfassungen aller 15 Themen müssen anschließend noch verabschiedet und in einem Gesamtpaket – möglicherweise ein neues internationales Abkommen – verschnürt werden. Beim G20-Treffen in Antalya im November 2015 sollen wichtige Teile abgesegnet werden, das Ganze soll bis zum Jahresende 2015 abgeschlossen sein. Schon bei der ersten öffentlichen Konsultation am 20. März 2015 in Paris sprachen die Entwicklungsländer Klartext. Chinas Delegierte bekannte offen: «Ich erwarte nicht die Ablösung des Fremdvergleichsprinzips über Nacht. Aber wir sollten wenigstens aufstehen, den Mund aufmachen. Wir sollten die Wahrheit sagen, was im Bereich der Verrechnungspreise vor sich geht.»

Die bisherigen Projekte sind allesamt von der OECD organisiert und kontrolliert worden und setzen auf Reformen, deren Erfolg allein staatliche Stellen beurteilen können. Die Öffentlichkeit hingegen wird nicht in die Lage versetzt, sich ein eigenes Bild zu machen. Eine Episode aus der höchsten internationalen Steuerdiplomatie verdeutlicht, warum die OECD kein geeigneter Ort für erfolgversprechende Reformen sein dürfte.

OECD vs. Vereinte Nationen

Stellen Sie sich vor, es gibt keinen Bundesrat und bei der Bundestagswahl dürften nur die Menschen aus Bayern und Baden-Württemberg wählen. Die Forderungen der übrigen Bundesländer nach einem gerechteren Verfahren werden seit Jahrzehnten mit Hinweisen auf die bestehenden Teilhabemöglichkeiten der Bundesländer bei Anhörungen und die drohende Ineffizienz durch die Vergrößerung der Verwaltung abgebügelt. Das höchste der Gefühle ist das Zugeständnis der Süddeutschen, rotierend jeweils einem Bundesland die Entsendung von Delegierten in den Bundestag zu erlauben. Wie lange glauben Sie, würde es in Deutschland unter diesen Bedingungen friedlich zugehen?

Die Bolivianerin Pamela Luna Tudela erhob am 9. Dezember 2014 im Hauptquartier der Vereinten Nationen in New York ihre Stimme für über fünf Milliarden Menschen bzw. 77% der Weltbevölkerung. Sie sprach für China und die über 130 anderen Entwicklungsländer, die im Staatenverbund der sogenannten G77 zusammengeschlossen sind: «Die Tatsache bleibt bestehen, dass es noch immer keine global inklusive, regelsetzende Institution für internationale Steuerkooperation auf zwischenstaatlicher Ebene gibt. Ebenso liegt nicht genug Augenmerk auf der Entwicklungsdimension dieser Themen. Die Gruppe […] wiederholt ihren Aufruf, den Status des [UN-]Expertenkomitees in Steuersachen zu einem zwischenstaatlichen Gremium […] abzuändern. Diese Transformation ist notwendig und wichtig, um allen Mitgliedsstaaten, einschließlich Entwicklungsländern, eine Mitsprache auf Augenhöhe in Bezug auf Steuersachen einzuräumen.»

Direkt danach sprach Marlies de Ruiter von der OECD. Sie warb für den neuen OECD-Ansatz im Flaggschiff-Projekt BEPS gegen Konzernsteuervermeidung. Demnach würden Entwicklungsländer statt nur befragt zu werden künftig auch am Prozess teilhaben dürfen. Wer das Kleingedruckte des Vorschlags kennt, weiß jedoch, dass sage und schreibe zehn handverlesene Entwicklungsländer zur Teilnahme in den engsten BEPS-Entscheidungszirkel eingeladen würden – und das ein Jahr vor dem offiziellen Ende des gesamten Projekts. Wie es die OECD immer tut, lehnte de Ruiter außerdem in ihrer Rede jede Aufwertung des UN-Steuerkomitees ab, indem sie auf die drohende Doppelung der Arbeit und «geteilte und überlappende Ziele» beider Gremien verwies. Im jungen 21. Jahrhundert entgegnet also eine Vertreterin von 34 westlichen Staaten auf den ausdrücklichen Wunsch nach einem Gremium mit mehr Repräsentation für drei Viertel der Welt, dass man ja zehn Länder mit an den Tisch gelassen hätte und darum, der Effizienz zuliebe, keine andere demokratische Struktur notwendig sei.

Der Zweck des Treffens in New York bestand darin, eine

wichtige Konferenz zur Zukunft der Entwicklungshilfefinanzierung vorzubereiten, die vom 13. bis 16. Juli 2015 in Addis Abeba (Äthiopien) stattfand. Weil die sogenannten Millennium-Entwicklungsziele der Vereinten Nationen zur Armutsreduzierung bis 2015 mit durchwachsener Bilanz auslaufen, ringen die Diplomaten hinter den Kulissen schon lange um neue Ziele, Formulierungen, Fahrpläne und Geld. Die Forderung nach einer Aufwertung des UN-Steuerkomitees aber ist – wie Frau Tudela andeutete – nicht neu. Den Status eines Expertenkomitees hat es überhaupt erst seit 2003 inne, davor war es nur eine Ad-hoc-Gruppe mit noch engerem Mandat. Die OECD, seit 1956 selbstgekrönte Nachfolgerin des Fiskalkomitees des Völkerbundes, beäugte bereits 2003 mehr als argwöhnisch den Aufstieg des rechtmäßigen Erben. Schließlich brach Anfang der 1990er Jahre mit dem Ende der Blockkonfrontation die Existenzberechtigung für die große Steuerabteilung der OECD weg. Mit der Gründung des UN-Steuerkomitees 2003 rückte also die Rückgabe des Zepters für die Regelsetzung in internationalen Steuerfragen spürbar näher.

Die OECD sorgte daher mit viel Geschick, Kalkül und Druck dafür, dass sie auch in dem neuen 25-köpfigen Gremium der Vereinten Nationen für die nächsten Jahre die Mehrheit von 13 Sitzen stellen würde. So konnte sich bis heute der unrechtmäßige Erbe auf dem Thron halten und wehrt sich mit aller Kraft und Arglist gegen den aussichtsreichen Prinzen. Es geht nicht zuletzt auch um Prestige und Arbeitsplätze: Die Steuerabteilung der OECD kann auf einen Personalstock von über 100 hochkarätigen Experten verweisen, während der kleine Bruder bei den Vereinten Nationen noch im Jahr 2015 mit insgesamt drei Stellen – inklusive Bürokraft – auskommen musste. Außerdem sprechen die 25 Mitglieder des Gremiums der Vereinten Nationen noch nicht einmal offiziell im Namen ihrer Länder, sondern sind in privater Eigenschaft dort – zwar freigestellt von den Verwaltungen, aber ohne Mandat.

Seit 2011 liegt nun der Vorschlag des Generalsekretärs der Vereinten Nationen offiziell auf dem Tisch, das UN-Komitee zu einer zwischenstaatlichen Kommission aufzuwerten, inklusive einer Aufstockung der Ressourcenzuwendung aus dem Budget der Vereinten Nationen. Seitdem wird alljährlich im Wirtschafts- und Sozialrat der Vereinten Nationen darüber beraten, mit immer demselben Ergebnis: Fast alle Staaten mit Ausnahme der OECD-Mitglieder und der Europäischen Union unterstützen die Aufwertung.

Die Rolle Deutschlands als Bremser innerhalb der Europäischen Union konnte im Januar 2015 bei der Sitzung der Vorbereitungsgruppe für die große Konferenz von Addis Abeba gut beobachtet werden. Zwar waren OECD, Zivilgesellschaft und Unternehmenslobby zugegen, aber ein Rederecht hatten sie dieses Mal nicht. Nur Staatenvertreter durften sich melden, darunter auch die Vertreter der EU, die traditionell anstelle der einzelnen EU-Mitgliedsstaaten sprechen. Deren Vertreter enthalten sich normalerweise einer gesonderten Wortmeldung. Zunächst zeichnete sich eine neue Dynamik ab. Die G77, nun vertreten durch Südafrika, forderten unbeirrt die Aufwertung des UN-Steuergremiums. Die Europäische Union aber, bisher in den Verhandlungen stets wie OECD und Co. gegen die Aufwertung argumentierend, ließ erstmals Anzeichen für Tauwetter erkennen. Statt das Ansinnen rundheraus abzulehnen, forderte sie die Durchführung einer Kosten-Nutzen-Analyse sowie eine Klärung des genauen Mandats, bevor eine Entscheidung getroffen werden könne. Im diplomatischen Geschäft heißt das so viel wie «okay, wir können darüber reden und es vielleicht auch machen, aber nicht so schnell, immer mit der Ruhe».

Kurz nachdem der EU-Vertreter seine Intervention beendet hatte, sprach entgegen der üblichen Dynamik der Vertreter des deutschen Entwicklungsministeriums und kündigte neuerlichen Widerstand gegen diese Idee an: Das jetzige institutionelle Gefüge sei angemessen. Stattdessen solle der Dialog zwischen G20, OECD, IWF, Vereinten Nationen und Co. gestärkt werden. «Das ist absoluter Quatsch», schimpft Tove Ryding, die für das Netzwerk Steuergerechtigkeit die Verhandlungen verfolgt. «Die Mitglieder in einem reinen Expertengremium können natürlich ohne Verhandlungsmandat ihrer Regierungen nicht an solchen zwischenstaatlichen Verhandlungen teilnehmen. Diese Art von Gesprächskreis bringt sowieso nie etwas, das ist reine Zeitverschwendung.» Obendrein, so stellt die Dänin klar, wären OECD-Staaten in einem solchen Dialog massiv überrepräsentiert, mit entsprechender Garantie für den Ausgang der Gespräche, vorbei an den Interessen des Rests der Welt. Dennoch hatte die Stimme Deutschland offenbar Gewicht. In ihrer schriftlichen Stellungnahme vom Februar 2015 ruderte die EU nun wieder zurück und hielt das gegenwärtige institutionelle Gefüge für ausreichend. Das Augenmerk solle auf einer verstärkten Kooperation zwischen bestehenden Institutionen liegen. Nur zum Schluss wurde noch erwähnt, dass eine Kosten-Nutzen-Analyse jedweder Entscheidung vorausgehen müsse. Auch auf der UN-Konferenz in Addis Abeba selbst setzte sich das deutsche Entwicklungsministerium zusammen mit den USA, Großbritannien und Japan durch. Es verweigerte jegliche politische Aufwertung des UN-Steuergremiums. Die G77-Staaten dürften sich mit diesem Ergebnis jedoch nicht abfinden, weswegen das Thema auf der Agenda bleiben wird.

Die Blockadehaltung des Entwicklungsministeriums dürfte mit dem Finanzministerium abgestimmt gewesen sein. Seit den ersten Versuchen staatlicher Entwicklungshilfeorganisationen, das Thema der Steuerpolitik in Entwicklungsländern in den Blick zu nehmen, stellt sich das Finanzministerium quer. Denn man weiß dort ganz genau, dass die deutsche Exportwirtschaft vom Status quo profitiert. Insbesondere in Ländern mit schwachen Steuerverwaltungen zahlen deutsche Unternehmen momentan leicht keine oder kaum Steuern auf ihre Geschäfte. Der Wunsch der Wirtschaft, an diesem Zustand möglichst wenig zu ändern, dürfte den Beamten des Finanzministeriums Befehl sein. So werden Vorstöße aus einer seltsam verkürzten Auffassung von Eigennutz blockiert.

Im Grunde ist hier ein grundsätzliches Dilemma zu beobachten: Die Maßnahmen, die weltweit zu einer effektiveren Konzernbesteuerung führen würden, könnten in der Exportnation Deutschland insgesamt zu einem niedrigeren Steueraufkommen führen. Denn dann würde Steuersubstrat an die

Länder abgegeben werden müssen, die bisher kaum Steuern von deutschen Unternehmen kassieren können. Wertet man die Steuerarbeit der Vereinten Nationen auf, so die unausgesprochene Befürchtung, dann könnte die Kontrolle über die Ausgestaltung der internationalen Steuerregeln verloren gehen, mit wenig überschaubaren Folgen. Die Datenbasis freilich, die eine solche Befürchtung stützen oder entkräften könnte, existiert bislang nicht und der systematische Aufbau einer solchen wird von Seiten der OECD-Mitgliedsstaaten im Rahmen des BEPS-Projektes vehement hintertrieben.

Der Jahresbericht der Handels- und Entwicklungskonferenz der Vereinten Nationen bringt die Problematik auf den Punkt: «Weil diese Initiativen meist von den entwickelten Ökonomien geleitet werden – die wichtigste Heimat für transnationale Konzerne und einige Schattenfinanzplätze – besteht das Risiko, dass die Bedürfnisse und Sichtweisen der Entwicklungs- und Schwellenökonomien in der Diskussion nicht vollumfänglich Berücksichtigung finden.» Mit diesem Hinkefuß der OECD verwundert es weniger, dass deren Projekte oft nur eine sehr enge Auffassung von Transparenz vertreten und sich mit echter Offenheit schwer tun.

Das Primat der Transparenz

Die drei eingangs beschriebenen Reformvorhaben der OECD eint in ihrem Kern, dass sie allein auf inner- und zwischenstaatlicher Ebene ansetzen. Die Überprüfung der Ergebnisse bleibt denselben Beamten überlassen, die im eigenen Land für die Umsetzung der Reformvorhaben zuständig sind. Einblicke von außen sind weder möglich noch gewünscht. Schon während der Verhandlungen über das Regelwerk zur Überprüfung des Standards zum Informationsaustausch auf Ersuchen stießen die Forderungen nach systematischen und einheitlichen Statistiken etwa über die Anzahl der Informationsersuchen oder zugehörigen Summen auf taube Ohren. Somit konnte die OECD zwar imposante Zahlen über den Zuwachs an Abkommen zum Informationsaustausch vorlegen. Die

Antwort aber, welche Wirkung diese Abkommen auf die grenzüberschreitende Steuerhinterziehung haben würde, blieb sie schuldig.

Die Geschichte scheint sich zu wiederholen. Weil der internationale Standard zum automatischen Datenaustausch erweitert wurde, werden künftig (nach dem Jahr 2018) Länder auch dahingehend untersucht, wie gut diese neuen Vorgaben umgesetzt werden. Derweil arbeitet das Global Forum an den Details der Evaluierungen. Es gibt wieder keine Anzeichen dafür, dass Wissenschaftler oder die Zivilgesellschaft an den Überprüfungen teilnehmen dürfen und wieder bleiben Entwicklungsländer weitgehend außen vor. Zudem hat das Tax Justice Network wie erwähnt über 30 Schlupflöcher im neuen Standard identifiziert, und es ist völlig offen, ob dieses Mal einheitliche Statistiken geführt, geschweige denn veröffentlicht werden müssen. Im deutschen Gesetzentwurf für die Umsetzung vom 9. Juni 2015 fehlt jedwede statistische Meldepflicht oder -erlaubnis, um eine Wirkungskontrolle zu ermöglichen.

Aber besonders im aktuellen BEPS-Projekt scheint die OECD-Linie fatal. Obwohl es immerhin gelungen ist, für die größten Konzerne ein Musterformular für länderspezifische Berichte künftig verpflichtend einzuführen, werden wohl nur ausgewählte Steuerbehörden auf diese Daten Zugriff haben. Länderspezifische Offenlegungspflichten sind aber unverzichtbar, um überhaupt eine Datengrundlage über Ausmaß und Struktur der Steuervermeidungsstrategien globaler Konzerne zu erhalten. Nur wenn diese Daten öffentlich zugänglich sind, ist es möglich zu bewerten, ob ein Konzern seinen fairen Steuerbeitrag geleistet hat. Liegen diese hingegen nur den Steuerverwaltungen vor, dürften diese leicht zwischen Standorterwägungen aus der Politik und dem fiskalischen, demokratischen Auftrag der Gesetzestreue zerrieben werden. Im Vergleich zu heute hätte sich dann wenig geändert, denn auch schon jetzt wären umfangreichere Betriebsprüfungen und Berichtspflichten durchaus möglich – allein, der politische Wille scheint zu fehlen, um sich gegen mächtige Lobbyinteressen durchzusetzen.

Das Rezept der Publizität ist keineswegs neu. Matti Ylonen, Doktorand an der Universität von Helsinki, kommt in seiner historischen Spurensuche zu erstaunlichen Ergebnissen. Schon 1974 sprachen wissenschaftliche Studien von mangelnder Transparenz in Konzernen. So schrieben etwa Richard J. Barnet und Ronald E. Müller 1974 mit beachtlicher Weitsicht: «Die Leichtigkeit, mit der globale Unternehmen Informationen verbergen oder verzerren können, die für eine Volkswirtschaft von entscheidender Bedeutung sind, mündet für den fortgeschrittenen Industriestaat im gleichen administrativen Alptraum, in dem sich unterentwickelte Länder seit Jahren befinden.» Drei Jahre später, 1977, schlugen andere Wissenschaftler die länderspezifischen Berichtspflichten als Lösungsmöglichkeit vor: «In multinationalen Firmen sollten die Finanzdaten in ‹USA› und ‹auswärtig› unterteilt werden. Zusätzlich sollte es auswärtige, länderspezifische Finanzberichte geben.» In einer Publikation des Wirtschafts- und Sozialrats der Vereinten Nationen schließlich tauchte schon 1980 der Vorschlag für länderspezifische Offenlegungspflichten auf. Dagegen leisteten über 30 Jahre später bei den Verhandlungen im Rahmen von BEPS vor allem die USA und Großbritannien hinter den Kulissen erbitterten Widerstand. Unterstützt wurden sie nach Kräften von der Unternehmenslobby, die alle erdenklichen Szenarien für den Fall öffentlicher Landessteuerberichte an die Wand malte. Die Würfel waren bald gefallen, die Transparenzgegner setzten sich schließlich durch. Bis Juli 2015 ist es noch nicht einmal sicher, ob Steuerbehörden von Staaten, die weder Mitglied der OECD noch der G20 sind, Zugang zu den Länderberichten erhalten werden.

So ist es gleichsam unmöglich, die Wirkung des gesamten BEPS-Projekts zu beurteilen. Wenn das Ausmaß der künstlichen Gewinnverlagerung nicht beziffert wird, dann kann auch keine belastbare Aussage darüber getroffen werden, ob die Problemlösungsstrategien erfolgreich sind. *Spin Doctors* können dann ihre Arbeit tun, die OECD kann wieder als triumphaler Retter der Steuersysteme auftreten – allein, ob sich tatsächlich etwas an den niedrigen Konzernsteuerquoten geändert hat, ist nicht überprüfbar. Mit dem weitgehenden Verzicht auf Transparenz, die auch der Wissenschaft und Normalbürgern Einblick in die Ergebnisse von Reformen verschafft hätte, verspielt die OECD entscheidendes Vertrauen.

Mit der Blockade der Vereinten Nationen und ohne den großen Wurf auf OECD- oder EU-Ebene bleibt für die meisten DAX-Unternehmen Transparenz weiterhin ein Fremdwort. Nur sechs der 30 DAX-Konzerne veröffentlichen laut Professor Lorenz Jarass die Daten unterteilt nach In- und Ausland, sodass man wenigstens den bilanzierten Steuersatz für innerdeutsche Aktivität und ausländische Geschäftstätigkeit unterscheiden kann. Im Ergebnis sind bei fünf der sechs Konzerne die bilanzierten Steuersätze in Deutschland niedriger als im Ausland. Das deutet darauf hin, dass es zumindest für inländische Konzerne in Deutschland großzügigere Möglichkeiten zur Reduzierung der fälligen Steuerschuld geben könnte als im Ausland. Deutschland dürfte nicht nur als Produktionsstandort oder Absatzmarkt, sondern auch als Zielort für die Verschiebung der steuerlichen Bemessungsgrundlage attraktiv geworden sein. Die gummiweichen Vorschriften der in Europa gültigen Rechnungslegungsstandards (*International Financial Reporting Standards*, IFRS) und der Wille zur Geheimhaltung bei den DAX-Unternehmen sind die Ursache für die spärlichen Informationen im Handelsregister. Hier könnte Deutschland auf eine Nachbesserung drängen, sowohl über den Bundestag als auch über Brüssel.

Auch eine Ausnahme bei den Jahresabschlüssen deutscher GmbHs und AGs könnte mit einem Handstreich fallen. Im Handelsgesetzbuch wird es Unternehmen in § 264, Abs. 3 ermöglicht, auf die Veröffentlichung zu verzichten, falls – vereinfacht gesagt – deren Finanzdaten in einen veröffentlichten Geschäftsbericht eines Mutterkonzerns in einem Drittstaat einfließen. Damit ist es aber nicht mehr möglich, gesondert Einblick in die Umsätze, Erträge und Steuerzahlungen des inländischen Konzernteils zu nehmen. Diese Ausnahme verhindert so den Zugang zu elementaren Informationen deutscher Kapitalgesellschaften. Die IKEA Holding Deutschland GmbH & Co. KG etwa nutzt diese Ausnahme seit über fünf

Jahren. Und falls die Regierung sich daran macht, diese Vorschrift zu ändern, dann sollte sie zudem festschreiben, dass
inländische Niederlassungen ausländischer Rechtspersonen
ebenfalls einen Jahresabschluss veröffentlichen müssen, wenigstens jedoch wichtige Zahlen zu Umsatz, Ertrag und Steuerzahlungen – damit würde verhindert, dass Amazon künftig
verschleiern kann, wie viel Steuern das Unternehmen tatsächlich in Deutschland bezahlt.

Einen erfolgversprechenden Ansatzpunkt zur Verwirkli-
chung von mehr Transparenz – dem derzeit einzigen wirksa-
men Mittel gegen das Steueroasensystem – bietet die EU. Hier
gibt es sogar bereits erste Erfolge zu verbuchen. Allen voran
gelang es in der vierten Geldwäscherichtlinie der Europäischen Union obligatorische Register für Firmeneigentümer
einzuführen. Gegen den Widerstand Deutschlands konnte die
EU international eine beispiellose Vorreiterrolle einnehmen.
Auch wenn der Zugriff auf die Daten nur bei «berechtigtem
Interesse» gewährt wird und die Regeln zu Trusts äußerst
löchrig bleiben, so ist dies doch ein erster großer Schritt in
Richtung substantieller Bürger-Transparenz im Wirtschafts-
leben. Ein regelrechter Integritätsschub kann von dieser
Reform quer durch alle Wirtschaftsbranchen und -sektoren
erwartet werden. Sie wurde am 20. April 2015 vom EU-Ministerrat und am 20. Mai 2015 vom EU-Parlament endgültig
verabschiedet und wird zwei Jahre später in Kraft treten. Die
Öffentlichkeit wird dann leicht bewerten können, wie es um
die Umsetzung der Richtlinie tatsächlich bestellt ist. Durch
direkten Zugriff auf die Daten sind Wissenschaftler und Journalisten dazu nicht allein auf diplomatisch formulierte und
mitunter wenig aussagekräftige Berichte der Verwaltung
selbst angewiesen – wenn das erforderliche «berechtigte Interesse» nicht als Hürde missbraucht werden sollte.

Im EU-Bankensektor ist zudem schon jetzt Realität, woge-
gen sich andere Wirtschaftssektoren noch zappelnd wehren.
Zum ersten Mal werden internationale Konzerne verpflichtet,
ab 2015 ausführliche Finanz- und Steuerdaten nach Ländern
aufgeschlüsselt zu veröffentlichen. Der Weg dorthin war ein
echter Politkrimi. Von der Grünen-Fraktion im EU-Parla-

ment in die Eigenkapitalrichtlinie geschmuggelt, durchschiffte der Artikel 89 erfolgreich alle institutionellen Klippen. Eine Petition der Online-Plattform Avaaz, die über 200 000 Menschen unterzeichneten, erhöhte den Druck auf die Blockierer, allen voran die Bundesregierung. Im Tauziehen um die Transparenz wurde eine Hintertür eingebaut, die der EU-Kommission das Recht einräumt, vor Veröffentlichung der Länderberichte per Gutachten zu prüfen, ob der europäischen Wirtschaft deshalb Nachteile drohen. Dann hätte die EU-Kommission die Veröffentlichung solange aufschieben können, bis sich das Parlament nochmals durchgesetzt hätte.

Als dann der Kommission die ersten Daten aus dem Jahr 2013 vorlagen und der Zeitpunkt für das Gutachten gekommen war, erteilte sie im Juni 2014 ausgerechnet PricewaterhouseCoopers für 395 000 Euro den Auftrag für die Anfertigung des Gutachtens. Dabei hatten sich PwC-Berater während des OECD-Konsultationsprozesses zu BEPS noch im Februar 2014 gegen öffentliche Länderberichte ausgesprochen. Unterstützt von EU-Abgeordneten forderten in der Folge eine Reihe NGOs die EU-Kommission formal auf, den Auftrag an PwC wegen Interessenkonflikten zurückzuziehen. Der zuständige EU-Kommissar, Michel Barnier, stellte in einer förmlichen Antwort klar, dass die Studie von PwC nur ein Beitrag für den abschließenden Bericht aus der Feder der EU-Kommission darstellen würde und versprach weitere Meinungen noch stärker einzubinden. Wenngleich der Auftrag an PwC nicht neu ausgeschrieben wurde, so war das Ergebnis kurze Zeit später doch überraschend. Die von PwC durchgeführte ökonometrische Analyse zeigte nicht nur keine negativen Effekte auf die europäische Wirtschaft, sondern bescheinigte öffentlichen Berichtspflichten sogar das Potential, eine positive Wirkung zu entfalten. Fortan sind die Länderberichte der Banken öffentlich zu machen, 2015 ist das erste Jahr, in dem diese Vorgaben uneingeschränkt gelten.

Auch wenn es an der Umsetzung in Deutschland im ersten Jahr noch haperte und so manche fragwürdige Interpretation in den Regeln der Bafin steht – diese Verpflichtungen haben international Signalwirkung und könnten auch in der EU noch weitere Kreise ziehen. Denn dieser Coup könnte noch einmal gelingen. 2015/16 verhandelt die Europäische Union über eine Richtlinie zu den Aktionärsrechten. Wieder auf Initiative der Grünen im EU-Parlament wurden länderspezifische Offenlegungspflichten in eine frühe Positionierung der Richtlinie aufgenommen, die nun allerdings generell für alle Aktiengesellschaften gelten würden. Der Wirtschafts- und Währungsausschuss stimmte Ende Februar 2015 mit zwei Stimmen Vorsprung für die Aufnahme der Berichtspflichten in die Richtlinie, und der federführende Rechtsausschuss verabschiedete sie am 7. Mai 2015 mit drei Stimmen Vorsprung. In der Plenarabstimmung vom 8. Juli 2015 stimmten 404 Abgeordnete für die Transparenz, 127 dagegen. Anschließend folgen Trilog-Verhandlungen zwischen Parlament, EU-Kommission und den Mitgliedsregierungen (EU-Ministerrat). Ein weiter Weg liegt vor dem zarten Keim der Unternehmenstransparenz. Deutschland droht einmal mehr als Betonblock zu agieren. Viele Unterschriftenkampagnen, Lobbygespräche und politischer Druck von unten werden nötig sein, um der Transparenz wirklich zum Durchbruch zu verhelfen.

Der Wertewandel in den Unternehmen könnte das Vorhaben dieses Mal zusätzlich beflügeln. Denn beinahe 59% von 1344 befragten Vorstandsvorsitzenden von Konzernen aus 68 Ländern gaben an, dass sie die Einführung länderspezifischer Berichtspflichten begrüßen würden. Die Befürwortung in einer anonymen Umfrage aber muss sich nicht in Taten niederschlagen. Dagegen ist ausgemacht, dass zumindest ein Teil der Unternehmen heftigen Widerstand leisten wird. Solange die Befürworter in der öffentlichen Debatte stillhalten, ändert deren klammheimlicher Wunsch nach Transparenz wenig.

Heftiger Widerstand muss auch bei transparenzfördernden Reformen im materiellen Steuerrecht erwartet werden. Höhere Steuerbelastung von Unternehmen und Vermögenden rufen Lobbyisten aller Ebenen auf den Plan. Den gewaltigen personellen und materiellen Ressourcen, die Teile der Wirtschaft zum Schutz ihrer Pfründe aufbringen, haben zivilgesellschaftliche, gewerkschaftliche oder parteipolitische Akteure kaum mehr als die besseren Argumente entgegenzusetzen. Es handelt sich um ein denkbar unfaires Duell wie einst zwischen David und Goliath. Deshalb sind bisherige und künftige Versuche, allein über das Steuerrecht und Steuerverwaltungen quasi «hinter verschlossenen Türen» Reformen und Steuergerechtigkeit umzusetzen, zum Scheitern verurteilt. Ohne den Hebel der Öffentlichkeit haben Reformvorhaben – ob national oder international – wenig Aussicht auf Erfolg. Die Mobilisierung und Aufmerksamkeit der Öffentlichkeit setzt jedoch voraus, dass sie mit genügend Details und Geschichten versorgt wird. Ohne Transparenz als Katalysator erlahmt das Interesse schnell, zumal bei einem so komplexen und abstrakten Thema wie Steuern.

Dabei gibt es großen Handlungsbedarf im deutschen materiellen Steuerrecht. Ganz oben auf der Liste stehen die Reform der Erbschaftssteuer und die Wiedereinführung der Vermögenssteuer. Es geht nicht nur um ein Aufhalten des Zerfalls der Gesellschaft in Superreiche und Habenichtse. Eine Vermögenssteuer könnte eine wichtige zusätzliche Wirkung in puncto Steuerflucht ins Ausland entfalten. Denn ohne eine Anzeige- und Steuerpflicht von Vermögen im Ausland können weder die internationale Rechtshilfe und Steuerzusammenarbeit noch die deutsche Steuerstrafjustiz richtig funktionieren. Bis heute scheinen Staatsanwälte und Gerichte einer absurden Argumentation zu folgen. Demnach können Steuerflüchtlinge selbst bei dokumentierten Auslandsvermögen behaupten, sie hätten das Geld ausgegeben und darum keine Zinserträge erwirtschaftet. So können sie spielend einfach einer Strafverfolgung bis zum Beweis des Gegenteils entgehen. Dass dieser Beweis in aller Regel nicht gelingt, ist Existenzgrundlage notorischer Verdunkelungsoasen. Gäbe es eine Vermögenssteuer, dann wäre dieses Argument hinfällig. Ein einziges nachgewiesenes, nichtdeklariertes Vermögen hätte Beweiskraft für Steuerhinterziehung. Dadurch könnten auch in der internationalen Amts- und Rechtshilfe sehr viel leichter und erfolgreicher Anfragen gestellt werden.

Schließlich sollte die Umverteilung im Steuersystem durch eine Streckung der Progression und die Rückkehr zu deutlich höheren Spitzensteuersätzen gestärkt werden. Durchschnittliche Vergütungen von Vorstandsmitgliedern der DAX-Konzerne, die 53 Mal höher sind als jene der Angestellten im Unternehmen, oder Vorstandsvorsitzende, die gar auf das 86fache eines durchschnittlichen Angestellten kommen, sind Anzeichen einer Maßlosigkeit, die ihresgleichen sucht. Man darf davon ausgehen, dass sich die Erfinder der sozialen Marktwirtschaft im Grabe umdrehen würden, hätten sie davon gehört. Diese Lohnspreizungen mögen aus Modellen einer entrückten, weltfremden Wirtschaftswissenschaft als richtig und schlüssig hervorgehen – Anstand und gesunder Menschenverstand sind als Ballast längst über Bord geworfen worden.

Auch aus Lenkungsgründen sind höhere Steuern für Spitzenverdiener überfällig. Eine Gesellschaft sollte das Maßhalten nicht nur beim Verdienst belohnen, sondern auch bei der Arbeitszeit. Eine Debatte über den *Workaholismus*, die Arbeitssucht, die vorgibt, bei dauerhaft 60–70 Stunden pro Woche der Gesellschaft einen besonderen Dienst zu erweisen, ist überfällig. Die Kosten dieser Arbeitssucht, die in kurzer Frist vom unmittelbaren Umfeld der Betroffenen getragen – Partner, Kinder und Kollegen – und später der Gesellschaft in Form von sozialen und Gesundheitsproblemen aufgebürdet werden, sind nicht beziffert. Die Tatsache, dass psychisch bedingte Fehlzeiten am Arbeitsplatz massiv ansteigen, dürfte mit dem gesellschaftlichen Ansehen des *Workaholic* einiges zu tun haben. Es ist höchste Zeit, dass Spitzenverdiener steuerlich stärker herangezogen werden, und sei es nur, um Anreize für mehr Gleichgewicht zu setzen.

Für eine stärkere Umverteilung müsste auch die 2009 eingeführte Abgeltungssteuer fallen, damit Kapitaleinkünfte nicht mehr von Rechtswegen steuerlich bevorzugt, sondern wie andere Einkünfte progressiv besteuert werden. Diese sind auch ohne steuerliche *Flat Tax* noch im Vorteil, weil auf sie keine Sozialversicherungsbeiträge gezahlt werden müssen.

Schließlich gehören die Beschränkung der Haftung bei den freien Berufen sowie deren steuerliche und Intransparenz-Privilegien auf den Prüfstand. Wie Nicholas Shaxson eindrücklich darlegte, war es bis in die späten 1990er Jahre völlig normal, dass Wirtschaftsprüfer und Anwaltskanzleien nicht mit Haftungsbeschränkung arbeiten konnten. Dann gelang es im Jahr 1997 einer Offshore-Anwaltsfirma zunächst in Jersey das Prinzip mit der Einführung einer *Limited Liability Partnership* (LLP) zu durchbrechen. Danach setzte nach Aussage eines Partners von Ernst & Young die Firma gemeinsam mit PricewaterhouseCoopers London so lange unter Druck, bis auch Großbritannien im Jahr 2001 die *Limited Liability Partnership* einführte. Der Damm war gebrochen.

Viele andere Länder folgten dem Vorbild Jerseys seitdem. Deutschland führte erst im Jahr 2013 die Partnerschaftsgesellschaft mit beschränkter Berufshaftung (PartGmbB) ein. Steuerfreiheit, weniger Offenlegungspflichten bei gleichzeitiger Haftungsbeschränkung – das sind wahrhaft paradiesische Zustände für Steuerberater, Wirtschaftsprüfer und Anwälte. Doch werden so problematische Anreize gesetzt: «Aufgrund der unbeschränkten Haftung überlegt man sich alles zweimal», meint Konrad Hummler, ehemals geschäftsführender Teilhaber der inzwischen aufgelösten Privatbank Wegelin & Co. Nicholas Shaxson sieht die LLPs auch als eine der Ursachen der Finanzkrise: «Denn wären die Buchprüfer persönlich in Schwierigkeiten geraten, wenn sie oder andere Gesellschafter Mist bauten, hätten sie nicht so voreilig all die Transaktionen abgesegnet, die sich nicht in den Büchern fanden.»

Obgleich die Folgen der Finanzkrise noch längst nicht ausgestanden sind, dreht sich die Dynamik des internationalen Steuerkriegs fröhlich weiter. In jüngster Zeit werden gar Stimmen laut, die der Abschaffung der Unternehmenssteuer das Wort reden. Sie ist international so heftig wie nie zuvor unter Beschuss geraten. Das jüngste Beispiel für die deutsche Teilnahme am munteren Unterbietungsreigen bei Unternehmenssteuern stellt das Liebäugeln des Finanzministers mit einer sogenannten Patentbox dar. Nach dem Vorschlag vom 11. November 2014 sollen künftig Gewinne von Unternehmen aus Patenten unter bestimmten Voraussetzungen steuerlich bessergestellt werden. Unter dem Vorwand, Forschung zu fördern und im Standortwettbewerb alternativlos zu sein, werden hochprofitablen internationalen Konzernen ohne Not weitere Steuergeschenke in unkalkulierbarer Höhe in Aussicht gestellt. Den Nachweis, dass Forschung tatsächlich dadurch gefördert würde, bleibt das Finanzministerium schuldig. Die Steuernachlässe greifen nämlich nur bei Gewinnen, also erfolgreichen Patenten. Wer aber Forschung fördern möchte, muss hingegen – wie es Deutschland bereits großzügig tut – steuerliche Abzugsmöglichkeiten für die Kosten von Forschung und Entwicklung schaffen, unabhängig davon, ob die Forschung erfolgreich verläuft oder nicht. Somit plant das Finanzministerium nichts anderes, als Steuersubventionen über den Umweg der Patentbox direkt in die Taschen erfolgsverwöhnter Aktionäre zu leiten.

Wohin die Logik des Unterbietungswettlaufs und Steuerkriegs führt, illustriert ein alarmierendes Beispiel aus den USA. Denn die Abwärtsspirale bleibt nicht etwa bei einer Ertragssteuer von Null stehen. Im Zeitraum zwischen 2008 und 2012 bezahlten von den 288 größten Konzernen der USA 26 negative Ertragssteuern. Das bedeutet, sie bekamen unterm Strich Geld vom Staat ausbezahlt, und das obwohl diese Unternehmen über den gesamten Zeitraum profitabel waren.

In Anbetracht dieser alarmierenden Entwicklungen beginnt es einzuleuchten, weshalb Regierungen aller Couleur und Ausrichtung auf vielen Kontinenten in den vergangenen 50 Jahren vergeblich versucht haben, dem Steuerkrieg Einhalt zu gebieten. Nicht nur speziell das Steuerrecht erweist sich als zu komplex und tückisch. Das Recht und Gesetz an sich, als Werkzeug zur Regelung gesellschaftlichen Zusammenlebens, stößt wohl so deutlich wie sonst auf keinem anderen Rechtsgebiet an seine Grenzen. Die internationale Verflechtung der Wirtschaft lässt dies offen zutage treten: Die Steuergesetze zweier oder mehr Staaten prallen regelmäßig aufeinander, so dass die nationalen Rechtsräume Schäden davontragen und sich immer unkenntlicher verformen. Es entstehen unweigerlich große Lücken, die auszunutzen zu guten Teilen allein dem Gewissen der Steuerzahler überlassen bleibt. Nicht zuletzt auch, weil das Recht in diesem Bereich dem Geld gegenübersteht, jener Kraft, «die die Welt regiert», dürfte die Lösung so schwierig sein.

Konzernlenker und Steuerabteilungsleiter verhalten sich angesichts der sich ihnen bietenden Möglichkeiten oft so, als wären Steuern nichts anderes als etwa Materialkosten – schlicht eine Ausgabe, die es vom Unternehmer zu drücken gilt. Wäre es nicht viel angemessener, Steuern als eine Ausschüttung, eine Dividende an die Gesellschaft zu begreifen? Schließlich hängt das Unternehmen und dessen Gedeihen in großem Maße von der Gesellschaft ab und ist nicht eine allein im Orbit treibende Monade, auf sich gestellt und sich selbst genügend. Ein Betrieb ist heute angewiesen auf unzählige Vorbedingungen, die weder er selbst noch andere Unternehmen bereitstellen können. In der Demokratieforschung hat mit einem Bonmot des Verfassungsrichters Böckenförde eine wichtige Einsicht längst Einzug gehalten: «Der freiheitliche, säkularisierte Staat lebt von Voraussetzungen, die er selbst nicht garantieren kann», schrieb er 1976. Vielleicht wäre es an der Zeit, eine ähnliche Einsicht in das Angewiesensein auf andere auch in Steuerberatungsindustrie und Wirtschaft zu kultivieren.

Selbst bei Apple, der wertvollsten Marke der Welt, lassen sich viele Funktionen etwa des iPhones finden, die ohne Grundlagenforschung, die aus Steuergeldern finanziert wurde, kaum verfügbar gewesen wären. Die Teilhabe der Gesellschaft an Unternehmensgewinnen durch Ertragssteuern war darum eine Selbstverständlichkeit im Staatswesen der Moderne. Selbst in der betriebswirtschaftlichen Buchhaltung werden Ertragssteuern nicht als Kosten geführt. Somit steht die Tür rechtlich schon heute weit offen, sollten Unternehmer sich entscheiden, die bezahlten Steuern als Dividendenausschüttung an die Gesellschaft zu begreifen, und diese genauso zu hegen und zu pflegen wie den Gewinn – statt wie Ex-Google-Chef Eric Schmidt auf Steuertricks stolz zu sein.

Ein Schauplatz dieser Auseinandersetzung im Spannungsfeld zwischen Recht und Ethik des Steuerzahlens ist die Frage nach der Pflicht der Geschäftsleitung, die Steuern zu minimieren. Wolfgang Schäuble scheint eine solche Pflicht zu behaupten. Auf die Frage, ob es hinnehmbar sei, dass die Finanznöte in Krisenländern dadurch verschärft werden, dass Konzerne ihre Gewinne ins Ausland bringen, antwortete Schäuble im

Jahr 2013: «Ja, was macht ein Konzern? Der Vorstand eines Unternehmens, auch ein Konzern ist ein Unternehmen, ist dem Unternehmen verpflichtet, so wie der Finanzminister natürlich auch den Interessen der Bundesrepublik Deutschland verpflichtet ist. Tut er das nicht, verletzt er seine Verpflichtungen sträflich, wird er erstens mal, werden ihn die Eigentümer feuern, möglicherweise macht er sich auch wegen Untreue strafbar. [...] Man muss den Unternehmen natürlich auch helfen, die günstige steuerliche Gestaltungsmöglichkeit zu suchen.» Demnach scheint Schäuble einer Pflicht zur Steuervermeidung das Wort zu reden, und ein unbedingtes Recht dazu allemal einzuräumen.

Wolfgang Schön, Vizepräsident der Deutschen Forschungsgemeinschaft, die im Jahr 2013 ca. 2,7 Mrd. Euro an öffentlichen Fördergeldern zu vergeben hatte, beschäftigte sich eingehender mit dieser Frage in einem Buchbeitrag. Darin leitete er aus einem angelsächsisch geprägten Verständnis des *shareholder value* die Pflicht der Vorstände ab, «den Nachsteuergewinn des Unternehmens zu maximieren». Steuerzahlungen könnten demnach nicht als Teil sozialer Unternehmensverantwortung gelten, denn die Steuerzahlung wird streng opportunistisch dem Ziel der Gewinnmaximierung unterworfen. Nach dieser Lesart dürften Geschäftsführer kühl die Gewinne aus riskanter, aggressiver Steuervermeidung an der Grenze des Legalen gegen die drohenden Verluste aus Strafzahlungen aufrechnen. Lediglich aus Reputationserwägungen stehe Vorständen «ein erheblicher Beurteilungsspielraum» zur Verfügung, die Risiken einer aggressiven Steuerposition abzuwägen. Obendrein behauptet Schön, dass der Staat in der Lage sei – über das Steuerrecht – «den ihm zustehenden Anteil am wirtschaftlichen Ergebnis unternehmerischer Tätigkeit selbst zu definieren». Er verschweigt, dass es besonders im internationalen Bereich eine eindeutige Rechtslage kaum geben kann und somit das Steuerrecht unweigerlich an seine Grenzen stößt.

Heute schon haben Unternehmen große Spielräume dabei, ihre Steuerpflichten verantwortlich und weitsichtig, oder aber in aggressivem Austesten der Grenzen des Legalen zu erfüllen. Zu letzterem kann sie auch in Deutschland kein Aktionär verpflichten. Eine Reform für steuerberatende Berufe und im Gesellschaftsrecht könnte darin bestehen, eine ausdrückliche (Rechts-)Pflicht einzuführen, bei der Wahl der rechtlichen Form (und steuerlichen Behandlung) immer jene wählen zu müssen, die der Substanz der wirtschaftlichen Tätigkeit am ehesten entspricht. Sollte es dann immer noch mehrere Möglichkeiten geben, wäre die Beratung zu einer steuerlich vorteilhaften Konstruktion legal und legitim.

Eine Alternative macht gerade in Großbritannien Schule. Ähnlich wie der faire Handel und die entsprechende Kennzeichnung von Produkten inzwischen weit verbreitet sind, haben sich dort die ersten großen Unternehmen mit dem *Fair Tax Mark* zertifizieren lassen. Damit können Unternehmen auf ihren Produkten werben und somit Konsumenten signalisieren, dass sie ihre Steuerzahlungen als Teil unternehmerischer Verantwortung begreifen und entsprechend handeln. Die Idee und das Konzept zum *Fair Tax Mark* wuchs aus der Erkenntnis, dass Steuervermeidung in breiten Gesellschaftsschichten als asozial empfunden wird und großen Unternehmen unfaire Vorteile gegenüber kleineren verschafft. Spätestens wenn diese Bewertung auch in Deutschland verfügbar wird, können wir alle als Konsumenten den Wertewandel über die Ladenkassen mittragen.

Alle diese Ansätze können hilfreich sein, das Steueroasensystem zu überwinden. Ohne einen tiefgreifenden Wertewandel, der das Herz der Menschen mit erreicht und verändert, dürften viele dieser Ansätze allerdings politisch nicht in die Tat umgesetzt werden oder nur neue Vermeidungsstrategien gebären. Die Erkenntnis, dass steigende wirtschaftliche Ungleichheit, wie in Kapitel eins gezeigt, soziale Probleme verschärft und auch das Leben Vermögender erschwert, können einen Sinneswandel erleichtern. Nicht zuletzt zeigen wissenschaftliche Untersuchungen, dass Menschen, die aus eigenem Antrieb freiwillig Steuern zahlen, glücklicher sind als solche, die knausern und versuchen zu tricksen. Diese Erkenntnis könnte auch das «*puzzle of compliance*» erklären helfen. Seit langem diskutieren Wissenschaftler über das Rätsel, dass viele

Menschen Steuern bezahlen, auch wenn die Prüfquoten niedrig und die drohenden Strafen gering sind. Allein mit einer kühlen Kosten-Nutzen-Abwägung ist dieses Verhalten nicht erklärbar, es müsste viel mehr Steuerhinterziehung geben.

So scheint die Geberfreude also nicht nur in der Lehre des jüdischen Rabbi Maimonides als Zeichen innerer Freiheit. Bei der Suche nach der Quelle für die Gelassenheit, die dem Abgeben und freiwilligen Steuerzahlen innewohnt, lohnt eine Rückbesinnung auf die jüdisch-christlichen Wurzeln unserer deutschen und europäischen Kultur. Denn an der eigenen Steuerzahlung könnte der Stellenwert, der dem Nächsten und der Nächstenliebe eingeräumt wird, erkennbar werden. Nur wer den Nächsten geringer achtet als sich selbst oder große Angst hat, zu kurz zu kommen, gibt der Versuchung nach, ihn materiell zu übervorteilen. Im Kern berührt das die Frage nach der Würde des Menschen. Nur wenn dem Nächsten die gleiche Würde innewohnt wie mir selbst, kann ein behutsamer, vorsichtiger Umgang auch bei Steuern zur Gewissensfrage werden. Die Idee der gleichen Würde eines jeden Menschen prägt unsere Gesellschaft und steht an erster Stelle im Grundgesetz.

Angetrieben von seinem Glauben wirkte William Wilberforce Anfang des 19. Jahrhundert entscheidend daran mit, den Sklavenhandel und die Sklaverei in der britischen Gesellschaft zu ächten und sie schließlich abzuschaffen. Es kostete den begnadeten Redner und Politiker seine ganze Lebenszeit, dieses Ziel zu erreichen. Dabei kämpfte er gegen die wohl mächtigsten Wirtschaftsinteressen im Land. Auguren und Verfechter des Sklavenhandels schürten Ängste und malten den wirtschaftlichen Niedergang Großbritanniens an die Wand, sollte das Land tatsächlich auf ihn verzichten. Diese Szenarien entpuppten sich im Rückblick freilich als reichlich übertriebene Schreckgespenster. Vielmehr kam es im Gefolge zu einem tiefgreifenden Wertewandel. Sklaverei und der zugrundeliegende Rassismus verloren im nächsten Jahrhundert zunehmend ihre moralische Scheinlegitimation und sind als Grundlage für Profit heute indiskutabel.

Den langen Atem von William Wilberforce werden auch

wir benötigen, wenn wir dem Steueroasensystem ein Ende setzen wollen. Ein Wertewandel kann heute wie damals nicht zuletzt vom Glauben an Gott getragen werden. 59% der Deutschen gehörten um das Jahr 2012 laut dem Statistischen Bundesamt einer evangelischen oder katholischen Kirche an. Und 53% der Befragten gab an, es sei ihnen wichtig, dass sich politische Parteien an christlichen Grundsätzen orientieren. Die aufrichtige Steuerzahlung jedenfalls hat viel mit der christlichen Nächstenliebe zu tun. Oder, um es mit Novalis zu sagen: «Man soll seine Steuern dem Staat zahlen, wie man seiner Geliebten einen Blumenstrauß schenkt.»

Danksagung

Ohne die Mithilfe und Unterstützung einer langen Reihe von Personen wäre dieses Buch nicht entstanden. Es ist unmöglich, Euch alle hier namentlich zu nennen. Ihr wisst, wer Ihr seid – fühlt Euch angesprochen!

Allen voran möchte ich meinen Kollegen bei Tax Justice Network danken: John, Liz, Nicholas, Andres, Moran und Alex. Von finanzieller, moralischer und inhaltlicher Unterstützung abgesehen habt ihr es im Druck des Alltagsgeschäfts eineinhalb Jahre lang nicht nur ausgehalten, dass ich einen großen Teil meiner Zeit und Aufmerksamkeit auf das Buch verwandt habe – ihr habt mich sogar darin bestärkt. Danke! Bessere Kollegen kann man sich nicht wünschen.

Für alle punktuelle Unterstützung bei der Recherche und wertvolle Hinweise danke ich Kollegen der Global Alliance for Tax Justice aus verschiedenen Kontinenten. Dazu zählen insbesondere die im Netzwerk Steuergerechtigkeit Europa, Lateinamerika und USA Mitwirkenden. Allen voran waren es viele Engagierte des Netzwerks Steuergerechtigkeit Deutschland, die inhaltlich viel zum Gelingen beigetragen haben. Herzlichen Dank Euch allen! Ebenso danke an verschiedene Beteiligte und Mitglieder der Financial Transparency Coalition.

Darüber hinaus durfte ich in den letzten Monaten mit außergewöhnlichen Menschen Bekanntschaft machen. Darunter befinden sich Journalisten, Anwälte, Professoren, Beamte, Angestellte und Unternehmer, die es unter teils sehr hohen persönlichen Kosten und Risiken und meist unbeachtet der Öffentlichkeit wagen, ihre Integrität im Alltag zu verteidigen und so einen Unterschied machen. Ihr seid das entscheidende Salz in der Suppe – von Eurem Mut möchte ich noch viel lernen.

Kai Gathemann, dem Verlag C.H.Beck und besonders Sebastian Ullrich möchte ich herzlich für ihr Vertrauen und die herausragende Text- und Zusammenarbeit danken.

Für meine Weggefährten im Glauben an den auferstandenen, lebendigen Gott bin ich zutiefst dankbar. Gott sei Dank gibt es Euch, und mit Euch einen so einladenden Vorgeschmack auf das Reich Gottes.

Schließlich verdanke ich dem wichtigsten Menschen in meinem Leben das Meiste. Für das Mittragen durch Höhen und Tiefen danke ich Dir von Herzen, Stephanie! Du bist einzigartig wunderbar.